U0137810

【重訂繁體版】

象數與義理

張善文　撰

上海古籍出版社

圖書在版編目(CIP)數據

象數與義理：重訂繁體版／張善文撰. —上海：
上海古籍出版社，2024.3
ISBN 978−7−5732−1006−7

Ⅰ.①象… Ⅱ.①張… Ⅲ.①象數之學—研究 Ⅳ.
①B2

中國國家版本館 CIP 數據核字(2024)第 002479 號

象數與義理
(重訂繁體版)

張善文 撰

上海古籍出版社出版發行

(上海市閔行區號景路 159 弄 1−5 號 A 座 5F 郵政編碼 201101)

(1)網址：www.guji.com.cn

(2)E−mail：guji1@guji.com.cn

(3)易文網網址：www.ewen.co

上海展强印刷有限公司印刷

開本 890×1240 1/32 印張 11.75 插頁 5 字數 232,000
2024 年 3 月第 1 版 2024 年 3 月第 1 次印刷
ISBN 978−7−5732−1006−7

B·1370 定價：78.00 元

如有質量問題,請與承印公司聯繫
電話：021−66366565

前　言

《周易》，是中國現存最早的一部古代哲學專著。

它的內容精深博大，被譽爲中國文化的本根。它冠居群經之首，受到歷代學者的普遍重視。數千年來，層出不窮的易學著述，匯成中國文化史上至爲壯觀的一條巨大長河。

人們要問：《周易》以及歷代衆多易說的最主要內涵是什麼呢？一言以蔽之，曰：象數與義理。

《周易》哲學，原本象數，發爲義理。象數，即《周易》的卦象、爻象及陰陽奇偶之數；義理，即六十四卦、三百八十四爻所蘊含的哲學理致。象數猶如主根，義理猶如柯幹，兩者密相關聯而不可分割，是《周易》哲學體系中互爲依存的兩大要素。若從《周易》以"象徵"爲首要表現手段這一特色現之，象數，作爲《周易》象徵的形式範疇，其目的在於喻示義理；義理，作爲《周易》象徵的哲理歸趨，其蘊蓄乃含藏於象數之中。孔穎達謂《周易》"因象明義"（《周易正義》），程頤指出"至微者理也，至著者象也，體用一源，顯微無間"（《周易程氏傳序》），皆與《周易》的象徵特色頗可吻合。

縱覽中國易學發展史，治《易》派別雖紛繁多歧，但起主導作用的是"象數學"與"義理學"這兩大派系。因此，歷代易家的最主要學說，無非兩大類：或專注於象數，或偏重於義理。誠然，這些易家所言之"象數"、"義理"，因其立說各有偏執，固未必皆是《周易》自身所本有的象數、義理。但他們沿循《周易》象徵哲學的內涵而衍發、創立的各種易學條例或理論，則無不包容著某一方面的真知灼見，並給人以有益的啓迪。

本書的宗旨，是試圖在考析辨明《周易》的產生、內容、作者、特色等問題的基礎上，著重針對歷代易說中的"象數派"與"義理派"詳加論述，以期揭示這兩大學派的形成與發展的過程和內在規律，以及其學說對中國古代哲學、思想、文化史產生的作用，並品評其歷史的是非得失，最後歸結今天的易學研究者所應持的正確認識。

倘若這本小書，能夠在繼承、弘揚中國優秀的民族文化遺產的學術事業中發揮微薄的作用，在挖掘、推闡人類思想精華的研究領域中有所裨益，則筆者之幸，將莫大於斯。

張善文

1991 年 9 月寫於福州

目　錄

第一章　周易其書

《周易》一書，自從誕生以後，帶給世人的是無窮無盡的探討與不計其數的困惑、驚歎、猜想。數千年來，人們試圖從中尋覓人類思想的本根，探求宇宙、大自然、生命的奧秘。然而，答案竟是那樣寡鮮，那樣不盡遂人意。因此，時至今日，人們對這部奇妙的書依舊充滿種種困惑、驚歎、猜想。

德國哲人歌德曾經說過："優秀的作品無論你怎樣去探測它，都是探不到底的。"（程代熙、張惠民譯《歌德的格言和感想集》）此語原是針對文藝作品而發，但若將之用以品評《周易》，似乎亦甚切合。

大概越是奧妙難測的作品，越能激發人們對它的探測熱情。在中國歷史上，自西漢開創"經學"以來，各個層次的知識界對《周易》研究的熱潮幾乎沒有終止過，以至歷代研《易》的著述之多，是其他經典作品所不能比擬的。

那麼，今天我們若要對《周易》一書作進一步的科學、全面的探討，除了必須認真汲取前人治《易》的既有成果，辨析《周易》學說中最本質的內在精華之外，第一個步驟則是對《周易》的內容概況、作者、時代及此書的性質等問題要有基本的理解。因此，本章專就這些問題作一簡述。

一、周易的內容

先秦時代的文獻中提到的《周易》，一般專指六十四卦的卦形及卦爻辭。兩漢以後，由於《易傳》（即《十翼》）被合入六十四卦經文並行，學者所言《周易》，往往亦兼經傳而並述之。故今天通行本《周易》的內容，即包含“經”、“傳”兩部分。

（一）經部分，含六十四卦的卦形符號和卦爻辭。

1. 六十四卦卦形。

《周易》的六十四卦，是頗有規律的符號象徵體系。令人驚歎的是，這六十四組貌似複雜的卦形，若稍加分析，卻是至爲簡單的。它們的組構體式，無非是由八卦符號兩兩重疊而成；而八卦的形態，又無非是“陰”、“陽”兩條符號三迭而成的。所以，談到《周易》的六十四卦，不能不先推述“八卦”及“陰陽”符號。

《周易》的“陰”、“陽”符號，分別呈中斷的與完整的綫條形狀，其式如下：

陰　　　陽

　　遠古時代的人們創立這兩種符號代表"陰"、"陽"，其所包含的直感的象徵蘊意十分豐富。因此，這兩條綫形所喻示的事物、現象至爲衆多。在古人的心目中，寒暑、日月、男女、上下、高低、晝夜、内外、表裏、正反、黑白、勝負等自然界及社會生活中的種種現象，均屬於陰陽範疇。事實上，即使是現代科學中的陰電陽電、正極負極、正數負數等物理與數學概念，也皆可納入這兩種符號的象徵類例中去。可見，"陰"、"陽"符號的設立，是古人對大自然一切對立而又和諧現象的高度的象徵性概括。朱熹所謂"盈乎天地之間，無非一陰一陽之理"（《朱子語類》），正是對"陰"、"陽"概念的理性總結。

　　後來，古人將"陰"、"陽"兩種符號三迭，出現了八種不同形狀的三畫綫組合體，構成不同的卦形，配以不同的卦名，並擬取不同的象徵物，表示各自的象徵意義。其間的對應關係可以列表示如：

卦　形	卦　名	象徵物	象徵意義
☰	乾	天	健
☷	坤	地	順
☳	震	雷	動
☴	巽	風	入
☵	坎	水	陷

卦　形	卦　名	象徵物	象徵意義
☲	離	火	麗
☶	艮	山	止
☱	兌	澤	說

這就是"八卦"（《周禮》稱爲"經卦"）及其象徵要例。表中所示乾之義爲"健"，坤之義爲"順"，震之義爲"動"，巽之義爲"入"，坎之義爲"陷"，離之義爲"麗"（附著），艮之義爲"止"，兌之義爲"說"（悅），這是八卦具備的基本不變的象徵意義。至於各卦的象徵物，除了上表列出的主要物象之外，尚可依類博取（詳後文），此爲八卦的象徵特色。

　　由於八卦的象徵旨趣在六十四卦大義中得到反復印證，因此，理解、熟悉八卦的構成形態與名義，是探討《周易》的"初階"。朱熹《周易本義》卷首載有《八卦取象歌》云：

乾三連（☰），坤六斷（☷）；

震仰盂（☳），艮覆碗（☶）；

離中虛（☲），坎中滿（☵）；

兌上缺（☱），巽下斷（☴）。

　　這八句，把八卦的卦形特點講得十分明白，頗有助於熟記八卦形態。

　　在八卦的基礎上，古人又將這八種三畫卦形兩兩相重，於是產生了六十四種不同形狀的六畫綫條組合體，即「六十四卦」（《周禮》稱爲「別卦」）。六十四卦每卦中居下的三畫稱「下卦」（或「內卦」），居上的三畫稱「上卦」（或「外卦」）。六十四卦各有各的卦名及所喻示的象徵涵義。其中凡屬八卦自相重成之卦，仍以八卦的本名爲卦名，凡八卦交錯重成之卦，則別取一名。如兩乾相重，仍名《乾》卦（☰），擬取天體運行不止之象，喻示開創萬物的「陽剛元氣」的發展規律。坤下離上相重，則爲《晉》卦（☲），擬取火在地上，如日升起之象，喻示萬物「晉長」之時的情狀。其他諸卦無不如是，均以六畫卦的象徵符號，反映作者對自然界、人類社會的種種認識，喻示各種事物、現象特定的發展程式、哲學義理。六十四卦的出現，形成了《周易》以陰陽綫條爲核心，以八卦物象爲基礎的完整的符號象徵體系。

　　《周易》六十四卦創定之後，是按照一定的卦序排列，並依特定的規律分爲上經與下經兩部分。其中從《乾》卦至《離》卦凡三十卦爲上經，《咸》卦至《未濟》卦凡三十四卦爲下經。朱熹《周易本義》卷首載有《上下經卦名次序歌》，把六十四卦的卦名按卦序編成七言詩句的形式，頗便記誦。歌訣如下：

乾坤屯蒙需訟師，比小畜兮履泰否。

同人大有謙豫隨，蠱臨觀兮噬嗑賁。

剝復无妄大畜頤，大過坎離三十備。

咸恒漸兮及大壯，晉與明夷家人睽。

蹇解損益夬姤萃，升困井革鼎震繼。

艮漸歸妹豐旅巽，兌渙節兮中孚至。

小過既濟兼未濟，是爲下經三十四。

以上十四句，前六句爲上經卦序，後八句爲下經卦序，又以叶韻的句式寫成，故讀起來甚爲順口。記熟這首歌訣，則六十四卦的卦名及排列順序即了然於胸中了。

六十四卦的每一卦，皆有六條綫形，稱爲“爻”。其中陽爻（一）以數字“九”代表，陰爻（--）以數字“六”代表。

因此，《周易》所言“九”，皆指陽爻；所言“六”，皆指陰爻。每卦六爻，又有高低不同的爻位，自下而上，分別稱爲“初”、“二”、“三”、“四”、“五”、“上”。於是，各卦凡是陽爻（九）居此六位者，依次稱“初九”、“九二”、“九三”、“九四”、“九五”、“上九”；凡是陰爻（六）居此六位者，依次稱“初六”、“六二”、“六三”、“六四”、“六五”、“上六”。舉《乾》、《坤》兩卦爲例，可以展示每卦中陰陽爻位及下（內）卦、上（外）卦的程式：

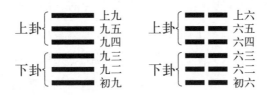

　　爲什麼六十四卦中每卦六爻位序均自下而上排次呢？《周易乾鑿度》云：“《易》氣從下生。”此說頗有理趣。我們平時不難觀察到，一切事物的發展情狀無不是從小漸大、由低漸高、自幼而壯，而融合“天人”理緒爲一體的《易》卦的爻序排列，豈不是正與此類規律切合嗎？

　　根據上文的敘述，我們可以得出一個有關《周易》符號象徵的結論：六十四卦的構成，以八卦爲基礎；八卦的產生，又以陰陽爻畫爲根柢。因此，陰陽兩爻，實屬《周易》六十四卦符號系統的內核。

　　2. 六十四卦的卦爻辭。

　　《周易》“經”部分的另一方面重要內容，是六十四卦的卦辭及各爻的爻辭。

　　卦爻辭，爲附繫於六十四卦符號下的文辭，分別表明各卦各爻的寓意。卦辭每卦一則，總括全卦大義；爻辭每爻一則，揭示該爻旨趣。《周易》共有六十四卦三百八十四爻，故相應地繫有六十四則卦辭，三百八十四則爻辭。

　　卦爻辭的出現，有兩大意義：其一，使《周易》“經”

部分成爲卦形符號與語言文字有機結合的一部特殊的哲學著作。本來，僅有六十四卦符號，不過是一套自成象徵體系的圖案而已；加入文字，圖文並列，則使之具備一部特殊的哲理專著的規模。其二，使"易象"從隱晦的符號暗示，發展爲用文字表述的帶有一定文學性的象徵形象。如果僅憑卦爻符號，一卦一爻的内在含義頗難顯明，有了卦辭、爻辭的說明，卦爻的象徵意義遂獲得文字形式的較明確喻示，便於讀者理解。

卦爻辭的基本特色是"假象喻意"，即借用人們生活中習見常聞的物象，通過文字的具體表述，使卦形、爻形内涵的象徵旨趣更爲鮮明生動。如《中孚》卦九二爻辭曰："鳴鶴在陰，其子和之；我有好爵，吾與爾靡之。"卦名"中孚"的意思是"中心誠信"，九二爻以陽居下卦第二位，與上卦六五真誠相應，象徵篤實誠信的"君子"，故爻辭用譬喻性的語言說道："鶴鳥在山陰鳴唱，其同類聲聲應和；我有一壺美酒，願與你共飲同樂。"這些擬取生動的事象、物象來說明卦義、爻義的文辭，有不少是用韻文寫成的。上文所引一則，甚至採用了"比興"手法。所以宋代陳騤《文則》指出"《易》文似《詩》"，並說這些内容"使入《詩雅》，孰別爻辭?"這是很有見地的說法。

因此，當卦爻辭撰定之後，一部兼具卦形和文辭兩大要素的獨特的古代哲學專著——《周易》，終於以完整的面目、嚴密的體系出現於世，流傳不衰。

（二）傳部分，含闡釋《周易》 經文的十篇專論。

這些解經之論，包括《彖傳》上下，《象傳》上下，《文言傳》，《繫辭傳》上下，《說卦傳》，《序卦傳》，《雜卦傳》等七種十篇。這十篇的創作宗旨，均在解說經文大義，猶如經之"羽翼"，故漢代人合稱之爲《十翼》，後世亦謂爲《易傳》。

《易傳》七種的內容要點各不相同，茲作簡要介紹。

1.《彖傳》。

隨上下經分爲上下兩篇，共六十四節，分釋六十四卦的卦名、卦辭及一卦大旨。"彖"字之義，猶言"斷"，謂"斷定一卦之義"。《彖傳》闡釋卦名、卦辭、卦義的基本體例，往往取上下卦象、六爻爻象爲說，多能指明每卦中的爲主之爻，而以簡約明瞭的文字論斷該卦主旨。

2.《象傳》。

也隨上下經分爲上下兩篇，闡釋各卦的卦象及各爻的爻象。其中釋卦象者每卦一則，共六十四則，稱《大象傳》；釋爻象者每爻一則，共三百八十四則（《乾》、《坤》兩卦多出"用九"、"用六"文辭之象，因不屬爻象之列，故未合入統計），稱《小象傳》。《大象傳》的體例，是先釋每卦上下象相重之旨，然後從重卦的卦象中推衍出切近人事的象徵意義，文辭多取"君子"的言行、道德爲喻。如《損》卦的《大象傳》稱："山下有澤，損，君子以懲忿窒欲。"即表明該卦上艮（☶）爲山，下兌（☱）爲澤，有"損澤益山"、"損下益上"之象，君子當效法其象，時時懲戒忿怒、抑止邪欲，以自損不善。其他諸卦《大象傳》的義例，無不如是。《小象傳》的體例，是根據每爻的性質、處位特點，分析爻義吉凶利弊之所以然。如《明夷》卦六二爻《小象傳》曰："六二之吉，順以則也。"即指明此爻柔順中正，不違法則，故獲吉祥。其他各爻《小象傳》義例，亦均類此。《象傳》以言簡義明的文句，逐卦逐爻地解說六十四卦、三百八十四爻的立象所在，使《周易》經文的象徵意趣有了比較整齊劃一的闡說。

3.《文言傳》。

含前後兩節，分別解說《乾》、《坤》兩卦的象徵意旨，故前節稱《乾文言》，後節稱《坤文言》。《文言傳》所闡發《乾》、《坤》兩卦的卦辭與爻辭的意義，是在這兩卦《彖傳》、《象傳》的基礎上作出進一步的拓展，其文意至爲深刻詳明而廣爲引申旁通。至於爲何《文言傳》只釋《乾》、《坤》兩卦，而不涉其他各卦呢？朱熹《周易本義》認爲："此篇申《彖傳》、《象傳》之意，以盡《乾》、《坤》二卦之蘊，而餘卦之說，因可以例推云。"

4.《繫辭傳》。

因其篇幅較長，分爲上下兩篇，前篇稱《繫辭上傳》，後篇稱《繫辭下傳》。《繫辭傳》的義旨，是申說六十四卦經文要領，條貫卦爻辭的基本義理，可視爲早期的《易》義通論。文中對《周易》"經文"的各方面內容作了較全面可取的辨析闡發，有助於後人理解八卦、六十四卦及卦爻辭的通常義例。其中有對《周易》作者、成書年代的推測，有對《周易》"觀物取象"創作方法的追述，或辨陰陽之理，或釋八卦之象，或疏解乾坤要旨，或展示《易》筮略例，並穿插解說某些爻辭的象徵意義。當然，《繫辭傳》在通說《易》義的過程中，也充分表露了作者自身的哲學觀點。但就其創作宗旨分析，這些哲學觀點又無不歸趨於《易》理範疇。簡言之，《繫辭傳》的本質意義，在於抒發《易》理之精微，展示讀《易》之範例。

5.《說卦傳》。

是闡說八卦取象大例的一篇專論。全文先追述作《易》者用"蓍草"演卦的歷史，再申言八卦的兩種排列方位（宋人易說中稱爲"先天"、"後天"方位），然後集中說明八卦的取象特點，並廣引衆多象例，是今天理解、探討《易》象產生及推展的重要資料，尤其對於明確《周易》六十四卦符號的構成原理有著不可忽視的參考價值。

6.《序卦傳》。

旨在解說《周易》六十四卦的編排次序，揭示諸卦相承相受的意義。全文分兩段，前段敘上經《乾》至《離》三十卦次序，後段敘下經《咸》至《未濟》三十四卦次序。這種卦序，當是相沿已久的，而文中所明各卦相次依承的意義，含有事物或向正面發展或向反面轉化的辯證觀點。可以說，《序卦傳》是一篇頗具哲理深度的六十四卦推衍綱要。

7.《雜卦傳》。

其取名"雜"之意，猶言"雜糅眾卦，錯綜其義"。即打散《序卦傳》所揭明的卦序，把六十四卦分成三十二組兩兩對舉，以精要的語言概括卦旨。文中對舉的兩卦之間，其卦或"錯"（亦稱"旁通"，指六爻相互交變，如《乾》☰☰與《坤》☷☷即是），或"綜"（亦稱"反對"，指卦體相互倒置，如《比》☵☷與《師》☷☵即是），其卦義多成相反。這種"錯"、"綜"現象，是六十四卦符號形式的重要特徵。從《雜卦傳》一文，可以窺探出該傳作者對卦形結構的認識，其哲學意義在於表明事物的發展在正反相對的因素中體現變化規律。

根據《易傳》七種十篇的內容要點，我們不難獲得這樣的認識：《易傳》諸篇的創作，儘管其抒論角度各不相同，或闡述的重點各有所主，但其基本宗旨無不就《周易》經文而發。那麼，作爲《周易》經文出現之後產生的，並成爲自古以來衆所公認、無與倫比的解經專著的《易傳》，不但是今天研究《周易》經文的最重要"津梁"，而且其本身的哲學内涵也值得深入探討。應當指出，《易傳》七種原皆單獨流行，後來被合入六十四卦經文並行。所以，今本《周易》中，凡《彖傳》、《象傳》均附於相應的六十四卦卦爻辭之後，《文言傳》分附於《乾》、《坤》兩卦後，而《繫辭傳》、《說卦傳》、《序卦傳》、《雜卦傳》則依次統列於六十四卦後。這種經傳合編本《周易》，是易學經師爲了便於學者以經文與傳文相互對照研讀而編成的，大致編定於漢魏期間，爲當時崇尚經學的社會背景的一方面反映。後代學者多依此種經傳合編本傳習，影響至廣，遂使《易傳》的學術價值提高到與"經"並駕齊驅的地位。乃至學者論及《周易》一書，往往兼指"經"、"傳"兩部分。故凡言《周易》者，有廣狹二義：其狹義特指"經"部分，其廣義則兼含"經"、"傳"。

二、周易的作者及其時代

班固《漢書·藝文志》曾對《周易》經傳的創作問題概括道：

> 《易》曰："宓戲氏仰觀象於天，俯觀法於地，觀鳥獸之文，與地之宜，近取諸身，遠取諸物，於是始作八卦，以通神明之德，以類萬物之情。"至於殷周之際，紂

在上位，逆天暴物，文王以諸侯順命而行道，天人之占可得而效。於是重《易》六爻，作上下篇。孔氏爲之《彖》、《象》、《繫辭》、《文言》、《序卦》之屬十篇。故曰：《易》道深矣，人更三聖，世歷三古。

班固此說，實承司馬遷《史記》的舊說而加以綜合。所引伏羲（宓戲）始作八卦之語，出自《繫辭下傳》。所謂"三聖"、"三古"之義，顏師古注曰："伏羲爲上古，文王爲中古，孔子爲下古。"這裏，班固明確指出，《周易》經傳的作者爲三人，即上古伏羲作八卦，中古周文王重卦並撰卦爻辭，下古孔子著《易傳》。

"人更三聖，世歷三古"的說法，最爲漢代學人所接受。《周易乾鑿度》敘及《周易》作者時，也說："垂皇策者羲，益卦德者文，成命者孔也。"這種說法，可視爲漢儒之通誼。

當然，某些異說還是存在的。漢魏之間，尚有四種觀點：一是認爲伏羲畫八卦後自重爲六十四卦，二是認爲神農重卦，三是認爲夏禹重卦，四是認爲周文王作卦辭而周公作爻辭（見孔穎達《周易正義·卷首》）。但這些異說只是在重卦與撰寫卦爻辭問題上持不同見解，而于"三古"之大旨則未有根本性的違背。

到了北宋歐陽修撰《易童子問》，以勇於疑古的精神，考辨了《易傳》七種的內容，認爲《繫辭傳》、《文言傳》、《說卦傳》、《序卦傳》、《雜卦傳》並非出自一人之手，未可視爲孔子所作。

　　自歐陽修以後，疑古學風漸啓。以致清人姚際恒《易傳通論》、康有爲《新學僞經考》等，均認爲《易傳》非孔子所作。康有爲的議論，不但推翻了孔子作《易傳》的舊說，並斷言《說卦傳》、《序卦傳》、《雜卦傳》三篇爲漢人僞作。康氏的說法，帶有不少主觀臆測成分，對後來學術界疑古風氣的盛行產生了頗爲重要的影響。

　　20 世紀以來，學術界對《周易》經傳的作者及創作時代問題較爲關注，進行了不同角度的探討，主要傾向是否定漢代學者“三聖”、“三古”之說，但所得具體結論也未臻一致。其中較有影響的看法是：卦爻辭作於周初，《易傳》作於春秋戰國間，經傳作者均非一人，當是經過多人多時加工編纂而成的。

　　平情論之，《周易》的作者與時代是一個十分複雜的問題。既然其書的出現距今天的時代那樣久遠，那麼我們必須在尊重舊有諸多文獻資料的基礎上，通過冷靜、科學的辨析，對這一問題作出合理近是的擬議。

　　有一個事實是應當承認的：八卦的出現和六十四卦的創成，當在西周以前的頗爲遠古的年代；古人稱其作者爲伏羲、神農、夏禹之類的“聖人”，自然可視爲一種帶有崇古、崇聖心理的傳說，但此中所涉及的時代範圍無疑是可以參考的。那麼，既然在西周以前就產生了以六十四卦符號爲基礎的筮書（《周禮·春官》謂太卜“掌《三易》之法，一曰《連山》，二曰《歸藏》，三曰《周易》，其經卦皆八，其別皆六十有四”，所云《連山》、《歸藏》即屬此類筮書），則其間與之相適應的筮辭也很可能同時出現了（至少在口頭上流傳）。《三國志‧魏志‧高貴鄉公傳》記載當時的《易》博士淳于俊說過一段話：“包羲（即伏羲）因燧皇之圖而制八卦，神農演之爲六十四卦，黃帝、堯、舜通其變，三代隨時質文，各繇其事。”這裏所說“各繇其事”，即是推述周代以前出現過的《連山》、《歸藏》也各有用以占筮的“繇辭”。沿此進展，到西周初年產生了一部新編的卦形、卦爻辭井然有序的《周易》，則是於理頗順的。《繫辭下傳》曰：“《易》之興也，其當殷之末世，周之盛德耶？”又曰：“《易》之興也，其於中古乎？作《易》者，其有憂患乎？”所言“殷之末世，周之盛德”、“中古”，皆指商末周初，這正是對《周易》卦爻辭創作時代較爲審慎而且可取的推測。

至於《易傳》之作於孔子，北宋以前學者確然無疑。歐陽修推翻這一舊說，本屬一家之見，且其所疑者僅《易傳》中的五種七篇，而《彖傳》、《象傳》則仍認爲是孔子所撰。則後人因否定孔子作《易傳》，亦連同否定了《易傳》的創作時代範圍，實未必然。

因此，本著慎重對待歷史文獻資料及實事求是的考辨精神，我們可以對《周易》經傳的創作歷程作出如下擬議——西周以前的漫長歲月中，古人就已經運用以八卦重成的、類同《周易》六十四卦的符號進行占筮活動，並附有簡單的筮辭；

到了殷末周初，當時的學者（或筮人）對舊筮書進行了一番革故鼎新的改編工作，改編的大致項目可能有四方面：一是，使卦形符號規範化；二是，確定六十四卦卦序；三是，充實卦爻辭文句；四是，又經過多時多人的潤色、增刪，最後編定成卦形體系完整、卦爻辭文句富有形象性的《周易》。時當爲商朝滅亡、周朝鼎盛之際，約公元前 11 世紀。此後，隨著《易》書傳播日益廣泛，及治《易》者的不斷增多，尤其是孔子設教授徒亦涉及《周易》，遂陸續出現了從各種角度闡釋《周易》大義的作品，並被學者編爲專書傳習，這就是漢儒稱爲《十翼》的《易傳》。從《易傳》中保留的不少 "子曰" 云云的言論，以及大部分内容所反映的濃厚的儒家思想，似可說明其作者當屬孔門弟子或再傳弟子，而創作時代當在春秋、戰國之間。

總之，應該認爲，《周易》經傳的創作經歷了遠古時代至春秋戰國之間的漫長過程，是 "人更多手，時歷多世" 的集體撰成的作品。

三、周易的性質

關於《周易》的性質，歷史上也有爭論。爭論的焦點是：或以爲《周易》是一部占筮書，或以爲是哲學著作。這一問題牽涉對《周易》經傳大義的認識，因此，這裏也分 "經"、"傳" 兩部分略作剖析。

（一）《周易》"經" 部分的性質。

毋庸諱言，《周易》的卦形、卦爻辭創成之後，其最突出的應用是占筮。《周禮》稱"太卜掌《三易》之法"，所謂"太卜"，便是專司占卜的官。再從《左傳》、《國語》所記載的春秋時代用《周易》占筮的諸多例子，也足以印證這一事實。

然而，先秦時期的易筮，又在很大程度取資於《周易》的哲學思想。當時的占筮，往往與軍政大事密切相關。天子、諸侯的政治軍事措施，有時必須取決於卜官的占筮結果，而卜官對揲筮結果的占斷，又無不依據卦象以推衍易理。那麼，事實上影響人們思想、左右人們行動的關鍵因素，是筮書所表露的哲學內涵。換言之，要是抽掉了《周易》內在的哲學意義，則其書必不可能成爲古代"太卜"所執掌的上層統治階級奉爲"聖典"的重要書籍。因此，南宋朱熹雖然極力強調"《易》本爲卜筮而作"，卻也不曾抹煞其哲學蘊意，認爲"孔子恐義理一向沒卜筮中，故明其義"（《朱子語類》）。即言孔子懼怕世人泥於《周易》的占筮之用，才撰寫《易傳》，以揭明《易》義。清人皮錫瑞也不同意把《周易》看成簡單的"筮書"，認爲八卦、六十四卦符號及卦爻辭均寓含"義理"，而《易傳》作者只是把這些義理作了更加鮮明、更加切近"人事"的闡發（《經學通論》）。這種認識是較爲客觀的。

其實，倘若《周易》的卦形、卦爻辭沒有內在的哲學性質，無論哪一位"聖人"，都無法憑空闡發出其中的"義理"來。所以，我們必須認識到，儘管《周易》的出現是以卜筮爲用，但其內容實質卻含藏著深邃的哲學意義。若進一步認真分析《周易》六十四卦的大義，我們還可以發現，自從代表陰陽觀念的"﹣﹣"、"﹣"兩畫產生之日開始，《周易》哲學就奠下了最初的萌芽因素，而當八卦重疊而成的獨具體系的六十四卦及卦爻辭創成、編定之後，《周易》的象徵哲學就完全顯示出奇異的思想光華。因此，《周易》的占筮之道，僅僅是古人對六十四卦義理的一方面運用；《周易》的象徵，是其哲學內容的基本表現形式；而貫穿全書的反映事物對立、運動、變化規律的思想，則是六十四卦哲理的內在核心。顯然，《周易》的"經"部分，雖以占筮爲表，實以哲學爲裏，應視爲一部充滿象徵色彩的哲學著作。

（二）《易傳》的性質。

《易傳》七種的性質，人們比較一致認爲是一組頗有深度的哲學著述。然而，我們還須明確一點：《易傳》哲學思想的一個重要特色，是建立在對《周易》經義的闡釋、發揮的基點上。因此，其中有相當一部分思想內容，如關於陰陽矛盾、事物運動變化的辯證觀念，關於以乾坤爲本的宇宙生成說，乃至關於政治、倫理、道德各方面的觀點，常常是六十四卦大義的直接引申，與"經"的本旨是無法割裂的。誠然，也有不少内容是《易傳》作者的獨特見解，但仍然是在闡"經"過程中得出的。朱熹論《繫辭傳》說："或言造化以及《易》，或言《易》以及造化，不出此理。"（《朱子語類》）即是認爲《繫辭傳》作者在解《易》的同時，泛及自然界的發展規律，以體現其哲學思想。這一看法用來說明整個《易傳》，似也大略適合。

可以說，沒有"經"的哲學基礎，就沒有"傳"的思想體系；有了"傳"的推闡發揮，"經"的哲學就更加顯明昭著。所以，《易傳》七種的性質，應當視爲一組以闡解《周易》經義爲宗旨的富有鮮明思想觀點的哲學著作。

當然，《周易》六十四卦經義和《易傳》十篇的思想，是不同時代的産物，其内容與價值必須結合特定的歷史背景進行具體深入的考察，才能得出全面的、科學的結論。而通過前面的簡單分析，我們可以對《周易》全書的性質作出如下分析：包括經傳在内的《周易》一書，由於其早期部分内容誕生之古遠，及其核心思想意義之深邃，不能不視爲中國古代最早的一部容量豐富的具有特殊體系的哲學專著。

第二章 象數與義理是周易哲學的
本質內涵

　　作爲一部影響於中國整個文化史的哲學專著，《周易》一書內容的蘊蓄量是十分奇特而豐富的。如何把握這部奇書的内容實質，是今天認識《周易》的真面目並進一步深入研討它的關鍵所在。當然，我們這裏所著重分析的，是狹義的《周易》，即今本《周易》的"經"部分（六十四卦的卦形及卦爻辭）。至於"傳"部分，乃作爲最重要的論證依據。本書以下各章均將以此爲立說原則。

　　就《周易》哲學基本內容而言，其所牽動學人之心，廣泛深入地影響於後世的，莫過於此書所包含的"象數"與"義理"這兩大要素。換言之，這兩者構成了《周易》象徵哲學的本質內涵。

一、周易的象數內涵

　　《繫辭下傳》云："《易》者，象也。象也者，像也。"孔穎達《周易正義》曰："言象此物之形狀也。"這是指明《周易》六十四卦、三百八十四爻皆是以喻象來展示哲理。

《左傳》昭公二年載：

> 晉侯使韓宣子來聘，且告爲政而來見，禮也。觀書于
> 大史氏，見《易象》與《魯春秋》，曰："周禮盡在魯矣！
> 吾乃今知周公之德，與周之所以王也。"

這裏，逕將《周易》稱爲《易象》，與《繫辭下傳》"《易》
者，象也"之語正相吻合。孔穎達《左傳正義》曰："《易》
文推衍爻卦，象物而爲之辭。故《易繫辭》云'八卦成列，
象在其中'，又云'《易》者，象也'，是故謂之《易象》。"

"象"字固可統指《周易》，然細推究之，《周易》之象
又當區分爲六個層次。

（一）陰陽二畫之象。

即以陰（--）、陽（—）兩種符號喻示大自然萬物的矛
盾對立情狀。爲什麼古人用這兩種符號，而不是用別的符號來
象徵陰陽呢？這一問題因時代久遠，頗難切實考明。人們曾就
此作過各種猜測，如郭沫若《周易時代的社會生活》（見郭著
《中國古代社會研究》，1954 年人民出版社出版）認爲陽
（—）和陰（--）符號分別是男女生殖器的象徵；高亨《周
易雜論》（1962 年山東人民出版社出版）認爲陽（—）和陰
（--）分別是古代占筮時所用的一節和兩節的"竹棍"（猶如

"蓍草"）的象形；陳道生《重論八卦的起源》（載《孔孟學報》第 12 期，臺灣 1966 年 9 月出版）認爲陰（――）、陽（一）符號源於"結繩"時代繩子上"有結"、"無結"的形態。諸說不一，見仁見智，皆可並存。但有一點是人們所公認的：陰陽符號的形成，本於古人對宇宙間萬物的直接觀察，象徵著廣泛的相互對立的種種事物、現象。

（二）八卦之象。

即以八種三畫的卦形來喻示天、地、雷、風、水、火、山、澤八種物質形態。

這八種卦形符號，其取象內核，正是建立在陰陽符號之象的基礎上，以之三迭而爲八卦。然而，八卦的取象依據又何在呢？也就是爲何用三條陽畫代表"乾"卦以象徵"天"，用三條陰畫代表"坤"卦以象徵"地"，以及用其他六種卦形代表"震"、"巽"、"坎"、"離"、"艮"、"兌"以象徵"雷"、"風"、"水"、"火"、"山"、"澤"呢？以下，試爲辨析八卦的八種基本象徵物取象的客觀依據：

乾（☰），三條陽畫相迭，象徵陽氣上升爲"天"。古人認爲，"天"是輕清明澈的陽氣升騰而形成的，故以三陽連連上升爲"天"之象。《淮南子‧天文訓》曰："宇宙生氣，氣有涯垠，清陽者薄靡而爲天。"由此可以看出古代人對"天"這一自然物象的認識。

坤（☷），三條陰畫相迭，象徵陰氣下凝爲“地”。古人認爲，“地”是重濁渾仄的陰氣沉聚而形成的，故以三陰頻頻下凝爲“地”之象。《黃帝素問》曰：“積陰爲地，故地者濁陰也。”由此可以看出古代人對“地”這一自然物象的認識。

震（☳），兩條陰畫加於一條陽畫之上，喻示上兩陰下降，下一陽上升，猶如陰陽衝突，爆發爲“雷”。《淮南子·地形訓》曰：“陰陽相薄爲雷。”可見古人認爲“雷”是陰陽二氣交相衝突而產生的，故以此卦形爲“雷”之象。

巽（☴），兩條陽畫加於一條陰畫之上，喻示二陽升越於一陰之上，猶如“風”行地面。卦下一陰象“土”，上二陽象“風氣”。故《莊子》曰：“大塊噫氣，其名爲風。”李鼎祚《周易集解》於《說卦傳》引陸績云：“風，土氣也。”由此可見古人對“風”之產生的認識，故以此卦形爲“風”之象。

坎（☵），一條陽畫置於兩條陰畫之間，喻示上下爲陰，中蓄一陽，猶如“水”以陰爲表，內中卻蘊藏著陽質。許慎《說文解字》釋“水”字云：“象衆水並流，中有微陽之氣。”李鼎祚《周易集解》於《說卦傳》引宋衷曰：“坎，陽在中，內光明，有似于水。”由此可見古人對“水”這一自然物質的認識，故以此卦形爲“水”之象。現代科學證明，水分子中含有一個氧原子和兩個氫原子（H_2O），氫、氧均是可燃之氣，這與坎卦中包含陽氣之象頗爲妙合，似可啓發我們對這一古老卦形喻象的奇奧聯想。

離（☲），一條陰畫置於兩條陽畫之間，喻示上下爲陽，中蓄一陰，猶如"火"以陽爲表，內中卻蘊藏著陰質。《淮南子·說林訓》曰："火中有水。"李鼎祚《周易集解》於《說卦傳》引崔憬曰："取卦陽在外，象火之外照也。"由此可見古人對"火"這一物象的認識。今天我們觀察火的燃燒，無不伴隨著其中隱微水氣的散發，亦可證明古代人以此卦形爲"火"之象的精切用心。

艮（☶），一條陽畫置於兩條陰畫之上，喻示上端爲陽，二陰蓄其下，象徵"山"的上方表層凝有堅石，下儲豐厚的沃土。《春秋說題辭》曰："陰含陽，故石凝爲山。"又曰："山之爲言宣也，含澤布氣調五神也。"這是古人對"山"這一物象的認識。今天，我們看到山，尚可感覺到它的上層雖高拔剛健，下層卻含藏有大量陰氣以滋潤草木，故亦不難想見古人以此卦形爲"山"之象的所以然。

兌（☱），一條陰畫置於兩條陽畫之上，代表上層爲陰，二陽蓄其下，喻示"澤"外表爲陰濕之所，下層卻含有大量陽氣。李鼎祚《周易集解》於《說卦傳》引宋衷曰："陰在上，令下濕，故爲澤。"凡澤面陰濕，澤下必蘊蓄著許多熱量。今天有通過泥沼發酵產生"沼氣"的科學實踐，也足以印證此理。故古人以此卦爲"澤"之象。

以上，我們將八卦所擬取的八種基本象徵物的取象客觀依據，作了嘗試性的辨析，旨在藉以了解古人創作八卦的思維狀態。但遠古時代，人們對事物的觀察多是從直感出發，現在看來，有些認識或許缺乏科學性，如"陽氣上聚爲天"、"陰氣下凝爲地"的天體觀，似乎頗爲幼稚。然而，這些摻雜著某種主觀臆測成分的認識，無疑仍含有不少未可全非的合理的思維因素。至少，我們從中應當看到，古人以八卦模擬八種基本物象，是經過深刻審慎的思考，並具有當時條件下較爲充分的客觀依據。

八卦雖以"天"、"地"、"雷"、"風"等八種物象爲基本象徵物，但在象徵的泛延形態下，它們又可以依類博取各種象徵物。如"乾"卦既爲"天"之象，又可以爲"君"、"父"之象；"坤"卦既爲"地"之象，又可以爲"臣"、"母"之象。這一點，《說卦傳》記述頗詳，其中較爲突出的象例有：

八卦取"父母子女"爲象。在這組擬象體系中，乾象徵"父"，坤象徵"母"，震象徵"長男"，巽象徵"長女"，坎象徵"中男"，離象徵"中女"，艮象徵"少男"，兌象徵"少女"。這八種象徵，又合稱"乾坤六子"。

八卦取"人體"爲象。在這組擬象體系中，乾象徵"首"，坤象徵"腹"，震象徵"足"，巽象徵"股"，坎象徵"耳"，離象徵"目"，艮象徵"手"，兌象徵"口"。

八卦取"動物"爲象。在這組擬象體系中，乾象徵"馬"，坤象徵"牛"，震象徵"龍"，巽象徵"雞"，坎象徵"豕"，離象徵"雉"，艮象徵"狗"，兌象徵"羊"。

從這裏，我們不禁想到《繫辭下傳》關於八卦創作過程的一節記載：

　　古者包犧氏之王天下也，仰則觀象於天，俯則觀法於
地，觀鳥獸之文，與地之宜，近取諸身，遠取諸物，於是
始作八卦，以通神明之德，以類萬物之情。

據上面所舉之例，可以看到，八卦的取象範圍，不但廣及
"天地"間的各種物象，甚至還直接以人類自己的"身體"作
爲象徵物。

　　當然，除上文舉例之外，八卦所可取擬的象徵物尚多。如
乾又可以象徵"金"、"玉"、"大赤"（朱紅色），坤又可以象
徵"釜"（鍋）、"均"（平均）、"大輿"（大車），震又可以
象徵"旉"（花朵）、"大塗"（大路）、"萑葦"（蘆荻），巽
又可以象徵"木"、"白"（白色）、"臭"（氣味），坎又可以
象徵"溝瀆"、"隱伏"、"矯輮"（彎曲），離又可以象徵
"日"（太陽）、"甲冑"、"蚌"，艮又可以象徵"門闕"、
"指"（手指）、"鼠"，兌又可以象徵"巫"（巫師）、"口
舌"、"毀折"（毀謗），等等。

　　《說卦傳》記述的八卦衆多象徵物例，在《周易》六十四
卦經義中可以獲得頗多印證。尤其是八卦所取的八種基本象徵
物，在六十四卦的卦形寓義中更是反復不斷地應用。因此，研
討易象問題，對八卦取象之例作全面深入的辨析，實當引起當
今學術界的高度重視。

（三）六十四卦之象。

即由八卦重成的六十四組卦形符號所喻示的象徵形象。

《周易》六十四卦既是由八卦重迭而成，則它們的卦形喻象遂與八卦有著直接的關聯。而八卦的基本象徵物，在這裏起著十分重要的喻示作用。下面特舉六十四卦的首兩卦《乾》、《坤》，及末兩卦《既濟》、《未濟》爲例，以明其喻象的大致特色。

《乾》卦，爲六十四卦的第一卦。上下卦皆由"乾"（☰）組成，六畫均是陽爻，卦形作"䷀"，故朱熹稱此卦爲"陽之純而健之至也"（《周易本義》）。卦形擬取兩個"乾"（天）爲象，象徵"天"的運行周轉不息。而在"天"的運行中起主導作用的又是萬物賴以創始的"陽氣"，因此，全卦是揭示具有開創氣質的陽剛元素的發展變化規律，以說明創造宇宙萬物的本始力量。

《坤》卦，爲六十四卦的第二卦。上下卦皆由"坤"（☷）組成，六畫均是陰爻，卦形作"䷁"，故朱熹稱此卦爲"陰之純，順之至"（《周易本義》）。卦形擬取兩個"坤"（地）爲象，象徵"地"柔順寬厚。而"地"在配合"天"生成萬物的過程中，起關鍵作用的是輔助"陽氣"的"陰氣"，因此，全卦揭示具有順承氣質的陰柔元素的發展變化規律，以說明創造宇宙萬物的第二種力量。

《既濟》卦，爲六十四卦的第六十三卦。由下離（☲）上坎（☵）組成，卦形作"䷾"，象徵"事已成"。卦名中的"濟"字，猶言"成功"。上卦"坎"爲水之象，下卦"離"爲火之象：猶如火在水下燃燒，正可以煮成食物，故喻示"事已成"的情狀。全卦揭示在諸事皆成之際，如何"守成"的道理。

《未濟》卦，爲六十四卦的最後一卦。由下坎（☵）上離（☲）組成，卦形作"䷿"，象徵"事未成"。上卦"離"爲火之象，下卦"坎"爲水之象：猶如火在水上燃燒，必難煮成食物，故喻示"事未成"的情狀。全卦揭示在諸事未成之際，如何審慎促使其成、化"未濟"爲"既濟"的道理。

從這四卦的卦形中，我們可以看出《周易》六十四卦的卦象是通過八卦的重迭、組合以展示特定的象徵形態。這些形態，以六綫狀符號爲表現方式，其中蘊含的象徵本旨卻十分豐富，這便是《周易》象徵哲學的"靈魂"所在。

（四）三百八十四爻之象。

《周易》的"卦象"，事實上與"爻象"是密不可分的。自從八卦創成，並重爲六十四卦之後，三百八十四爻便各具特定的象徵實體。《繫辭下傳》云："八卦成列，象在其中矣；因而重之，爻在其中矣。"孔穎達《周易正義》指出："謂因此八卦之象而更重之，萬物之爻，在其所重之中矣。然象亦有

爻，爻亦有象，所以象獨在卦，爻獨在重者，卦則爻少而象
多，重則爻多而象少。故在卦舉象，在重論爻也。”這裏把卦
與爻的關係作了簡略分析，而指明爻象建立於八卦相重的基礎
之上。

諸爻之象，因其自身的陰陽之別，兼之在各卦的特定居
位，故又展現出各種象徵特色。約言之，凡有五種重要情狀：

其一，爻象的位序特徵。

《周易》三百八十四爻，在居處各卦的位次之中，因其高
低不同之序，而分別象徵事物發展過程中所處的或上或下、或
貴或賤的地位、條件、身份等。諸卦六爻之象的基本特點，略
可概括爲：初位象徵事物發端萌芽，主於潛藏勿用；二位象徵
事物嶄露頭角，主於適當進取；三位象徵事物功業小成，主於
慎行防凶；四位象徵事物新進高層，主於警懼審時；五位象徵
事物圓滿成功，主於處盛戒盈；上位象徵事物發展終盡，主於
窮極必反。當然，這只是括其大要，在各卦各爻的具體環境
中，由於種種因素的作用，諸爻的象徵情狀又有錯綜複雜的變
化。舊說或取人的社會地位譬喻爻位者，如謂初爲士民，二爲
卿大夫，三爲諸侯，四爲三公、近臣，五爲天子，上爲太上
皇。此亦略見爻位象徵的等次特點，可資參考。

其二，爻象的“三才”象徵。

三百八十四爻，在各卦中既分居六位之次，前人遂把六爻
的位序兩兩並列，則體現三級層次，認爲初、二象徵“地”
位，三、四象徵“人”位，五、上象徵“天”位。合“天、

地、人"而言，謂之"三才"。這是從另一角度觀察爻位，亦可表明諸卦六爻的高低等級區別。《繫辭下傳》曰："六者非他也，三才之道也。"《說卦傳》云："兼三才而兩之，故《易》六畫而成卦。"即明此種象徵特色。

其三，爻象的"當位"與"不當位"特徵。

《易》爻所居卦中六位，有奇偶之分：初、三、五爲奇，屬陽位；二、四、上爲偶，屬陰位。六十四卦三百八十四爻，凡陽爻居陽位，陰爻居陰位，均稱"當位"（亦稱"得位"、"得正"）；凡陽爻居陰位，陰爻居陽位，均稱"不當位"（亦稱"失位"、"失正"）。"當位"之爻，象徵事物的發展遵循正道、符合規律，"不當位"之爻，象徵背逆正道、違反規律。但當位、不當位亦非諸爻吉凶利弊的絕對標準，在各卦各爻所處的複雜條件、因素的影響下，得正之爻有轉向不正的可能，不正之爻也有轉化成正的可能。故爻辭常有警醒"當位"者守正防凶之例，以及誡勉"不當位"者趨正求吉之例。三國魏王弼以爲，初、上兩爻"無陰陽定位"，即不論陰爻陽爻處此兩位，均象徵"事之終始"，不存在"當位"、"不當位"的意義（見《周易略例·辯位》）。王氏闡發此例，是強調初爻位卑勢微，陰陽爻處之皆當深藏勿進；而上爻位極勢窮，剛柔居之皆宜慎防衰危。其例於爻象有合，雖未盡被諸家採納，亦頗可備爲一說。

其四，爻象的"中"的特徵。

《易》卦諸爻所居位次，第二爻正當下卦中位，第五爻正

當上卦中位，兩者象徵事物守持中道，行爲不偏，易例稱
“中”。凡陽爻居中位，象徵“剛中”之德；陰爻居中位，象
徵“柔中”之德。若陰爻處二位，陽爻處五位，則是既“中”
且“正”，稱爲“中正”，在《易》爻中尤具美善的象徵。以
得“中”之爻與得“正”之爻相比較，“中”德又優於
“正”。《周易折中》指出：“程子曰：正未必中，中則無不正
也。六爻當位者未必皆吉，而二、五之中，則吉者獨多，以此
故爾。”《周易》爻象崇尚“中”，與先秦儒家所極力推贊的
“中庸”之道，正相吻合。

其五，爻象的“承、乘、比、應”特徵。

在《周易》各卦六爻的相互關係中，由於諸爻的位次、
性質、遠近距離等因素，常常反映出承、乘、比、應的複雜現
象。其中凡下爻緊承上爻謂之“承”。易例側重揭示陰爻上承
陽爻的意義，象徵卑微、柔弱者順承尊高、剛強者，求獲援
助。此時爻義須視具體情狀而定，大略以陰陽當位的相承爲
吉，不當位的相承多凶。凡上爻乘淩下爻謂之“乘”。易例以
陰爻乘陽爻之上爲“乘剛”，象徵弱者乘淩強者，“小人”乘
淩“君子”，爻義多不吉美。凡逐爻相鄰並列者謂“比”。如
初與二比，二與三比，三與四比，四與五比，五與上比即是。
兩爻互比之際，也可能出現“乘”、“承”現象。例如二陽與
三陰相比，則三以柔乘剛；初陰與二陽相比，則初以陰承陽。
爻位互比的關係，象徵事物處在相鄰環境時的作用與反作用，
往往在其他因素的交互配合下影響爻義的吉凶。凡處下卦的三

爻與處上卦的三爻皆兩兩交感對應，即初與四交應，二與五交應，三與上交應，易例稱"應"爻。對應之爻一陰一陽則可交感，謂"有應"；若俱爲陰爻，或俱爲陽爻，必不能交感，謂"無應"。爻位對應的關係，象徵事物矛盾、對立面存在著諧和、統一的運動規律。簡言之，六爻位次之間的承、乘、比、應，是《周易》爻象變動過程的四個方面因素，亦即從四個角度象徵事物在複雜的環境中變化發展的或利或弊的外在條件，以及在一定條件制約下的某些規律。

以上所述爻象的五種特徵，是《周易》三百八十四爻較常體現的象徵情狀，在《易》象體系中值得認真辨析。

（五）卦辭之象。

《周易》六十四卦的卦辭，爲總括一卦的象徵旨趣，是十分簡約的象喻文字。如《明夷》卦的卦辭曰："明夷，利艱貞。"意思是：《明夷》卦象徵光明殞傷，利於牢記艱難而守持正固。"夷"字訓"傷"，《序卦傳》云："夷者，傷也。"此卦下離（☲）爲日，上坤（☷）爲地，有日入地中之象，猶如光明殞傷，故名爲"明夷"。其卦喻示天下"明夷"之時，"君子"利在自"艱"守"正"，故卦辭擬取"利艱貞"之象，以明此時不可忘忽艱難，輕易用事。李鼎祚《周易集解》引鄭玄曰："日之明傷，猶聖人君子有明德而遭亂世，抑在下位，則宜自艱，无幹事政，以避小人之害也。"其他各卦的卦辭，均如此例，皆爲針對特定的卦形而擬寫的象徵性文字。

（六）爻辭之象。

《周易》三百八十四爻的爻辭，爲揭示一卦特定之爻的象徵旨趣，也是十分簡約的象喻文字。舉《乾》卦六則爻辭爲例，初九爻辭擬取“潛龍勿用”爲象，以明陽氣微弱潛藏之旨；九二爻辭擬取“見龍在田”爲象，以明陽氣漸萌之旨；九三爻辭擬取“君子”朝夕振作修身爲象，以明陽氣發展到較盛階段的情狀；九四爻辭擬取巨龍“或躍在淵”爲象，以明陽氣發展到更高階段而面臨新的飛躍的情狀；九五爻辭擬取“飛龍在天”爲象，以明陽氣發展到最旺盛階段的情狀；上九爻辭擬取“亢龍有悔”爲象，以明陽氣發展盛極必衰之旨。這六則爻辭所擬之象，從“潛龍”到“亢龍”，層層推進，形象地展示了陽氣萌生、進長、盛壯乃至窮衰消亡的變化過程，可視爲六十四卦三百八十四爻的爻辭象喻特徵的通同之例。

通過以上分析，我們已經看到《易》象的幾個基本層次。亦即陰陽兩畫之象、八卦之象、六十四卦之象、三百八十四爻之象及卦辭爻辭之象，構成了《周易》象徵性形象的完整體系。宋人項安世云：“凡卦辭皆曰象，凡卦畫皆曰象；未畫則其象隱，已畫則其象著。”（《周易玩辭》）他是把六十四卦的卦形、爻形同卦辭、爻辭結合起來認識，視爲“易象”的整體部分，說出了卦形與文字相輔而明"易象"的道理，頗有可取之處。

《周易》之"象"，既如上文所述，那麼，《易》之"數"又是如何理解呢？簡要言之，"數"即是《周易》陰陽奇偶之數及交錯變化之運的綜合概念，它與《易》象有著頗爲密切的聯帶關係。其中還摻和著《周易》占筮條例中所產生的"七、八、九、六"之數，而"七、八"爲不變的陰陽之數，"九、六"爲可變的陰陽之數。至於陰陽奇偶變化發展的"運數"，實又可理解爲事物變化規律的反映。

《左傳》僖公十五年載韓簡曰："龜，象也；筮，數也。物生而後有象，象而後有滋，滋而後有數。"這是言"象數"二字之始。杜預注曰："言龜以象示，筮以數告，象數相因而生，然後有占。"孔穎達《左傳正義》云："卜之用龜，灼以出兆，是龜以金、木、水、火、土之象而告人。筮之用著，揲以爲卦，是筮以陰陽著策之數而告人也。凡是動植飛走之物，物既生訖而後有其形象；既爲形象，而後滋多；滋多而後始有頭數。"顯然，此處所言"象數"，是從兩方面立說：一謂龜卜側重五行之象，筮占側重陰陽之數，乃揭明占卜各有所重；二謂事物"象"與"數"概念的產生，是先有"象"而後有"數"。至於《周易》的"象數"，則與此處言及的"象數"頗相異趣。故孔穎達《左傳正義》又云："謂象生而後有數，是數因象而生也。若《易》之卦象，則因數而生，故先揲著而後得卦。是象從數生也。"

　　孔穎達言《周易》的“象”從“數”而產生，乃是專就占筮得卦的過程揭明“象數”之所由起。若不涉及《易》筮問題，僅就《周易》的本身內容而言“象數”，則“象”與“數”不宜強分其先後，而是在六十四卦三百八十四爻的具體變化環境中交融溝通，以呈現事物內在的發展規律。故《繫辭上傳》云：“參伍其變，錯綜其數：通其變，遂成天地之文；極其數，遂定天下之象。”這是言易學“象數”之義。李鼎祚《周易集解》引虞翻曰：“數，六畫之數。六爻之動，三極之道，遂定天下之象。”韓康伯《繫辭注》曰：“斯蓋功用之母，象數所由立。”顯然，在《周易》的象徵哲學體系中，六十四卦、三百八十四爻的卦象、爻象，與陰陽奇偶之數，實是一而二，二而一的概念，乃至後世易家言及於此，往往“象數”合稱，未作區別。當然，兩漢以後言“象數”之學者，其流派紛滋，衆說叢雜，甚或有泥“象”不化者，有歧入“術數”之途者，已超出《周易》“象數”內涵的原本範疇之外，自宜另作具體分析。

二、周易的義理內涵

　　所謂“義理”，用今天的話說，接近於“哲學思想”而兼含宇宙觀、人生觀在內的特殊概念。《周易》一書以“象數”示人，通過“象數”的展示，所表露的乃是豐富的寓有精奧睿智的“義理”內容。因此，我們可以說，《周易》的義理內涵，即是六十四卦、三百八十四爻所蘊蓄的象徵旨趣及哲學理致。

“義理”的概念，初見於《禮記·禮器》所云：“忠信，禮之本也；義理，禮之文也。”孔穎達《禮記正義》曰：“禮雖用忠信爲本，而又須義理爲文飾也。得理合宜，是其文也。”這是指古代對“禮”的具體實踐過程所應遵循的道理。《漢書·劉歆傳》謂歆治《左傳》而“章句義理備焉”，則指《左傳》的經義名理。至宋儒倡揚“義理之學”，乃是專門研求儒家經義以探究名理的學問。

《繫辭下傳》云：“夫《易》，彰往而察來，而微顯闡幽，開而當名辨物，正言斷辭則備矣。其稱名也小，其取類也大，其旨遠，其辭文，其言曲而中，其事肆而隱。”又云：“《易》之爲書也，廣大悉備，有天道焉，有地道焉，有人道焉。”這裏雖未涉及“義理”概念，但卻已道出了《周易》具有廣泛深刻的義理內涵。儘管前人在論及《周易》性質時，有主“占筮”與主“義理”之爭（見前章），然《易》書即使在施用於占筮之際，其義理內涵也是顯而易見的。故朱熹一方面主張“《易》爲卜筮作，非爲義理作”（《朱子語類》），另一方面在他的闡《易》專著《周易本義》中卻不乏義理之說。皮錫瑞《經學通論》嘗云：

　　伏羲畫卦，雖有占而無文，而亦寓有義理在內。……左氏雜采占書，其占不稱《周易》者，當是夏、殷之

《易》，而亦未嘗不具義理，若無義理，但有占法，何能使人信用？觀夏、殷之《易》如是，可知伏羲、文王之《易》亦如是矣。周衰而卜筮失官，蓋失其義，專言禍福，流爲巫史。左氏所載，焦循嘗一一辨其得失，曰：《易》至春秋，淆亂於術士之口，謬悠荒誕，不足以解聖經，孔子所以韋編三絕而翼贊之也。……孔子見當時之人，惑於吉凶禍福，而卜筮之史加以穿鑿附會，故演《易》繫辭，明義理，切人事，借卜筮以教後人，所謂以神道設教。其所發明者，實即羲、文之義理。而非別有義理，亦非羲、文並無義理，至孔子始言義理也。當即朱子之言而小變之，曰：《易》爲卜筮作，實爲義理作。

這段論述，認爲無論八卦符號、六十四卦符號，以及卦辭、爻辭，均寓有內在的義理，而《易傳》之作，乃在於進一步闡明其義理，允爲可取。（按，皮氏謂孔子作《周易》的卦辭、爻辭，又作《彖傳》、《象傳》、《文言傳》，是自作而自解。實屬一私之見，前人已有指摘，茲不覆議。）

只要認真剖析《周易》的陰陽、八卦、六十四卦的大義，我們不難明確，《易》之象數，其實質是藉以喻示義理。最初創立的陰（--）陽（—）兩畫，即是廣泛喻示自然界萬物的對立、矛盾之理。而八卦之象的出現，乾卦藉以喻示事物的"剛健"之理，坤卦藉以喻示事物的"柔順"之理，震卦藉以喻示事物的"奮動"之理，巽卦藉以喻示事物的"遜入"之理，坎卦藉以喻示事物的“險陷”之理，離卦藉以喻示事物的“附著”之理，艮卦藉以喻示事物的“靜止”之理，兑卦藉以喻示事物的“欣悅”之理。故八卦之象雖可廣爲博取，但其象徵義理則是基本不變的。如乾可以象“天”、象“君”、象“首”，而其義必不離“健”字。其他諸卦皆然。《説卦傳》云：“乾，健也；坤，順也；震，動也；巽，入也；坎，陷也；離，麗（附著）也；艮，止也；兑，説（悅）也。”即言八卦的象徵意義。孔穎達《周易正義》對此節疏曰：

> 此一節，説八卦名訓。乾象天，天體運轉不息，故爲健也。“坤，順也”，坤象地，地順承於天，故爲順也。“震，動也”，震象雷，雷奮動萬物，故爲動也。“巽，入也”，巽象風，風行无所不入，故爲入也。“坎，陷也”，坎象水，水處險陷，故爲陷也。“離，麗也”，離象火，火必著於物，故爲麗也。“艮，止也”，艮象山，山體靜止，故爲止也。“兑，説也”，兑象澤，澤潤萬物，故爲説也。

這是依據八卦的八種基本象徵物的特性，解説其特定的象徵意義。而《周易》“義理”內涵的更全面深刻的反映，則在於六十四卦哲理所煥發的奇異的思想光華。下面從四方面試爲舉例印證。

（一）從整體角度看，六十四卦是從自然界及人類社會中概括出來的六十四種有特殊代表性的事物、現象所寓義理的組合，一一喻示著在特定環境、條件下的處事方法、人生哲理、自然規律等。如《乾》卦象徵"天"，喻示事物"剛健"氣質的發展規律；《坤》卦象徵"地"，喻示事物"柔順"氣質的客觀功用；《屯》卦象徵"初生"，喻示事物"草創"之際排除艱難而發展的情狀；《蒙》卦象徵"蒙昧"，喻示事物"蒙稚"之時"啓蒙發智"的道理。其餘諸卦無不如是，均喻示某種具體的事理。而六十四卦的旨趣，又共同貫串會通，以表現作者對自然、社會、人生在運動變化中發展規律的基本認識，並反映著頗爲豐富的哲學意義。

（二）分別諸卦來看，各卦六爻之間在"義理"上的聯繫，是十分明顯的，而這種聯繫，正是某種事物、現象的變動、發展規律的象徵性表露，也是一卦哲學內容的具體反映。舉《師》卦爲例，全卦象徵"兵衆"，闡明用兵的規律：初六陰爻處下，爲"用兵"初始之象，爻辭說"兵衆出發用法律號令來約束，軍紀不良必有凶險"（"師出以律，否臧凶"），極言嚴明軍紀的必要性。九二陽剛處中，上應六五，爲率兵主帥之象，爻辭說"統率兵衆，持中不偏可獲吉祥，必無咎害，君王多次獎賞而委以重任"（"在師，中吉，无咎，王三錫命"），揭明主帥出師成功的條件。六三處下卦之上，陰柔失正，爲力微任重、貪功冒進之象，爻辭說"兵衆時或載運尸體歸來，有凶險"（"師或輿尸，凶"），陳述出師失利敗績的教訓。六四處上卦之下，柔順得正，爲謹慎用兵之象，爻辭說"兵衆撤退暫守，不致咎害"（"師左次，无咎"），指出用兵

有時必須退守的情狀。六五柔中居尊，爲有德"君主"慎於
用兵之象，爻辭先說"田中有禽獸，利於捕取，必無咎害"
（"田有禽，利執言，无咎"），又說"委任剛正長者可以統率
兵衆，委任無德小子必將載尸敗歸，守持正固以防凶險"
（"長子帥師，弟子輿尸，貞凶"），這是模擬"君主"的身
份、地位，申言用兵適時及謹慎擇將的道理。上六柔居卦終，
爲班師歸來之象，爻辭說"天子頒發命令，封賞功臣爲諸侯、
大夫，小人不可重用"（"大君有命，開國承家，小人勿
用"），體現出師終了、論功行賞的法則。總歸六爻大義，從
兵衆初出到收兵歸來，分別展示了用兵的各方面要旨，其中貫
穿一體、相互聯繫的本質意義，則是強調"師"以"正"爲
本。這就是卦辭所概括的："師卦象徵兵衆，應當守持正固，
賢明長者統兵可獲吉祥，必無咎害。"（"師，貞，丈人吉，无
咎"）若進一步分析六爻的象徵內涵，我們可以從爻中反映
的勝敗、進退、利弊、得失的種種喻象，領會出作《易》者
所流露的早期軍事思想的深刻的辯證因素，甚至可以將此卦視
爲作《易》者的兵法總綱或戰爭思想概要。可見，卦辭提綱
挈領的綜括，與六爻爻辭互爲聯繫的分述，揭示出一卦卦象、
爻象的象徵本旨：卦爻的義理因之而顯，全卦的哲學內容也由
此得以體現。縱觀《周易》六十四卦，均同此例。

　　（三）若將有關卦義兩相比較，又可以發現六十四卦的哲理
十分突出地反映著事物對立面矛盾轉化的變動規律。如《乾》、
《坤》兩卦，象徵"剛健"與"柔順"的對立轉化；《泰》、

《否》兩卦，象徵"通泰"與"否閉"的對立轉化；《損》、《益》兩卦，象徵"減損"與"增益"的對立轉化，等等。不僅卦與卦之間如此，在一卦的具體爻象中，也往往喻示這一哲理：各卦的上爻多喻物極必反的意旨，即是最顯著的例證。

（四）用綜合分析的方法考察，《周易》六十四卦的内容又涉及作者對所處時代的思想意識形態領域的各方面認識。其中有反映作者政治思想的，如《同人》卦流露的對"天下和同"理想的追求，《革》卦含藏的"革除弊政"的願望等；有反映作者倫理思想的，如《家人》、《歸妹》卦表述的對家庭結構、男婚女嫁問題的看法等；有反映作者經濟思想的，如《節》卦喻示的"節制"觀念，《賁》卦闡明的"質樸"主張等；有反映作者法制思想的，如《訟》、《夬》卦關於爭訟和決除邪惡問題的闡述，等等。總之，一部《周易》的思想内容是十分豐富的，而無論哪一方面思想的反映，都建立在變化哲學的基礎上。具體說，六十四卦紛繁複雜的内容，儘管涉及面十分廣泛，卻集中體現著統一的哲學原理：陰陽變化的規律。程頤指出："六十四卦，三百八十四爻，皆所以順性命之理，盡變化之道也。散之在理，則有萬殊，統之在道，則無二致。"（《易序》）這裏所說的"變化之道"，事實上就是《周易》"義理"内涵的核心。

在談到《周易》的義理内涵的同時，我們還得強調兩個問題：

一曰，《周易》的義理，是通過《易》象的喻示而得到體現。由於《周易》哲學是特殊的象徵哲學，則其"象"乃是"理"的寄存形式。故無論卦象、爻象、卦辭之象、爻辭之象，其根本意義乃在於表述《易》"理"。《繫辭上傳》云："子曰：書不盡言，言不盡意。然則聖人之意，其不可見乎？子曰：聖人立象以盡意，設卦以盡情偽，繫辭焉以盡其言，變而通之以盡利，鼓之舞之以盡神。"李鼎祚《周易集解》引崔憬曰："言伏羲仰觀俯察，而立八卦之象，以盡其意。設卦，謂因而重之爲六十四卦，情偽盡在其中矣。文王作卦爻之辭，以繫伏羲立卦之象，象既盡意，故辭亦盡言也。"所謂"立象盡意"、"繫辭盡言"，即表明六十四卦之象及卦爻之辭，均在於"盡意"、"盡言"，"意"、"言"既盡，則義理亦得存於其中矣。

二曰，《周易》的義理，通過《易傳》（《十翼》）的闡發而得到進一步顯明昭著。《周易》的卦象所寓之理，本較隱晦，即使有了卦辭、爻辭的喻示，其內在哲理亦未能得以全面深刻的闡揚發揮。而當《易傳》七種十篇出現之後，義理的闡發遂達空前的高度。如《大象傳》對六十四卦卦象的發揮，《小象傳》對三百八十四爻爻象的發揮，《文言傳》對《乾》、《坤》兩卦的發揮，《彖傳》對卦辭之象的發揮，以及《繫辭傳》、《說卦傳》、《序卦傳》、《雜卦傳》各從不同角度的論說，均把《周易》的義理內涵衍發得淋漓盡致。試舉一例，當我們讀畢《乾》卦的卦辭、爻辭，正思考此卦取"天"爲象的立義所在之時，進而展閱《大象傳》之辭曰："天行健，君子以自強不息"，必然會深刻領悟到，此卦的象徵本旨只在於激勵人們效法“天”的剛健氣質而不停地自我憤發圖強。
再舉一例，當我們讀竟《坤》卦初六爻辭“履霜，堅冰至”，
又披閱《文言傳》云：

> 積善之家，必有餘慶；積不善之家，必有餘殃。臣弒
> 其君，子弒其父，非一朝一夕之故，其所由來者漸矣！由
> 辯之不早辯也。《易》曰“履霜，堅冰至”，蓋言順也。

由此，我們又深一層地領會到，《坤》卦初六爻的象徵旨趨，
還在於誠勉人們防微杜漸而棄惡積善。《周易折中》引呂祖謙
曰：“‘蓋言順也’，此一句尤可警。非心邪念，不可順養將
去。若順將去，何所不至？懲治遏絕，正要人著力。”顯然，
《易傳》的推闡發揮，使《周易》的象徵哲理昭然展示於世，
使這部特殊的哲學著作煥發出更加強烈的義理色彩。

還應當明確指出，《周易》象徵哲學的本質內涵固是包括
“象數”和“義理”兩大要素，但這兩者又是密相聯繫而不可
截然分割。正如前文所揭示的，《周易》“象數”的設立，在
於表述“義理”；而“義理”的蘊蓄，乃是含藏於“象數”
之中。若把《周易》哲學喻為人的軀體，則“象數”猶如骨
肉，“義理”猶如血脈：骨肉健則血脈通，血肉本屬一體。因
此，研探《周易》，當以“象數”、“義理”並重，而不可偏
主偏廢。至於後世出現的“象數派”、“義理派”等易學派別，
立說各有所執，其是非得失則當別為評析。

第三章　先秦易筮中的象數義理色彩

　　我們固然斷定《周易》一書爲中國古代最早的具有特殊性質的哲學著作，但也不可否認它產生之初的一項重要作用是"占筮"。

　　從《周易》創作的歷史淵源考察，《周禮・春官》云"太卜"執掌"三易"之法，謂《周易》之前尚有《連山》、《歸藏》兩種筮書，皆以八卦、六十四卦爲占，三者合稱"三易"。可見，古代《連山》、《歸藏》、《周易》皆掌于"太卜"，太卜爲專司卜筮之官。既由其執掌，則無疑此三書之用均在於占筮。鄭玄《周禮注》曰："《易》者，揲蓍變易之數，可占者也。名曰《連山》，似山出內氣也；《歸藏》者，萬物莫不歸而藏於其中。杜子春云：'《連山》，宓戲（伏羲）；《歸藏》，黃帝。'"孔穎達《周易正義》卷首《論三代易名》又引鄭玄《易贊》及《易論》云："夏曰《連山》，殷曰《歸藏》，周曰《周易》。"王應麟《玉海》引《山海經》云："伏羲氏得河圖，夏后因之，曰《連山》；黃帝得河圖，商人因之，曰《歸藏》；列山氏得河圖，周人因之，曰《周易》。"這是前人對"三易"源流的考辨。由於《連山》、《歸藏》亡佚已久，關於其書的內容及創作背景，目前已無切實可信的材料詳資考論。但它們產生於《周易》之前，與《周易》同脈相承，均曾施於占筮之用的事實，則是不可置疑的。

《繫辭上傳》指出："《易》有聖人之道四焉，以言者尚其辭，以動者尚其變，以制器者尚其象，以卜筮者尚其占。"這裏明確認為，占筮是《周易》所具備的"聖人之道"的四個方面之一。同時，我們從《周易》卦爻辭中出現的大量"吉"、"凶"、"无咎"、"利貞"之類的常用占斷辭，也不難覺察到此書的占筮功用。

既然"占筮"是《周易》的應用特徵之一，則我們也不應忽視對這一問題的探討。事實上，任何一個古老民族的文化歷史中，均離不開對生命奧秘、大自然規律以及人類自身的整體或局部"運數"的思考，其中往往密切雜糅著濃厚的"巫術"文化因素，同時又無不貫穿著融合感性與理性為一體的哲學思維。誠然，《周易》的"占筮"特徵與巫術文化又不可等同視之。它是以一套具有嚴密體系的象徵哲學的形式，應用於帶有某種"巫術"元素的占筮實踐。歸根結底，它還是以其特有的象徵哲學影響人們的思想與行為。因此，本章專門討論《周易》的占筮特徵，先簡述占筮的基本條例，然後著重就先秦時代的《易》筮資料辨析其間所包含的象數與義理色彩。

一、周易的占筮條例

關於《周易》占筮條例的記載，最早見於《繫辭上傳》云：

大衍之數五十，其用四十有九。分而爲二以象兩，掛
一以象三，揲之以四以象四時，歸奇於扐以象閏。五歲再
閏，故再扐而後掛。……是故四營而成易，十有八變而成
卦。八卦而小成。引而伸之，觸類而長之，天下之能事
畢矣。

這段記述頗爲簡練，其中主要提及幾個占筮程式，一是使用五
十根蓍策，二是虛其一根不用而用四十九根，三是遵循"分
二"、"掛一"、"揲四"、"歸奇"的四營程式揲算，四是指明
貫通"四營"而三變成一爻、十八變成一卦的《易》筮結局。

顯然，僅僅閱讀這段簡約的文字，很難領會古代《易》
筮的具體條例。前人特撰《筮儀》一文（見朱熹《周易本義》
卷首所載），專述《周易》占筮的詳細過程，將運用五十根蓍
策通過"四營"、"十八變"而成卦的筮法條例解說得十分明
暢，對學者頗有影響。今簡括《筮儀》原文及撰者原注（注
文見括弧內）如下，以備參考：

擇地潔處爲蓍室，南戶，置牀於室中央。蓍五十莖，
納之櫝中，置於牀北；設木格於櫝南，居牀二分之北。出
蓍於櫝，合五十策，以右手取其一策反於櫝中，而以左右
手中分四十九策，置格之左右兩大刻。（此第一營，所謂
"分而爲二以象兩"者也。）次以左手取左大刻之策執之，
而以右手取右大刻之一策掛於左手之小指間。（此第二

營，所謂"掛一以象三"者也。）次以右手四揲左手之
策。（此第三營之半，所謂"揲之以四以象四時"者也。）
次歸其所餘之策，或一、或二、或三、或四，而扐之左手
無名指間。（此第四營之半，所謂"歸奇於扐以象閏"者
也。）次以右手反過揲之策于左大刻，遂取右大刻之策執
之，而以左手四揲之。（此第三營之半。）次歸所餘之策
如前，而扐之左手中指之間。（此第四營之半，所謂"再
扐以象再閏"者也。一變所餘之策，左一則右必三，左
二則右亦二，左三則右必一，左四則右亦四。通掛一之
策，不五則九。五以一其四而爲奇，九以兩其四而爲偶。
奇者三而偶者一也。）次以右手反過揲之策於右大刻，而
合左手一掛二扐之策，置於格上第一小刻。（以東爲上，
後放此。）是爲一變。

　　再以兩手取左右大刻之著合之。（或四十四策，或四
十策。）復四營如第一變之儀，而置其掛、扐之策於格上
第二小刻。是爲第二變。（二變所餘之策，左一則右必
二，左二則右必一，左三則右必四，左四則右必三。通掛
一之策，不四則八。四以一其四而爲奇，八以兩其四而爲
偶，奇偶各得四之二焉。）

　　又再取左右大刻之著合之。（或四十策，或三十六策，
或三十二策。）復四營如第二變之儀，而置其掛、扐之策於
格上第三小刻。是爲三變。（三變餘策，與二變同。）

　　三變既畢，乃視其三變所得掛扐、過揲之策，而畫其

爻於版。（掛扐之數，五、四爲奇，九、八爲偶。掛扐三奇合十三策，則過揲三十六策而爲"老陽"，其畫爲"□"，所謂"重"也。掛扐兩奇一偶合爲十七策，則過揲三十二策而爲"少陰"，其畫爲"－－"，所謂"拆"也。掛扐兩偶一奇合二十一策，則過揲二十八策而爲"少陽"，其畫爲"－"，所謂"單"也。掛扐三偶合二十五策，則過揲二十四策而爲"老陰"，其畫爲"×"，所謂"交"也。）

如是每三變而成爻。（第一、第四、第七、第十、第十三、第十六，凡六變並同。但第三變以下但用四十九蓍。第二、第五、第八、第十一、第十四、第十七，凡六變亦同。第三、第六、第九、第十二、第十五、第十八，凡六變亦同。）凡十有八變而成卦。乃考其卦之變，而占其事之吉凶。

從以上敘述可知，《易》筮程式是"三變"成一爻，"十八變"成一卦。而每"三變"所得之爻的陰陽性質，視四種"過揲"策數而定：三十六策爲"老陽"、三十二策爲"少陰"、二十八策爲"少陽"、二十四策爲"老陰"。將諸數分別除以四（筮例四策一揲），適得"九"、"八"、"七"、"六"之數，筮家亦別稱爲"重"、"拆"、"單"、"交"。

上引《筮儀》一文，對《周易》筮卦過程的記述頗爲詳明。其中尚有一條明顯的規律，即"十八變"之中，每"三

"變"成一爻的程式均是相同的。換一句話說，"三變"成爻是《易》筮條例的最基本法則。理解了這一法則，"十八變"之例遂可一以貫之。因此，依據《筮儀》之說，茲製一表以進一步概括"三變"要例：

三　　變	第一變		第二變		第三變	
掛扐數	5	9	4	8	4	8
成爻 推算	成爻的四種情況					
掛扐數之和	5+4+4	5+4+8 或（9+4+4）		5+8+8 或（9+4+8）		9+8+8
奇　偶	三奇	兩奇一偶		兩偶一奇		三偶
多　少	三少	兩少一多		兩多一少		三少
計　算	49－ （5+4+4）	49－（5+4+8） 或（9+4+4）		49－（5+8+8） 或（9+4+8）		49－ （9+8+8）
過揲數 （除以四）	36 （÷4）	32 （÷4）		28 （÷4）		24 （÷4）
商　數	9	8		7		6
陰　陽	老陽	少陰		少陽		老陰
別　稱	重	拆		單		交
符　號	□	--		—		×

有人要問，依照"三變成爻"、"十八變成卦"之例筮得一卦之後，古人又是如何據以占斷驗證事物的吉凶利弊呢？具

體規則，舊說不一。但其大略方式，是依筮得的卦中變動情狀而定，凡遇"老陽"（九）、"老陰"（六）者，無論多少爻，均當使陰變陽、陽變陰；此時所筮得卦形稱"本卦"，所變卦形稱"之卦"。從某卦變到某卦，稱"某卦之某卦"。占斷時，則分別依據本卦、之卦產生變動的情狀，並結合卦爻辭所述，而推其象數、辨其義理，最後針對所需占決之事得出結論。朱熹《易學啟蒙》曾參考前人之說，歸納出七條較詳細的《易》筮推占法式：其一，"一爻變，則以本卦爻辭占"。其二，"二爻變，則以本卦二變爻辭占，仍以上爻爲主"。其三，"三爻變，則占本卦及之卦之象辭（即卦辭，下同），而以本卦爲'貞'（內），之卦爲'悔'（外）"。其四，"四爻變，則以之卦二不變爻占，仍以下爻爲主"。其五，"五爻變，則以之卦不變爻占"。其六，"六爻變，則《乾》、《坤》占'二用'（指《乾》卦'用九'辭及《坤》卦'用六'辭），餘卦占之卦象辭"。其七，"六爻皆不變，則占本卦象辭"。此種歸納，實已盡括《易》筮過程的所有情狀。唯其所列推占條式，雖未能完全切合"因象求占"的原理，後人亦頗有指摘攻駁者，但卻無妨其自成一家之說，有較廣泛的影響，故宜備爲參考。

　　在研討《周易》筮法條例的同時，我們可以得到四方面的主要收穫：一是知悉《周易》因著揲卦的過程，蘊含著古人的數學知識與技巧，從一個角度領會到《周易》哲學體系中包容的特殊的"易數"內涵。二是明確《易》筮結果所得出的"七、八、九、六"之數，其中以"九"代表可變動之

"老陽"，以"六"代表可變動之"老陰"，以"七"代表不變動之"少陽"，以"八"代表不變動之"少陰"，於是知《周易》哲學既主於變動，故三百八十四爻凡陽爻皆稱"九"，凡陰爻皆稱"六"。三是把握了《易》筮的基本程式，頗可加深對《繫辭上傳》"大衍之數五十"一章的理解。四是對歷史文獻所記載的《易》筮資料，乃能掌握其內容要義，減少研索過程中的文字障礙。顯然，探究《周易》的占筮條例，是治《易》者所不可少的步驟。故尚秉和先生《周易古筮考》指出："《易》本用以占筮。不嫻筮法，九、六之義即不知其何來，而《繫辭》'大衍'一章尤難索解，《春秋傳》所謂'某卦之某卦'亦莫明其故。故學《易》者宜先明筮法。"

至於《周易》筮法本身，也是隨著時代的發展而出現各種流變。如漢以後流行的"金錢代蓍"法（又稱"金錢卜"），即以三枚銅錢代替五十根蓍策，以六次投擲代替"四營"、"十八變"的複雜程式，這是對古代筮法的一種簡化。這種筮法，還將五行、天干、地支與六十四卦的爻位相配合，納入"六親"、"六神"等名目，創造了"世應"、"飛伏"等條例，則又使古代筮法的內容全面複雜化。後來，《易》筮又與圖讖、測字、相術、星占術、勘輿術等合流交叉，愈變愈繁，乃至被改造得面目全非，淪為怪誕駁雜的民間術數，此已不屬本書所欲論述的範圍。

因此，這裏側重探討的是《周易》古代占筮問題，並進而研索先秦時代《易》筮應用過程中反映的《周易》象徵哲學內容，即其象數與義理的色彩。

二、先秦易筮中的象數義理色彩

先秦時代，《周易》的占筮活動，是當時的上層建築領域的頗爲嚴肅莊重的事務。人們把《周易》視爲"聖典"，遇到疑而難決之事便因筮而求占，通過筮得之卦以辨析其象數、義理內涵，最後達到決疑解惑的目的。

先秦典籍中，記載《易》筮例子最多的是《左傳》和《國語》。這些筮例，多是涉及春秋時期各諸侯國的上層人物，其應用範圍頗爲廣泛，或爲朝廷政事而占，或爲出兵爭鬥而占，或爲生兒育女而占，或爲幼主登基而占，或爲娶妻嫁女而占，甚至出走叛逃、遭受貶謫也要撲蓍求占，以測吉凶。根據這些筮例，我們可以看到當時人們對《周易》的運用及理解的特點，尤其是對《周易》象數與義理內涵的認識。

（一）先秦筮例中的《周易》象數說。

《周易》哲學既是以象數爲本，故先秦時代人們在運用《周易》占筮的過程中，也多是側重於對象數色彩的分析、解說。如《左傳》莊公二十二年記載陳厲公爲其子占筮的著名例子：

　　陳厲公，蔡出也。故蔡人殺五父而立之。生敬仲。其
少也，周史有以《周易》見陳侯者，陳侯使筮之，遇
《觀》☷☴之《否》☷☰。曰："是謂'觀國之光，利用賓于
王'。此其代陳有國乎？不在此，其在異國；非此其身，
在其子孫。光遠而自他有耀者也。坤，土也；巽，風也；
乾，天也。風爲天於土上，山也。有山之材而照之以天
光，於是乎居土上，故曰：'觀國之光，利用賓于王。'
庭實旅百，奉之以玉帛，天地之美具焉。故曰'利用賓
于王'。猶有觀焉，故曰其在後乎！風行而著於土，故曰
其在異國乎！若在異國，必姜姓也。姜，大嶽之後也。山
嶽則配天。物莫能兩大，陳衰，此其昌乎！"及陳之初亡
也，陳桓子始大於齊，其後亡也，成子得政。

　　這裏所敘事件的歷史背景，時間跨度較大。事由是從春秋魯莊
公22年（前672）陳國的內亂講起，當年陳國人殺了太子禦
寇，陳公子敬仲奔逃到齊國避堆，受到齊桓公的禮遇。於是
《左傳》作者便追述敬仲年少時，有一位成周的太史攜帶著
《周易》來到陳國見陳厲公，厲公便請他爲其子敬仲占筮。周
史遂筮得《觀》卦變爲《否》卦，依據卦象及爻辭之象作出
占斷，認爲此子敬仲將會成爲一個大國君主的座上賓，並代替
陳國而享有國家。所享之國不在陳國，而在異國。不在敬仲自
身，而在他的子孫後代，他後代所藉以發達的異國必是姜姓之
國（齊國）。事物無法兩全其美，將來陳國衰敗了，陳敬仲的

子孫將取代他國而得以昌盛。後來，過了近一個半世紀，到魯
昭公八年（前 534），陳國首次被楚國滅亡，陳敬仲的五世孫
陳桓子則在齊國昌大興盛起來。又過了五十六年，到魯哀公十
七年（前 478），陳國再度被楚國滅亡，陳敬仲的七世孫陳成
子終於獲取了齊國政權。據此，則周史當年所作筮占，皆一一
獲得應驗。

　　爲了進一步分析這一筮例，我們試將成周太史的占斷語分
爲四層理解。

　　第一，周史筮遇《觀》☷☴之《否》☷☰，即《觀》卦第四
爻六四變，而成《否》卦。《觀》六四爻辭曰“觀國之光，利
用賓于王”，周史遂取此爻辭之象爲占，斷言敬仲的後代將來
必有機會觀仰大國的盛治之光，成爲該國君王的座上賓。這是
“一爻變”之例，故取本卦變爻辭占。

　　第二，周史又進而考辨卦象，謂所筮得本卦《觀》下坤
爲土（地），上巽爲風；之卦《否》下坤爲土，上乾爲天。由
《觀》變爲《否》，其象猶如風行於天而正當“土”之上，此
時本卦《觀》上互艮（☶）爲山，之卦《否》下互艮（☶）
亦爲山，故稱“風爲天於土上，山也”。以和風飄行於外，又
有高大之山承受天上光彩的照耀，正如有德君子遠行外出而獲
得尊者的賞識，這便使卦象所示與爻辭“觀國之光，利用賓
于王”的喻象完全吻合。因此，周史反復強調敬仲子孫將來
必定作賓於他國並受其國君禮遇的占斷。

　　第三，“觀國”之禮，必在王庭陳列貢品，奉以玉帛，備

陳"天地之美"，呈示"利用賓于王"的景象。所筮得卦名既為"觀"，其觀仰之物必綿延不絕，遂寓有敬仲的昌盛將延及"後代子孫"的象徵。卦象所含"風"行流動而附著於"土"的情狀，則又反映敬仲子孫發達的處所不在陳國，乃在異國。故周史又著重指明"不在此，其在異國，非在其身，在其子孫"，又曰"其在後乎"、"其在異國乎"。這樣，通過對卦象的深入挖掘，周史的占斷事實上從對敬仲個人前途的預測延伸到對陳國後世子孫前途的推斷。且明確表示，陳國的前景將寄託於敬仲子孫取代異國而發展昌盛。

第四，既然指明敬仲子孫將取代異國得以發展，那麼，究竟是哪一個"異國"呢？周史又從本卦《觀》的上互及之卦《否》的下互均為"山"之象，再為引申聯繫，指出齊國為姜姓，姜姓的始祖為大嶽，"大嶽"即高大的"山嶽"，山嶽而配於天，顯然可以昌大無比，這正是敬仲子孫必將取代齊國而昌盛的象徵。故周史於占斷之初既點明"此其代陳有國乎"，於最後又指出："若在異國，必姜姓也。姜，大嶽之後也，山嶽則配天。"經過這樣縱橫交錯的考索比附，本卦與之卦的卦象遂有機和諧地統一起來，而周史所作"物莫能兩大，陳衰，此其昌乎"的結論便有本有據，足以使求筮者陳厲公警醒無疑。

這則筮例，展示了先秦時代《易》象在占筮中的重要作用。周史據卦預測陳敬仲及陳國前景的準確無誤，究竟是筮者神妙奇異，還是《左傳》作者於事後杜撰此筮以神其說？此問題我們可以暫置勿論，而值得注意的是筮例中運用《易》象之廣泛精巧，尤其是對本卦、之卦的互卦之象運用的純熟程度。尚秉和先生《左傳國語易象釋》（見《周易尚氏學·附錄》）解說周史"山嶽則配天，物莫能兩大，陳衰此其昌乎"諸語云："艮與乾連，故曰'山嶽配天'。坤爲國，遇卦之坤陳國也，之卦之坤巽國也。乾爲大，之卦有乾，而遇卦無乾，故曰'物莫能兩大'。而遇卦上爲巽，巽隕落，故曰'陳衰'。之卦上乾，乾爲大、爲昌，故曰'此昌'。後之人昌言《易》理，而憚於觀象，於是詫此筮爲神異者有之，謂左氏事後造作此筮者有之。豈知周史所談，皆卦象所明示，彼不過觀象深，用象熟，故有此徹悟耳。豈有其他技巧哉？"並強調"此筮爲言互卦之祖"。

所謂"互卦"，指每卦六爻之間，除初、上兩爻外，中四爻又有相連互交的卦象包涵其間。其中二、三、四爻合成下卦，謂之"下互"（或"內互"），三、四、五爻合成上卦，謂之"上互"（或"外互"）。如上引筮例中的本卦《觀》的"上互"及之卦《否》的"下互"均爲"艮"，可以表示如下：

由此可以看出，《觀》、《否》兩卦均有"互卦"艮，艮爲山，故周史筮語謂"風爲天於土上，山也"、"有山之材"，又謂

"山嶽則配天"。這是易學史上講"互卦"之始，也是先秦《易》筮用象的一個重大特點。

當然，從《左傳》、《國語》中的諸多筮例考察，當時占筮家所講析的易象是較爲靈活的，並非一定都要像上引例子一樣涉及本卦與之卦的卦象、爻象、卦辭之象、爻辭之象等所有的象類，而是根據筮者的實際需要出發，取其所當用者，略其所不必言者。如《國語·周語下》記載單襄公追述晉人筮成公歸國之事，據以推測晉孫周必當步成公後塵，歸晉國執政。其例即僅據所筮本卦與之卦的卦象爲說。單襄公之語曰：

> （晉孫周之行文，天地所祚，可以得國。）成公之歸
> 也，吾聞晉之筮之也，遇《乾》之《否》，曰："配而不
> 終，君三出焉。"一既往矣，後之不知，其次必此。

單襄公講這段典故的背景是，晉國的公子孫周來到成周，事周王卿士單襄公，其行爲溫文慈和，品德高尚，故單襄公推測他將來必能回國執政。單襄公並追述晉成公當年因靈公昏暴也曾避身於成周，至趙穿殺了晉靈公，便迎成公由周歸晉爲晉君。當時晉人曾爲此占了一卦，遇到《乾》卦（䷀）變爲《否》卦（䷋），本卦《乾》的下三爻皆由陽變陰。晉人的斷語，即據這兩卦的卦象分析，認爲"乾"爲君，"坤"爲國，《乾》卦下三爻"乾"變爲《否》卦下三爻"坤"，象徵君主三度出走而終能歸來就國，故曰"君三出焉"。當日才應驗於晉成

公一人，尚有兩例猶未出現，故言"配而不終"（參見尚秉和先生《左傳國語易象釋》）。單襄公既引述這則舊筮例，又指出"三出"之占，晉成公已應驗其一，將來不知還有誰應驗，而繼成公之後應驗的必定是這位孫周，故曰"一既往矣，後之不知，其次必此"。不久之後，晉人果然殺了晉厲公，從周迎回孫周，立爲國君，即爲晉悼公，在位十五年，晉國復得強盛。

（二）先秦筮例中的《周易》義理說。

象數既爲《周易》象徵哲學之本，而由"象數"進而推闡所得的道理，則爲《周易》的"義理"內涵。先秦《易》筮之中，雖側重象數之說，但筮占者於考察象數的同時，又往往衍發出或多或少的"義理"內容。前文引用的兩則筮例，前例占語云"光遠而自他有耀"、"物莫能兩大"，後例云"配而不終，君三出焉"，似即兼含某些推理因素。

在另外一些筮例中，亦或有明顯的通過《易》象以闡說義理的推占。如《左傳》昭公十二年記載：

（南蒯將叛，）枚筮之，遇《坤》☷之《比》☵，曰："黃裳，元吉。"以爲大吉也。示子服惠伯曰："即欲有事，何如？"惠伯曰："吾嘗學此矣。忠信之事則可，不然必敗。外強內溫，忠也；和以率貞，信也，故曰

'黃裳，元吉'。黃，中之色也；裳，下之飾也；元，善
之長也。中不忠，不得其色；下不共，不得其飾；事不
善，不得其極。外內倡和爲忠，率事以信爲共，供養三德
爲善。非此三者，弗當。且夫《易》不可以占險。將何
事也？且可飾乎？中美能黃，上美爲元，下美則裳。参成
可筮，猶有闕也，筮雖吉，未也。"

南蒯是春秋魯國大夫季平子的費邑宰，其時欲據費邑以背
叛魯國，投靠齊國。有人察知其心，曾微戒之。南蒯用《周
易》占一卦，遇《坤》卦（☷）第五爻陰變陽，遂成《比》
卦（☷），故取本卦變爻的爻辭（《坤》六五）爲占，曰：
"黃裳，元吉"，意爲：黃色的裙裳，至爲吉祥。南蒯認爲是大
吉之占，並以此請教子服惠伯。惠伯的看法與南蒯大異，他的
推論基本是從"義理"的角度立說，約可就三方面理解：

其一，認爲筮得此卦，唯須用於施行忠信的事務則吉，若
圖謀不軌，必以失敗告終。故曰"忠信之事則可，不然必
敗"。事實上，這是指明了所筮得卦象的"義理"總則。

其二，分析《坤》六五爻辭"黃裳，元吉"之象，謂
"黃"爲"中色"之象，"裳"爲"下飾"之象，"元"爲
"善之長"象，由此得出爻辭的象徵義理在於強調忠信（忠）、
恭敬（共）、和善（善）。若違此三者，雖筮得其卦其爻，亦
非吉美。

其三，指出《易》筮不可用以占"險惡"之事，此即後

世言"《易》爲君子謀，不爲小人謀"（張載《張子正蒙》）的義理所在。故惠伯的最後結論是"筮雖吉，未也"。

可以看出，這則筮例雖亦言及《易》象，但其最終歸宿乃是義理。在先秦筮例中，於闡說義理之時，某些論說甚至與《十翼》之語如出一轍。《左傳》襄公九年載穆姜筮遷東宮即是典型的一例。此例筮得《艮》（☶）之《隨》（☶），以《隨》卦辭"元亨利貞，无咎"爲占。穆姜在自我占斷時，分析卦辭"元亨利貞"之義云："元，體之長也；亨，嘉之會也；利，義之和也；貞，事之幹也。體仁足以長人，嘉德足以合禮，利物足以和義，貞固足以幹事。"讀畢這節解說，不禁使我們記起《十翼》中《文言傳》對《乾》卦辭"元亨利貞"的一段闡說："元者，善之長也；亨者，嘉之會也；利者，義之和也；貞者，事之幹也。君子體仁足以長人，嘉會足以合禮，利物足以和義，貞固足以幹事。"兩者相互對照，除了第二句《文言傳》作"善之長"，而《左傳》作"體之長"之外，幾乎沒有什麼差別。這裏，究竟是《左傳》引用《文言傳》之說，還是《文言傳》引用《左傳》之文，我們姑且不作細考；僅就這一現象而言，不難看到，兩者在闡發《周易》的義理方面實有"合拍"之處，或者說，其立說本源是相一致的。

綜而言之，根據《左傳》、《國語》的諸多記載，我們顯然接觸到先秦時代人們運用《周易》進行占筮的典型例子，並從中認識到，當時的《周易》學說，具有頗爲濃厚的"象數"說與"義理"說的色彩。這是中國早期易學史上一個突出的說《易》特色，值得後世研《易》者重視。

當然，先秦《易》筮中，還有一種說《易》特點，即是於解說《周易》"象數"、"義理"內涵的同時，占斷者還可以依據自己的主觀認識而發揮衍說其旨。如《左傳》襄公二十五年載：

> 齊棠公之妻，東郭偃之姊也。東郭偃臣崔武子。棠公死，偃御武子以弔焉。見棠姜而美之，使偃取之。偃曰："男女辨姓，今君出自丁，臣出自桓，不可。"武子筮之，遇《困》☰之《大過》☰。史皆曰："吉。"示陳文子，文子曰："夫從風，風隕妻，不可娶也。且其繇曰：'困于石，據于蒺藜，入于其宮，不見其妻，凶。'困于石，往不濟也；據于蒺藜，所恃傷也；入于其宮，不見其妻，凶，無所歸也。"崔子曰："嫠也，何害？先夫當之矣。"遂取之。

此例記述齊國的大夫崔杼（武子）娶齊棠公的遺孀棠姜之事。棠姜是東郭偃的姐姐，東郭偃則臣事于崔杼。齊棠公死時，東郭偃陪崔杼前往弔唁，崔杼見到死者遺孀的美貌，欲娶為妻（此時崔杼剛喪妻不久）。東郭先以兩家之祖分別為齊丁公、齊桓公，同姓不可婚配為說，加以勸阻。崔杼遂取《周易》占卦，遇到《困》卦（☰）第三爻陰變陽，成為《大過》卦

（☰）。史官均稱此占吉祥。崔杼又向陳文子請教。文子認爲其占凶，決不可娶棠姜爲妻。崔杼不贊成文子之說，自己推測云：棠姜是寡婦，她的凶危已由她亡夫帶走了。因此，崔杼便娶了棠姜。後來，齊莊公至崔杼家，見棠姜而悅之，尋機與之私通。崔杼察知此情，就設計殺了莊公，另立新君。次年，崔杼與棠姜生一子。又次年，崔杼爲確立家族繼承人，與前妻所生兩子發生衝突，崔氏政敵慶封乘機插手，殺了崔氏家人，奪取人口與資財，棠姜、崔杼皆上弔身死。僅三年之間，崔杼由於娶棠姜爲妻而釀成大禍，終至家破人亡。從陳文子對崔杼筮得之卦的分析，實多含有文子主觀推衍的因素在內。所言"風隕妻，不可娶"的斷語，以及用"往不濟"、"所恃傷"、"無所歸"解說《困》六三爻辭之象，顯然是超乎象數、義理之外的一種對《易》卦旨趣的發揮。之所以如此，是由於陳文子對崔氏家族與其他敵對家族之間複雜關係，各自的政治背景、人際交往等已作了清楚的估計，認爲一旦崔杼娶了棠姜，有可能引發許多矛盾的激化，必將招惹禍害，故借崔氏筮得卦例以抒發自己的見解，斷言其必"凶"。因此，這一筮例，與其說是陳文子就《易》卦的象數、義理作出占斷，不如說他借《易》卦爲"幌子"而闡發他對當時崔氏與齊國其他政治勢力之間潛在的消長情狀的評估。這類例子，在先秦占筮資料中較爲多見，值得認真注意。從中還可以看到，有些筮例初看似甚"靈驗"，其實並非《易》卦靈驗，而是占斷者對事物、現象的分析精到合理，故其說帶有一定程度的預見性。

　　儘管有上述情況存在，先秦筮例中對《周易》象數、義理的普遍重視乃是不容置疑的。因此，《左傳》、《國語》記載的衆多筮例，其所體現的濃厚的"象數"、"義理"色彩，尤其是關於各種《易》象的廣泛運用，是今天藉以探討先秦易學的重要資料。

第四章　易學流派綜觀

中國傳統的治學之道，歷來注重"辨門庭"、"論流派"，即通過辨析某一學說的源流派別，明確這一學說的產生、發展及演變過程，然後進行綜合深入的研索考察，把握其精髓，總結出富有創見且符合客觀規律的理論體系，遂能在汲取前人成果的基礎上形成卓有建樹的一家之說，從而使這一學說有所開拓並發展到一個新的學術程度。此種治學方法，值得今天的學者借鑒。研究易學，實亦莫能外此而別行。

宋代儒學大師程頤嘗云："學者要自得。六經浩渺，乍來難盡曉，且見得路徑後，各自立得一個門庭，歸而求之，可矣。"朱熹門人問道："門庭豈容各立耶？"朱熹答曰："此是說讀六經，只要從師講問，且識得如何下工夫，便是立得門庭。卻歸去依此實下工夫，便是歸而求之。"朱熹門人又問："如何是門庭？"朱熹曰："是讀書之法。如讀此一書，須知此書當如何讀。伊川（即程頤）教人看《易》，以王輔嗣、胡翼之、王介甫三人《易解》看。此便是讀書之門庭。"（引文均見江永《近思錄集注》卷三）程頤所言王輔嗣，即王弼，著《周易注》、《周易略例》；胡翼之，即胡瑗，著《易解》（今存其門人倪天隱述師說作《周易口義》）；王介甫，即王安石，著《易解》（今不傳）。上引程頤所論，朱熹所釋，乃就治經的方法而言，強調立得門庭，識其派別，歸而求之。

先師黃壽祺教授嘗撰《論易學之門庭》（載《福建師範大學學報》1980 年第 3 期），極推程、朱之語，並指出："所謂門庭者，便是從師講問如何下工夫，如何讀書。再申暢其說，便是凡治某一種學問，必須求師指導一了當之途徑，使不至迷罔眩惑。若不知要領，勞而無功也。"又曰："原《易》道廣大，無所不包，見仁見智，非止一端。今欲辨其門庭，必須先論其源流宗派。知其源流宗派，然後知何者爲本，何者爲末，何者爲主，何者爲客。本末既析，主賓既分，而門庭斯立。"這一論述，更點明了研治易學務必探索其學術流派的重要性，足以指導治《易》者步入正途。

《周易》產生之源，舊說"人更三聖，世歷三古"，其創作的時代背景至爲古遠。先秦時代，《易》之用多見於占筮，其說頗具"象數"、"義理"色彩。這些，本書前數章已作詳論。而易學流派的明確創立，並不斷地發展演變，則是發端於秦漢。

秦始皇二十六年（前 221），嬴政併吞六國，統一天下。不久，出於政治上的需要，發令焚毀秦國以外的一切舊傳典籍，造成中國文化史上的一場浩劫。有幸的是，《周易》作爲卜筮之書，不屬焚燒之列，獨得完好保存。所以，西漢初年復興經學，《周易》的傳授較其他諸經最爲無闕。而且，由於《易傳》十篇的流傳日益廣泛，並爲學者所高度重視，以至被合入"經"中傳習，乃使歷代對《周易》的研究，均以經傳兩者爲主要對象。

從西漢到今天的兩千多年之間，沿著歷史時代的推進，《周易》學說的流傳大致可以分爲五個主要階段：漢魏晉南北朝易學、唐代易學、宋代易學、元明清易學、現當代易學。各個階段的易學，又有不同的特色，出現不同的流派。下面，依照這幾個階段，分別簡述各主要易學派別的基本特點及其代表人物，庶可略見兩千餘年易學"門庭"之大端。

一、漢魏晉南北朝易學

這一階段的易學，可分爲西漢、東漢、魏晉南北朝三個時期。

（一）西　漢。

西漢時期的易學，約有四個主要流派：一是"訓詁舉大誼"，即嚴格根據先秦時期所傳《易》說，訓釋六十四卦大義。以周王孫、服光、王同、丁寬、楊何、蔡公、韓嬰七家所作闡《易》著述爲代表。二是"陰陽候災變"，即運用《周易》原理解釋大自然災異現象及社會的各種事變，以孟喜、京房、五鹿充宗、段嘉四家《易》說爲代表。三是"章句守師說"，即遵循當時朝廷學官所立的經師傳授之學以研治《周易》，亦稱"今文易學"，以施讎、孟喜、梁丘賀、京房四家博士所傳爲代表。四是"十翼解經意"，即民間私學傳授的經說，專取《易傳》十篇（《十翼》）解說六十四卦，亦稱"古文易學"，以費直、高相所傳爲代表。

以上孟喜、京房兼屬兩類，是表明兩家的章句之說爲正宗學術，其災變占驗之說則別出而獨成一派。

在這四個流派的代表易家中，又以丁寬、孟喜、京房、費直對後代的影響最爲深遠。

丁寬，梁（今河南商丘）人，字子襄。曾經隨從項生學《易》於經師田何，研探精敏，才力遠過項生，深受田何器重。學成之日，田何告訴他可以回去了。丁寬東歸後，田何對學生們說："《易》以東矣！"讚歎丁寬帶著他的《周易》學說東去而將產生巨大的學術影響。後來，丁寬到洛陽，又向周王孫求教《周易》古義，學殖益深。漢景帝時，曾任梁孝王的將領，號丁將軍。撰《易說》三萬言，以其學傳授同郡田王孫。田王孫又傳授施讎、孟喜、梁丘賀，易學史上於是有了"施、孟、梁丘之學"。

孟喜，東海蘭陵（今山東蒼山蘭陵鎮）人，字長卿。孟喜的父親是當時研治《禮》、《春秋》的專家，但他認爲《禮經》太多，《春秋》煩雜，所以就讓孟喜學《周易》。孟喜與施讎、梁丘賀同向丁寬的弟子田王孫學《易》。他喜歡自我稱譽，曾經獲得易家陰陽候災變的書籍，便謊稱這是其師田王孫臨終時枕在他膝上獨傳他的。儒生們聽說後，紛紛稱揚孟喜。

不久，同門梁丘賀揭發說：“先生是死在施讎身旁，那時孟喜正返歸東海，並未在場，哪有此事？”人們遂不信孟喜之語。孟喜的易學，有《周易》章句之說，但長於陰陽占驗，以卦氣說爲本，對後來的《周易》占候學影響甚大。其學傳同郡白光（字少子）、沛翟牧（字子兄，兄音況），兩人都成爲《易經》博士。相傳《易林》的作者焦贛，也曾向孟喜學過《周易》。

京房（前77—前37），東郡頓丘（今河南清豐西南）人，字君明，本姓李，推律自定爲京氏。喜好音樂鐘律，據八卦原理用“三分損益法”將十二律擴展爲六十律。研究《周易》，拜焦贛爲師，擅長應用六十四卦分值四時氣候以解說陰陽災異、占驗人事吉凶。漢元帝初元四年（前45）以孝廉爲郎。立爲《易經》博士。常常通過《易》卦推論自然災變與社會政治的關係，屢次上疏元帝，所言多能應驗。但朝中公卿大臣多認爲京房之論煩碎不可行。曾向元帝劾奏石顯專權，被石顯嫉恨在心。後來，因石顯進讒言，被貶爲魏郡太守。仍然上書元帝，堅持用卦氣之說評議災變、朝政。石顯等人進一步譖告京房與叛黨通謀，誣其“非謗政治，歸惡天子”，遂被下獄處死，年僅四十一歲。京房初向焦贛學《易》時，即聰慧敏悟，盡獲焦氏的陰陽候災變之傳。當時，焦氏深懷憂慮地說：“得我道以亡身者，必京生也。”其預言果然成爲現實。京房的易學，承孟喜、焦贛的傳授之脈，尤擅卦氣“六日七分”法，並提倡納甲、世應、飛伏、遊歸等術。後世《火珠林》一類的占筮法，便是接受了京房的遺說。舊傳以錢代蓍的"金錢卜"法也是京氏的發明。可見，京房對中國古代占卜術的發展至有影響。

費直，東萊（郡治今山東掖縣）人，字長翁。仕爲郎，至單父令。研治古文易學，長於卦筮，不著《周易》章句，只以《彖傳》、《象傳》、《繫辭傳》、《文言傳》等解說上下經。因無師承，又無章句，所以未立於學官，其學僅在民間流傳。東漢以後，鄭衆、馬融、鄭玄、王弼等名師，並傳費氏易，遂使費氏的學術影響終究取代了曾經風靡一時的其他各家。

（二）東　漢。

東漢時期的易學，是沿承西漢易派的軌迹而發展的。其中對費氏易學的承傳較其他各家爲盛。如馬融、劉表、宋衷、王肅、董遇等人，紛紛爲費氏易作章句（因費氏無章句，故諸家各爲之立注闡說），這是頗爲重要的一派。鄭玄、荀爽則是先治京氏易，後來參治費氏易，即合京房、費直之學而統化之，這是第二派。虞翻本治孟喜易學，又雜用《周易參同契》的納甲術立說，這是第三派。陸績，則專治京氏易，這是第四派。可見，東漢研《易》流派，與西漢孟喜、京房、費直之學的淵源至爲密切。

以上所舉各易家中，成就較大、影響較著的有鄭玄、荀爽、虞翻等人。

鄭玄（127—200），北海高密（今屬山東）人，字康成。年少時家中貧困，當過鄉官"嗇夫"，不樂爲吏，經常到學官處求教。入太學讀書，隨從京兆第五元先問業，精通今文京氏易學及《春秋公羊傳》等。又西入關求學，拜扶風馬融爲師。馬融研究古文經學，當時有門徒四百多人。鄭玄在門下三年，見不到馬融，所學經典均由同門高業弟子代師傳授。在這種情況下，鄭玄仍然堅持日夜研討經學，未嘗怠倦。一日，馬融招集學生們考核討論有關"圖緯"問題，也接見了鄭玄，鄭玄精細辨析了這方面的疑義難題。考論完畢，鄭玄向老師辭別，返歸山東。馬融對學生們讚歎曰："鄭生今去，吾道東矣。"謂鄭玄帶著他已經成熟的滿腹學問東歸，馬氏的學說將隨著他影響山東的學者。鄭玄遊學十餘年，回鄉之後，便聚衆講學，追隨他的弟子有成百上千人。不久，由於黨錮事起，鄭玄的講學被朝廷禁止，他就閉門隱修經業。當時有一位大學者何休，喜好《春秋公羊傳》之學，寫有《公羊墨守》、《左傳膏肓》、《穀梁廢疾》等著作。鄭玄根據這些作品，撰寫《發墨守》、《鍼膏肓》、《起廢疾》等篇，一一駁斥何休的觀點。何休讀畢，欽佩而嘆服曰："康成入吾室，操吾戈，以伐我乎！"漢靈帝末，黨錮之禁解除，鄭玄又重新講學授徒，門下弟子從遠方前來求學者達數千人。當時手握重權的人物何進、董卓、袁紹等先後隆禮延聘鄭玄，乃以老病爲由推辭。後因袁紹逼迫，抱病隨軍，遂至病篤而逝世，享年七十四歲。作爲東漢的經學大師，鄭玄以古文經學爲主，兼采今文經說。著述囊括各種經典，凡一百多萬言。在易學方面，他先治京氏易，後參以費氏易，創立了六十四卦爻辰說，並有《周易注》九卷。

荀爽（128—190），潁川潁陰（今河南許昌）人，字慈明，一名諝。幼年好學，十二歲即精通《春秋》、《論語》。太尉杜喬見到荀爽，稱讚他：“可爲人師。”平時耽思經書，不事慶弔應酬，不應官府徵命。兄弟共八人，人們稱爲：“荀氏八龍，慈明無雙。”後拜爲郎中，上疏指摘朝廷的政治弊病，盛稱儒家禮義。奏疏上達後，即棄官歸去。不久遭黨錮之禁，隱居著述，積十餘年研討，遂以“碩儒”著稱於世。董卓徵召，欲避不能，拜平原相，旋即加爲光祿勳，就任三日又進拜爲司空。從被徵命起，僅九十五日之間，由平民布衣陞至三公高位。但他看到董卓秉政日益殘暴，便與王允等共同圖謀推翻董氏集團，適遇疾病深重而逝，年六十三歲。荀爽的著述廣涉群經、子史，共一百多篇。在《周易》研究方面，他專治費直古文易，以《十翼》解說六十四卦經義，並創立“乾坤升降”的易學條例。

虞翻（164—233），會稽餘姚（今屬浙江）人，字仲翔。年少好學，有高氣。最初跟從王朗，後來隨孫策爲功曹。漢室曾召其爲侍御史，曹操爲司空辟，均不應召。孫權執政東吳，拜爲騎都尉，常隨軍出謀劃策。稟性疏直，常犯顏諫爭，又不與世俗協和，故屢屢遭人毀謗。曾被流放到楊涇縣（今屬安徽），後獲釋。關羽戰敗，孫權請虞翻占一卦，筮得《節》卦

變爲《臨》卦，虞翻曰："不出二日，關羽必當斷頭。"兩天
后果然應驗。孫權稱讚說："真可以與東方朔相匹敵啊！"孫
權自號吳王，設宴歡飲，虞翻在席間佯醉失禮，險遭殺身之
禍。孫權曾與張昭談論神仙之事，虞翻指著張昭的鼻子斥道：
"那些全是死人，而妄稱爲神仙，世上哪有仙人呢？"此類事
時常發生，孫權積怒之下，又將虞翻流放到交州（今廣東、
廣西一帶）。虞翻雖處於流放環境，仍然講學不倦，隨從的學
生常達數百人。曾爲《老子》、《論語》、《國語》作注解。尤
精易學，提倡"納甲"、"旁通"、"之正"、"卦變"等條例。
一天，給孔融寫了一封信，附上所著《易注》。孔融在回信中
說：讀了虞翻《易注》，才知道東南的美好，不僅僅是會稽的
竹箭。虞翻把《易注》奏上朝廷，自稱其家五世研治孟氏易。
奏文轉述了他同郡陳桃的一個奇異夢境，夢中，陳桃見虞翻與
一位道士相遇，道士布《易》六爻，取三爻讓虞翻吞下，虞
翻請求盡吞六爻，道士不允，說："易道在天，三爻足矣！"
虞翻根據陳桃的這個夢，認爲自己受命於天，理應精通《周
易》。奏中還說他研究《周易》的特點，是全面改正了前代易
家諸多不妥當的見解。虞翻流放交州十餘年，七十歲時在該地
逝世。

（三）魏晉南北朝。

　　魏晉南北朝的易學，較前代有了重大變化。變化的關鍵，

是魏王弼《易注》的出現與盛行，從而使承傳四百年的兩漢"象數"易學漸趨衰亡。

王弼（226—249），三國魏山陽（今河南焦作東）人，字輔嗣。少年聰慧，十餘歲時，喜好《老子》，通辨能言。當時何晏任吏部尚書，十分驚奇王弼的才華，讚歎曰："仲尼稱後生可畏，若斯人者，可與言天人之際乎！"王弼爲人通儻敏捷，不擅長營求功名，好談玄學，對《周易》研治最深。性情和順，愛好游宴，通曉音律。平日談論哲理，自然高拔，常以自己的長處譏誚他人，因此人們往往對之不滿。正始十年（249）秋，染癘疾身亡，年僅二十四歲。著有《周易注》、《周易略例》、《老子注》、《周易大衍論》、《老子指略》、《論語釋疑》等書。前兩種對後代易學影響至大。

王弼的易學，一反前人舊習，以"掃象數，闡玄理"爲主，在魏時就引人矚目。《三國志·魏志》裴松之注引何劭《王弼傳》載：

> 太原王濟好談，病《老》、《莊》。常云：見弼《易注》，所悟者多。

晉以後，王弼《易注》日益盛行而獨冠於世。陸德明《經典釋文序錄》指出：永嘉之亂，諸家之《易》亡，"惟鄭康成、王輔嗣所注行於世，而王氏爲世所重"。又說："江左中興，《易》唯置王氏博士。"《隋書·經籍志》也說：

　　後漢，陳元、鄭衆皆傳費氏之學，馬融又爲其
《傳》，以授鄭玄，玄作《易注》，荀爽又作《易傳》。魏
代，王肅、王弼並爲之注，自是費氏大興，高氏遂衰。梁
丘、施氏、高氏亡于西晉，孟氏、京氏有書無師。梁、
陳，鄭玄、王弼二注列於國學。齊代，唯傳鄭義。至隋，
《王注》盛行，鄭學浸微，今殆絕矣。

引文中所言高氏，即西漢沛人高相，治《易》，與費直同時，
其《易》亦無章句，專說陰陽災異，自言出丁寬，傳至相。
相授子康及蘭陵毋將永，遂有高氏之學。文中把東漢至隋代諸
家易學的盛衰興廢作了扼要分析，顯示出王弼《易注》爲各
代學者所接受的情實。孔穎達《周易正義序》更高度讚揚王
弼易學云：

　　其傳《易》者，西都則有丁、孟、京、田，東都則
有荀、劉、馬、鄭。大體更相祖述，非有絕倫。惟魏世王
輔嗣之注，獨冠古今。所以江左諸儒，並傳其學，河北學
者，罕能及之。

可見，王弼易學的學術勢力，取代了兩漢諸家易學，以"玄
理"之說獨樹一幟，籠罩於魏晉南北朝之間，雖鄭玄之注也
不能與之抗行。到唐初修撰《五經正義》時，《周易》定用王
弼注本（《繫辭傳》以下王弼無注，採用韓康伯注），一切舊

說並廢。所以，王弼的《易注》，在唐代幾乎定於一尊。歷宋、元、明、清，研討考辨王弼易學者代不乏人，影響迄今未衰。

二、唐代易學

唐代的易學，可分爲主流與支流兩方面敘述。

（一）主流，以孔穎達《周易正義》爲代表。

唐代初年，朝廷撰修《五經正義》，孔穎達等人主持其事。《周易正義》採用王弼、韓康伯的注本，孔穎達爲之作疏。王弼所注《周易》，只包括六十四卦經文以及《十翼》中的《彖傳》、《象傳》、《文言傳》，而《繫辭傳》以下不注。後來，謝萬、韓康伯、袁悅之、桓玄、卞伯玉、荀柔之、徐爰、顧懽、明僧紹、劉瓛等十人相繼補注，因韓注獨得盛行，其餘九家皆廢。孔穎達的疏解，即根據王、韓舊注，詳爲闡釋，其中基本觀點均是依循王弼之說（韓康伯注《繫辭傳》以下亦本王義），間或引用別家說法互爲比較參證。所以，統治唐代易學領域的雖是《周易正義》，但起根本影響作用的卻是王弼的易學思想。

孔穎達（574—648），冀州衡水（今屬河北）人，字沖遠。生於北朝，少時曾跟從劉焯問學。隋大業初，選爲“明經"，授河內郡博士。入唐之後，歷任國子博士、國子司業、國子祭酒諸職。他主持撰修的《五經正義》，是奉行唐太宗之命而作。由於唐代科舉取士以《五經正義》爲教科書，所以其書影響至大。而在唐代易學界，起主導作用的易學著述，亦爲《周易正義》一書。

（二）支流，以李鼎祚《周易集解》爲代表。

唐代易學的主流，雖以《周易正義》爲代表，其基本觀點是沿承王弼掃象數、闡哲理的主張，但也未曾阻止兩漢"象數"易學的餘緒在一定範圍內的流傳。這一點，主要體現於李鼎祚撰輯的《周易集解》。此書廣采漢儒以迄唐代易家的注《易》之說，凡得三十餘家，其宗旨在於黜玄言，崇象數。

李鼎祚，《唐書》未立傳，其事蹟不得詳考。據其他少數資料，知其爲資州（今四川資陽以南、內江市以北）人，生活年代爲天寶以後，曾任祕書省著作郎。他撰輯的《周易集解》，在《周易》象數學盡廢的時代，保留了不少這方面的學說。經歷唐、宋、元、明諸朝，到清代崇尚漢易的學者才對之高度重視，以其爲研討漢、魏象數易學的最重要材料。

三、宋代易學

《周易》學說發展到宋代，又產生了一個重大變化，形成與“漢易”相對峙的“宋易”。

宋代易學，大致可分爲三派。

（一）圖書之學。

此派以道士陳摶開其端，相繼傳授給劉牧、邵雍等人，以《先天圖》、《後天圖》、《河圖》、《洛書》等圖爲說，形成宋代特有的“先天象數學”，使易學研究別生一條途徑。

陳摶（？—989），五代末宋初道士，亳州真源（今河南鹿邑）人，字圖南，自號扶搖子。後唐長興（930—933）中，舉進士不第，遂隱居武當山。後又移居華山，與隱士李琪、呂洞賓等爲友。後周世宗喜好外丹術，曾於顯德三年（956）召見陳摶，向他詢問外丹之說，乃賜號爲“白雲先生”。北宋太平興國年間，至京師，向宋太宗建議遠招賢士，近去佞臣，輕賦萬民，重賞三軍，太宗頗爲欣賞，賜號“希夷先生”。平生精於易學，其特點是“不煩文字解說，止有一圖，以寓其陰陽消長之數，與卦之生變”（邵伯溫《易學辨惑》）。據傳曾作《無極圖》和《先天圖》，前者爲道家所主張萬物生成歸源於“無極”的圖說，後者爲六十四卦的衍生圖式。著《易龍圖》、《九室指玄篇》等，均已亡佚。今存題爲陳摶所作的《陰真君還丹歌注》，收入《道藏》。

劉牧（1011—1064），北宋衢州西安（今屬浙江）人，字先之。舉進士第，後調州軍事推官。曾與州將爭論公事，被排擠，險遭殺害。遇范仲淹，劉牧大喜，曰："此吾師也。"遂拜范爲師。范仲淹巡撫河東，薦舉劉牧，於是爲袞州觀察推官。累官荊湖北路轉運判官卒。精研易學，遠承陳摶之傳。著有《易解》、《卦德通論》、《先儒遺論九事》、《易學象數鉤隱圖》。後者今尚存，收入《道藏》及《四庫全書》。

邵雍（1101—1077），北宋共城（今河南輝縣）人，字堯夫，諡康節。曾隱居蘇門山百源之上，後人稱爲"百源先生"。朝廷屢次徵召授官，均不赴。與周敦頤、張載、程顥、程頤合稱"北宋五子"。接受陳摶一派所傳先天象數易學。隱居讀書期間，四時耕稼，自給衣食，名其室爲"安樂窩"，自號"安樂先生"。根據先天象數易理，主張"天地亦有始終"（即毀滅又復生）的觀點。並提出用"元會運世"來計算人類歷史的方法，認爲現世的人類社會已盛極而衰，把歷史發展規劃爲"皇、帝、王、霸"四種時期，倡揚一代不如一代的歷史退化論。著有《皇極經世》、《伊川擊壤集》、《漁樵問答》等。

（二）專闡儒理。

北宋胡瑗、程頤等人，專以儒家倫理道德闡說《易》義，其說兼取《十翼》及王弼易學而廣爲發揮，自成一派，對後代深有影響。至南宋朱熹，全盤接受程頤的易學，又採納陳摶、邵雍"圖書"之學，全面推廣闡揚，遂有"宋易"之名，與“漢易”相對峙。

胡瑗（993—1095），北宋泰州海陵（今屬江蘇）人，字翼之。世居陝西路安定堡，學者稱“安定先生”。官至太常博士。與孫復、石介共倡“以仁義禮樂爲學”，並稱“宋初三先生”。主教蘇、湖二州二十餘年，從學者衆多。以儒家之理說《易》，講授之餘，欲著述而未逮。其門人倪天隱遂述師說，作《周易口義》十二卷，今存，收入《通志堂經解》、《四庫全書》等。

程頤（1038—1107），北宋洛陽（今屬河南）人，字正叔，世稱伊川先生。官至崇政殿說書。反對王安石新政，哲宗時被列爲奸黨，貶至四川涪州。從事講學和著述二十餘年。與其兄程顥同學於周敦頤，同爲理學奠基人，合稱“二程”。易學專著有《周易程氏傳》，承胡瑗之學以儒理解《易》，詳述六十四卦旨趣，唯《繫辭傳》以下不注。其觀點對南宋朱熹頗有影響。後代學者又將程頤的《周易程氏傳》與朱熹的《周易本義》合稱“傳義”，元、明易家多遵循程、朱之說治《易》。

朱熹（1130—1200），南宋徽州婺源（今屬江西）人，僑居建陽（今屬福建）。字元晦，一字仲晦，號晦庵，別號考亭、紫陽。年輕時師事李侗，爲程顥、程頤的四傳弟子。曾任泉州同安主簿、知南康軍、祕閣修撰等職。主張抗金，認爲“和議有百害而無一利”，強調“蓄銳待時”，反對盲目用兵。平生博覽群書，除經史著述之外，凡諸子、佛老、天文、地理之學，無不廣涉深研。且對各家學說融會貫通，繼承並發展二程的思想，集宋代理學之大成，建立起完整的理學體系，與二程合稱"程朱學派"。在易學方面的建樹，以《周易本義》、《易學啓蒙》爲主，是後世稱爲"宋易"的重要代表作。他的《周易本義》，成爲元、明、清三朝科舉考試中長期沿用的《周易》教科書範本。

（三）以史證《易》。

南宋李光、楊萬里，雖不廢胡瑗、程頤以儒理解《易》的舊風，但更注意援引歷代史實，與六十四卦、三百八十四爻的義理相互印證，以揭明各卦、各爻的象徵旨趣。這種方法又自成一派，對後代易學也頗有影響。自此以後，易學派別的紛歧，日益繁多。

李光，南宋越州上虞（今屬浙江）人，字泰發。少年時知禮老成，不喜歡嬉戲。他父親稱讚說："我的兒子真像雲間鶴，將來可能會振興我家的門第。"北宋崇寧五年（1106）進士。師事劉安世。除太常博士，遷司封。曾論士大夫佞諛成風，言辭切至，被權臣王黼所嫉惡，貶知陽朔縣。入南宋，於高宗時累遷至吏部尚書、參知政事，向朝廷論諫的均是復國統一的根本大計。因忤逆秦檜而被罷官。卒後謚爲莊簡。易學著述有《讀易詳說》，是第一部以史證《易》的專著。

楊萬里（1124—1206），南宋吉州吉水（今屬江西）人，字廷秀，號誠齋。他既是傑出的文學家，又是著名的思想家。

紹興間進士。曾官奉新知縣、常州知縣、廣東提點刑獄、左司郎中等職，累至祕書監。力主抗金，曾上《千慮策》，反對投降觀點。易學著述有《誠齋易傳》，與李光的《讀易詳說》同爲以史證《易》的重要著作。

四、元明清易學

自元代至清代，《周易》學說的發展大體上是在漢、宋兩大流派的基礎上衍生開拓的。

元代易學家大都篤守程頤、朱熹的遺說，如吳澄《易纂言》、胡震《周易衍義》等皆是代表作。

明代初葉仍是如此。如胡廣《周易大全》、蔡清《易經蒙引》等書影響較著。明中葉以後，出現了以"狂禪"解經的學者，如方時化《學易述談》四卷，總以禪機作爲抒論的要點；徐世淳《易就》六卷，解《易》言辭往往流露出禪家的語調；蘇濬《周易冥冥篇》，觀其書名，便知顯示著援禪入《易》的特點；至釋智旭《周易禪解》，更明言以禪解《易》，是此類易著的重要作品。這又是當時易學流派的一個旁支。

至清代，學者輩出，注重漢學，務求徵實。如惠棟《周易述》、《易漢學》，張惠言《周易虞氏義》等，即是著名作品。此時，"宋易"遂受攻擊而漸趨消沉，風氣又爲之一變。

元明清三朝的易家，茲舉四人爲例，略作簡介。

吳澄（1243—1313），元撫州崇仁（今屬江西）人，字幼清。曾任國子司業、翰林學士、經筵講官。因他所居的寓室題爲"草廬"，學者又稱爲"草廬先生"。其學說本於南宋朱熹，兼采陸九淵的思想，主張折衷朱、陸。易學著述《易纂言》，是其《五經纂言》之一。

智旭（1599—1655），明末高僧，蘇州吳縣（今屬江蘇）人。俗姓鍾，名際明，字蕅益（一作藕益），號"八不道人"，又從所居稱"靈峰老人"。少年時研習儒家經典，誓滅釋、老，著有《辟佛論》數十篇。後讀蓮池《自知錄序》及《竹窗隨筆》，才開始篤信佛教，將舊論盡數焚毀。二十四歲就憨山弟子雪嶺剃度出家，改名智旭。此後廣涉各宗，主張禪、教、律三學融合，佛、道、儒三教一致。與憨山、紫柏、蓮池並稱明代"四大高僧"。崇禎間住持江浙各地，佛學著述甚豐。其中介紹佛教典籍的目錄學著作《閱藏知津》四十四卷，爲研習佛典的入門書。又本著"誘儒以知禪"的宗旨，作《周易闡解》十卷，援引佛理說《易》，所論並非盡涉虛無，頗有可取之處。

惠棟（1697—1758），清蘇州吳縣（今屬江蘇）人，字定宇，號松崖，人稱小紅豆先生。爲著名經學家惠周惕的孫子、士奇的次子。惠家世代篤守古學，而惠棟所得最見精深。早年研究文詞、史籍，旁涉諸子百家及佛學、道教，後來專心於經術。治經以博聞強記見長，主張尊古訓、守家法，認爲漢經師之說與經並行，凡是出於漢儒的說法均應遵循。易學著作《周易述》，沿承父輩治《易》傳統，專門搜集漢儒易說，加以編輯考訂，末編附以已見，以發明漢易之理，並論述《河圖》、《洛書》和宋代先天、太極之學的關係。又有《易漢學》一書，羅列漢代主要易家的說《易》條例，詳加考辨，爲研探漢易的重要參考書。

張惠言（1761—1802），清江蘇武進人，字皋文。嘉慶進士。官翰林院編修。平生治經，最重《易》、《儀禮》。在易學方面，認爲漢魏易家所傳學說唯虞翻之說較爲詳備，故以專治虞易名家。著有《周易虞氏義》、《虞氏消息》、《虞氏易禮》、《虞氏易候》、《虞氏易言》。此外，尚有《易義別錄》、《易緯略義》、《易圖條辨》等傳世。

清乾隆間，《四庫》館臣綜觀易學歷史的源流變遷，把先秦以來的易學發展歸納爲"兩派六宗"。其說指出：

> 《左傳》所記諸占，蓋猶太卜之遺法。漢儒言象數，去古未遠也。一變而爲京、焦，入於禨祥。再變而爲陳、邵，務窮造化，《易》遂不切於民用。王弼盡黜象數，說以老、莊。一變而胡瑗、程子，始闡明儒理。再變而李光、楊萬里，又參證史事，《易》遂日啓論端。此兩派六宗，已互相攻駁。（《四庫全書總目·經部·易類小序》）

這一說法綜括了易學史上最有影響的流派。總其大端，即爲"象數"、"義理"兩派。"象數派"的正宗學說，見於漢魏學者以易象（八卦的衆多卦象）、易數（陰陽奇偶之數）爲解

《易》途徑，既切合占筮的用途，又發揮《易》旨的深蘊。
"義理派"主於闡明《周易》的哲理大義，王弼以老、莊思想
解《易》已開其風氣，至胡瑗、程頤則蔚爲大觀。平心而論，
漢儒以"象數"解《易》，有時執泥卦象，並雜入種種術數之
說，每使《易》義支離破碎；王弼一掃舊習，獨樹一幟，其
援玄理爲說固屬一弊，但也並非盡棄象數，他的基本宗旨實在
於探尋完整的《易》象，把握《易》理內蘊，使六十四卦經
義條貫不紊。所以，"象數"、"義理"兩派立說，互有可取
之處。

但"兩派六宗"只是針對易學史上的主要流派而言，尚
不足以盡賅《周易》研究的廣闊領域。故《四庫全書總目提
要·經部·易類小序》繼續說道：

> 又《易》道廣大，無所不包。旁及天文、地理、樂
> 律、兵法、韻學、算術，以逮方外之爐火，皆可援《易》
> 以爲說，而好異者又援以入《易》，故易說愈繁。

可見，從先秦到清代的易學研究史中，所涉及的學術領域是十
分寬廣的。

五、現當代易學

辛亥革命以後至今，易學研究的趨勢出現了一個重大變

化，即除了繼承前人的成果，在象數、義理兩方面進行深入探討之外，更多的學者注重於接受現當代科學理論，從各種新的角度研究《周易》。其中有從史學的角度探討《周易》的史料價值，有從唯物論和辯證法的角度探討《周易》的哲學意義，有從文學的角度探討《周易》的文藝學價值，有從自然科學（包括數學、物理學、化學、天文學、曆學、醫學、量子力學、生物遺傳學等）角度探討《周易》與諸學科原理的相通之處，有運用不同的方法探討《周易》經傳的名義、作者、創作年代、發源地域諸問題，等等。

這期間出現了較有影響的易學兩大家：一是杭辛齋先生，著有《易數偶得》、《學易筆談初集》、《學易筆談二集》、《易楔》、《讀易雜識》、《愚一齋易說訂》、《改正揲蓍法》等七種，主於貫通舊學新知，蔚爲一家之言。二是尚秉和先生，著有《焦氏易詁》、《焦氏易林注》、《周易古筮考》、《周易尚氏學》等書，專研象數之學，創立新說，“解決了舊所不解的不可勝數的易象問題”（于省吾《周易尚氏學序》），甚爲學術界所推重。

近年來，湖南長沙馬王堆漢墓出土的《帛書周易》，引起了人們的研究興趣。《帛書周易》的内容包括三個部分：六十四卦經文，《繫辭傳》殘卷，《卷後佚書》等（詳于豪亮撰《帛書周易》，載《文物》1984 年第 3 期）。由於《帛書周易》與通行本内容不盡相同，所以學術界對它的研究大致圍繞四個方面：（一）關於《帛書》六十四卦的卦序問題；（二）《帛

書》卦爻辭文字與各本的異同問題；（三）《繫辭傳》殘卷的
辨析問題；（四）《卷後佚書》的考證問題。儘管目前諸問題
的探討尚未取得定論，但隨著研究的深入，必將有新的成果
出現。

　　總之，從先秦兩漢至現當代的兩千多年中，《周易》研究
的歷史是漫長的，易學流派及著述是繁雜衆多的。清代學者皮
錫瑞認爲“說《易》之書最多，可取者少”（《經學通論》），
此論或有一定依據。但作爲一項學術研究的課題，我們應當認
真考辨歷史上的種種既有成果，揚榷是非，釐定得失，才能在
前人努力的基礎上進一步使這門學術的研究向前推展。

　　以上，我們粗略勾勒了各個時代易學發展歷史的輪廓，及
其最重要的流派。從中可見，易學史上的兩大主幹，爲“象
數派”與“義理派”；這兩大學派之說，是易學歷史的早期源
頭，也是今天研《易》不可迴避的考索內容。先師黃壽祺教
授《論易學之門庭》於辨述易學的源流之後，又云：

　　　夫源流既已明矣，主客既已辨矣，則易學之門庭可得
　　而知矣。然就象數、義理兩主幹之宗派而言，其派別亦已
　　甚紛繁。故學《易》者，當以漢易還之漢易，以宋易還
　　之宋易。而就漢易之中，亦當以孟、京者還之孟、京，
　　鄭、虞者還之鄭、虞。宋易之中，亦當以陳、邵者還之
　　陳、邵，程、朱者還之程、朱，李、楊者還之李、楊。其
　　餘衆家，亦莫不就其家法師承，爲之爬羅剔抉，刮垢磨

光，以明其本來之面目。夫如是，則家法可明，而條理必清。若其混淆衆家，糅雜群言，不別是非，無所斷制，使人莫知其向，不審所從，猶未足以論爲能知易學之門庭也。

這裏著重強調分辨易學的宗派家法的必要性。就以時代爲特徵的重大流派而言，雖有偏主象數的"漢易"與偏主義理的"宋易"之分，但漢、宋兩派所言"象數"、"義理"的具體內涵，又有各自的家法師承、流衍變異的不同。事實上，我們通常習稱的"漢易"、"宋易"概念，即雜糅著許多未曾區別出的不同學派；而所稱"象數派"、"義理派"，亦包羅著不同時代的衆家學說。因此，在考辨歷史上的易學流派的同時，既要明確時代的學術風氣，又要把握學派的承傳流變。更確切地說，在研討"象數"與"義理"這兩大易學宗派之際，對各家的說《易》條例及易學思想，務必將之結合到宏觀的"時代特色"與微觀的"家法師承"這兩方面中細密考察。只有這樣，才能窮本溯源，明決是非，知易學之門庭，而深入考論歷代《周局》學說的精華所在。

第五章　漢代象數學的深沉內蘊

　　漢代，是中國歷史上經學研究的興盛發達時期。這一情狀，當自漢武帝倡揚儒學，設置五經博士始。司馬遷《史記·儒林列傳》云：

　　　　今上即位，趙綰、王臧之屬明儒學，而上亦向之。於是招方正賢良文學之士。自是之後，言《詩》，於魯則申培公，於齊則轅固生，於燕則韓太傅；言《尚書》，自濟南伏生；言《禮》，自魯高堂生；言《易》，自菑川田生；言《春秋》，於齊、魯自胡毋生，於趙自董仲舒。

文中所言"今上"，即指漢武帝。這段記載，把漢初五經傳授的源頭作了大略介紹。其中言及《周易》學說的傳人"田生"，即"田何"。《儒林列傳》在專述先秦至漢初易學的受授源流時又指出：

　　　　自魯商瞿受《易》孔子，孔子卒，商瞿傳《易》六世至齊人田何，字子莊，而漢興。田何傳東武人王同子仲，子仲傳菑川人楊何。何以《易》，元光元年徵，官至

中大夫。齊人即墨成以《易》至城陽相。廣川人孟但以
《易》爲太子門大夫。魯人周霸、莒人衡胡、臨菑人主父
偃，皆以《易》至二千石。然要言《易》者，本於楊何
之家。

這裏言漢初第一位易學傳人爲田何。田何的再傳弟子楊何，是
漢武帝時代的第一個《易經》博士。（按，班固《漢書·儒林
傳贊》："自武帝立五經博士"，"初，《書》唯有歐陽，《禮》
后，《易》楊，《春秋》公羊而已。"）故司馬遷既謂"言
《易》自菑川田生"，此處又稱"《易》本于楊何"。由此也可
以看到，漢武帝提倡經學，使一些知識分子因之而獲得進身之
階，這也是漢代經學全面發展、繁榮的一個重要因素。

就易學在漢代的流傳情況來看，自田何、楊何之後，衆家
之說迭起，其派別亦頗爲紛多。有立於學官的"今文易學"，
有未立於學官而在民間傳授的"古文易學"；有一人兼通兩派
者，也有一派繁衍爲多支者，不一而足。但漢代易學的總體特
色，則是注重《周易》的"象數"之學。直至東漢末虞翻創
立"虞氏易"，則把漢易象數學推至一個高峰。

漢代《周易》象數學所包容的領域至爲廣泛，所創立的
易學條例也至爲繁雜，甚至不少易說與當時盛行的讖緯、術數
之學有著直接或間接的關係。其中對後代最有影響的重要易說
及易例，約有"卦氣"說的盛行、占筮術的衍擴、卦變爻變
說的發展、用象方式的演變，以及納甲、飛伏、互體、爻辰等

具體條例的應用。本章即針對這些問題，簡約清理漢易“象數”學的基本條緒，並揭明此類學說所蘊含的古人深沉的智慧。

一、卦氣說的盛行

“卦氣”，乃以氣爲本，取《周易》六十四卦與一年十二月的氣候相配合，以作爲占驗之用。此說是漢易“象數”學的一個重要內容，舊傳出於西漢孟喜，而暢行於焦延壽弟子京房。

卦氣說的基本法則，即以六十四卦中的《坎》、《離》、《震》、《兌》爲四正卦；餘六十卦，卦主六日七分，合周天之數。內辟卦十二（《復》、《臨》、《泰》、《大壯》、《夬》、《乾》、《姤》、《遯》、《否》、《觀》、《剝》、《坤》），稱“消息卦”，實即《乾》、《坤》十二爻陰陽消長情狀的顯示。“四正卦”主春、夏、秋、冬四時，爻主二十四節氣；“十二辟卦”主十二辰，爻主七十二候，其六十卦既主六日七分，則三百六十爻共主三百六十五日四分日之一。其中辟卦象徵“君”，餘卦象徵“臣”，四正卦象徵“方伯”；值日的六十卦中，每五卦配以“公”、“辟”、“侯”、“大夫”、“卿”的名義，反復不已。於是，一年四季的二至二分，風雨寒溫的變遷交易，均以應合卦爻爲節度。

清代學者惠棟《易漢學》，對漢易五大家孟喜、京房、鄭

玄、荀爽、虞翻的象數學作了詳細考析。書中載孟喜《卦氣
六日七分圖》作：

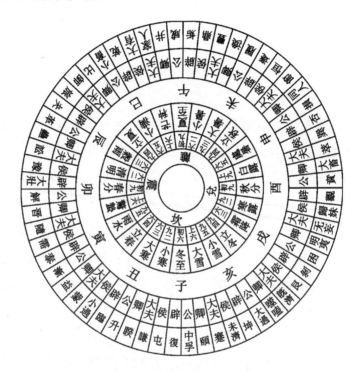

此圖內三圈即以《坎》、《離》、《震》、《兌》分居四正方，表
明四卦主四時，爻主二十四節氣；外三圈以其餘六十卦分屬十
二月，表明六十卦主六日七分，爻主三百六十五日四分日之
一。其中十二辟卦又主十二辰。圖中所示，十分簡約地概括了
漢代易家"卦氣"學說的大略體例。

　　然而，"卦氣"說的內在蘊蓄則是頗爲複雜、豐富的。擇
其要者析之，約可就"四正卦"、"六十卦次序"、"十二辟

卦”、“公辟侯大夫卿之名”、“六日七分”、“七十二候”等六
端略爲論證。

（一）四正卦的確立。

《周易》六十四卦，爲何要選取《坎》、《離》、《震》、
《兌》爲四正卦而立四方、四時呢？考其本源，還得追溯到
《十翼》中的《說卦傳》關於八卦方位的一節記述：“萬物出
乎震，震，東方也”；“離也者，明也，萬物皆相見，南方之
卦也”；“兌，正秋也，萬物之所說”；“坎者，水也，正北方
之卦也”。

《說卦傳》此節所言八卦方位，即以八卦配八方，後人謂
之“後天方位”。就其中四正方來看，乃以震爲東方，屬春；
離爲南方，屬夏；兌爲西方，屬秋；坎爲北方，屬冬。“卦
氣”說取四正卦以配四方、四時，實與《說卦傳》所述吻合
不悖。只是《說卦傳》特指三畫卦的方位、季節象徵，而
“卦氣”說中的“四正卦”則用六畫之卦（重卦）。再考《易
緯·稽覽圖》曰：“《坎》、《震》、《離》、《兌》，已上四卦者，
四正卦，爲四象。”又曰：“冬至日在《坎》，春分日在
《震》，夏至日在《離》，秋分日在《兌》。四正之卦，卦有六
爻，爻主一氣。”（按，惠棟《易漢學》引此文作《是類謀》，
蓋偶失檢，說見吳翊寅《易漢學考》。）這裏，把“四正卦”
象徵四時節氣的特點揭示得頗爲明確。而《易緯·乾元序制

記》則更爲詳盡地指出：

> 《坎》初六，冬至，廣莫風；九二，小寒；六三，大
> 寒；六四，立春，條風；九五，雨水；上六，驚蟄。
> 《震》初九，春分，明庶風；六二，清明；六三，穀雨；
> 九四，立夏，溫風；六五，小滿；上六，芒種。《離》初
> 九，夏至，景風；六二，小暑；九三，大暑；九四，立
> 秋，涼風至；六五，處暑；上九，白露。《兌》初九，秋
> 分，閶闔風，霜下；九二，寒露；六三，霜降；九四，立
> 冬，始冰，不周風；九五，小雪；上六，大雪也。

這段文字，具體列舉了《坎》、《震》、《離》、《兌》四正卦的
二十四爻分主四時、二十四節氣的象徵體例。足見在《易緯》
出現的時代，"卦氣"說已經流行甚久，而"四正卦"的意義
也早已確定了。

至於孟喜所傳"卦氣"學說，其專著已久佚不存，唯
《新唐書·曆志》載僧一行《卦議》中頗有引述。其中一節專
明"四正卦"之文云：

> 《坎》、《離》、《震》、《兌》，二十四氣，次主一爻：
> 其初則二至、二分也。《坎》以陰包陽，故自北正，微陽
> 動於下，升而未達，極於二月，凝涸之氣消，《坎》運終
> 焉。春分出於《震》，始據萬物之元，爲主於內，則群陰

化而從之，極于南正，而豐大之變窮，《震》功究焉。
《離》以陽包陰，故自南正，微陰生於地下，積而未章，
至於八月，文明之質衰，《離》運終焉。仲秋陰形於
《兌》，始循萬物之末，爲主於內，群陽降而承之，極於
北正，而天澤之施窮，《兌》功究焉。故陽七之靜始於
《坎》，陽九之動始於《震》，陰八之靜始於《離》，陰六
之動始於《兌》。故四象之變，皆兼六爻，而中節之應
備矣。

可見，孟喜是以《坎》、《離》、《震》、《兌》四卦的二十四
爻，分主一年的二十四氣。其中《坎》卦初爻主冬至，《離》
卦初爻主夏至，《震》卦初爻主春分，《兌》卦初爻主秋分。
其餘諸爻，亦各主一氣。文中"陽七"指少陽（其數七），
"陽九"指老陽（其數九），"陰八"指少陰（其數八），"陰
六"指老陰（其數六）。四者合言"陰陽老少"，或"七八九
六"，亦稱"四象"。所謂"陽七之靜始於《坎》"，即言坎
卦之象（☵）爲兩陰包一陽，少陽未及於變，故靜於坎中，
於數爲"七"；"陽九之動始於《震》"，言震卦之象（☳）
爲一陽動於二陰之下，陽動必進，老陽極而生變，故動於震
下，於數爲"九"；"陰八之靜始於《離》"，言離卦之象
（☲）爲兩陽包一陰，少陰未及於變，故靜於離中，於數爲
"八"；"陰六之動始於《兌》"，言兌卦之象（☱）爲一陰動
于二陽之上，陰動則退，老陰極而生變，故動於兌上，於數爲

"六"。回視前文所引《易緯・稽覽圖》云四正卦爲"四象"，亦與孟喜之說密相契合。

顯然，"卦氣"說中"四正卦"的確立，根柢於《說卦傳》的八卦方位說，其象徵旨趣主於東西南北四方、春夏秋冬四時以及一年中的二十四氣，甚至還波及"七八九六"、"陰陽老少"（即"四象"）之義。因其所象徵的方位、時節的意義重大，故又有"方伯卦"之稱。

（二）六十卦的次序。

"卦氣"說既以"四正卦"主四方、四時，又以餘下的六十卦主六日七分，爻主三百六十五日四分日之一，合周天之數。這六十卦前後相承，與一年中十二月的氣候配合，有一定的推衍次序，稱爲"六十卦次序"。

這種次序，我們細察《卦氣六日七分圖》（見前文所引）中六十卦周旋羅列的情狀，便可見其規模。而《易緯・稽覽圖》列有《小過》至《臨》六十卦，鄭玄注於每五卦標示"寅"至"丑"十二辰，各卦相承次序與孟喜、京房的"卦氣"說正相同。至《魏書・律曆志》載《正光曆・求四正術》，亦敘六十卦相承次序，甚爲明確：

十一月《未濟》、《蹇》、《頤》、《中孚》、《復》，十二月《屯》、《謙》、《睽》、《升》、《臨》，正月《小過》、

《蒙》、《益》，《漸》、《泰》，二月《需》、《隨》、《晉》、《解》、《大壯》，三月《豫》、《訟》、《蠱》、《革》、《夬》，四月《旅》、《師》、《比》、《小畜》、《乾》，五月《大有》、《家人》、《井》、《咸》、《姤》，六月《鼎》、《豐》、《渙》、《履》、《遯》，七月《恒》、《節》、《同人》、《損》、《否》，八月《巽》、《萃》、《大畜》、《賁》、《觀》，九月《歸妹》、《无妄》、《明夷》、《困》、《剝》，十月《艮》、《既濟》、《噬嗑》、《大過》、《坤》。

這是本於《稽覽圖》的說法。由此可見，六十卦與十二月氣候相配的規律，是每五卦值一月。而何卦值何月，均有一定的安排。

不過，這六十卦的次序，究竟起於何卦、終於何卦呢？從《稽覽圖》與《魏書・律曆志》的記載看，前者始於《小過》、終於《臨》，按正月（寅月）至十二月（丑月）的順序排列；後者始於《未濟》，終於《坤》，按十一月（子月）至十月（亥月）的順序排列。兩者的終始之次已有差異。而諸家所傳孟京《卦氣圖》，其六十卦次序列為圓式，連貫周旋，無有終始。那麼，六十卦排次果真沒有首卦與終卦的區分嗎？

其實，還是有線索可以查考的。據《稽覽圖》篇首“甲子卦氣起《中孚》”一語，已明示《中孚》為卦氣之始。鄭玄注云：“卦氣，陽氣也。”《中孚》在卦氣學說體系上正值“冬至”微陽初動之時，為一年之間陽氣復蘇的象徵，故居六十卦之首，於理頗通。再考各家所傳《卦氣圖》，無論詳略繁簡，均以《中孚》卦居於圓圈的正北子位，亦可知六十卦的規範次序當始於《中孚》、終於《頤》，首尾相銜，猶如一年三百六十五日周而復始地循環流轉。依據上述資料，我們可以製出《卦氣六十卦次序圖》如下：

月　次	六　十　卦　次　序				
十一月				《中孚》	《復》
十二月	《屯》	《謙》	《睽》	《升》	《臨》
正月	《小過》	《蒙》	《益》	《漸》	《泰》
二月	《需》	《隨》	《晉》	《解》	《大壯》
三月	《豫》	《訟》	《蠱》	《萃》	《夬》
四月	《旅》	《師》	《比》	《小畜》	《乾》
五月	《大有》	《家人》	《井》	《咸》	《姤》
六月	《鼎》	《豐》	《渙》	《履》	《遯》
七月	《恒》	《節》	《同人》	《損》	《否》
八月	《巽》	《萃》	《大畜》	《賁》	《觀》
九月	《歸妹》	《无妄》	《明夷》	《困》	《剝》
十月	《艮》	《既濟》	《噬嗑》	《大過》	《坤》
十一月	《未濟》	《蹇》	《頤》		

從表中可以明顯看出，六十卦終始情狀、各卦相承次序及每五卦配一月的規律。

　　六十卦相承以配十二月的次序既明，或許有人還要問，爲何非要用這種次序以配月呢？它們依次相承的內在含義何在呢？俞樾《卦氣直日考》曾云：

> 　　以《坎》、《離》、《震》、《兌》爲四正卦，而以《中孚》以下六十卦分直三百六十五日四分日之一，諸卦次序，莫詳其義。然揚子《太玄》八十一首，始以《中》準《中孚》，終以《養》準《頤》，次第皆與此合，知其必有所受之矣。

俞氏只是推考揚雄的擬《易》作品《太玄經》八十一首以《中》爲始，以《養》爲終，謂即模擬"卦氣"說的六十卦體系中以《中孚》居首、以《頤》告終的次序，藉以證明六十卦次序"必有所受"。至於六十卦相承之義，他卻以"莫詳"而避言之。可見這一問題頗難理清。但俞樾之前的學者黃宗羲，在所著《易學象數論》中曾對六十卦次序的寓義作過一番探討，並附有較爲簡明的解說，今據黃氏之說，製爲《卦氣六十卦次序解說表》，以資省覽。

月次	卦序（節氣）	六十卦次序解說
十一月	《中孚》（冬至）	萬物萌芽於中。
	《復》	陽氣復始。

月次	卦序（節氣）	六十卦次序解說
十二月	《屯》（小寒）	一陽微動，生物甚難。
	《謙》	陽氣澹然溫和，萬物於土中始自載幼。
	《睽》	睽，外也，萬物將自內而外。
	《升》（大寒）	萬物爲陽氣所育，將射地而出。
	《臨》	陰氣在外，萬物扶疏而上。
正月	《小過》（立春）	小爲陰，小過者，陰將過也。
	《蒙》	萬物孚甲而未舒。
	《益》	陽氣日益。
	《漸》（雨水）	陽氣漸生。
	《泰》	陽氣日盛，萬物暢茂。
二月	《需》（驚蟄）	陽尚在上，滋生舒緩。
	《隨》	萬物隨陽氣而遍。
	《晉》	萬物日晉而上。
	《解》（春分）	陽氣溫暖，萬物解甲而生。
	《大壯》	陽氣內壯。
三月	《豫》（清明）	陰消陽息，萬物和悅。
	《訟》	萬物爭訟而長。
	《蠱》	蠱，飭也，萬物至此整飭。

續　表

月次	卦序（節氣）	六十卦次序解說
三月	《革》（穀雨）	萬物洪舒，變形易體。
	《夬》	陽氣決然，無所疑忌。
四月	《旅》（立夏）	微陽將升，陽氣若處乎旅。
	《師》	萬物衆多。
	《比》	萬物盛而相比。
	《小畜》（立夏）	純陽據位，陰猶畜而未肆。
	《乾》	萬物猶強盛。
五月	《大有》（芒種）	陽氣充滿，將衰。
	《家人》	陽將休息於家。
	《井》	萬物井然不亂。
	《咸》（夏至）	陽極陰生，感應之理。
	《姤》	微陰初起，與陽相遇。
六月	《鼎》（小暑）	陰陽之氣相和，若調鼎然。
	《豐》	陰陽相濟，而物茂盛。
	《渙》	陰陽相雜，渙有其文。
	《履》（大暑）	陰進陽退，有賓主之禮。
	《遯》	陰進陽遁。

月次	卦序（節氣）	六十卦次序解說
七月	《恒》（立秋）	陰陽進退，不易之常道。
	《節》	陽不可過，故陰以節之。
	《同人》	陰氣雖盛，陽氣未去，與之相同。
	《損》（處暑）	萬物相損。
	《否》	陽上陰下，萬物否塞。
八月	《巽》（白露）	巽，伏也，陽氣將伏。
	《萃》	萬物陽氣萃於內。
	《大畜》	大爲陽，陽氣畜聚於內。
	《賁》（秋分）	坤爲文，陰升陽降，故文見而賁。
	《觀》	陽養其根，陰成其形，物皆可觀。
九月	《歸妹》（寒露）	陽在下，故曰歸。
	《无妄》	无妄，災也，萬物凋落。
	《明夷》	物受傷。
	《困》（霜降）	物受傷而困。
	《剝》	陰剝陽幾盡。
十月	《艮》（立冬）	物上隔於陰，下歸於陽，各止其所。
	《既濟》	歲功已成。
	《噬嗑》	噬嗑，食也，物美其根而得食。

續　表

月次	卦序（節氣）	六十卦次序解說
十月	《大過》（小雪）	陽之受傷，將過。
	《坤》	陽上陰下，不相逆而相順。
十一月	《未濟》（大雪）	陽將復而未濟。
	《蹇》	陰極陽生，故爲之蹇。
	《頤》	陽得養而復。

　　表中對六十卦相承次序的解說，頗有參據揚雄《太玄經》之說。儘管文辭簡約，且某些說法難免有牽強臆測之嫌，但作爲一家的見解亦有明顯的參考價值。同時，從中還可以看出，兩漢經師沿用已久的卦氣分六十卦值日的次序，尚包含著古代人運用《易》卦的陰陽象徵以解釋大自然氣候發展變化規律的一種嘗試。

（三）十二辟卦的精義。

　　在六十卦配月值日的體系中，最爲重要的起主導作用的當推“十二辟卦”。

　　十二辟卦，指《周易》六十四卦中的十二個特殊卦形，在“卦氣”說的六十卦體系中爲主體卦，以配合一年十二月的月候，喻示自然界萬物“陰陽消息”的意義，故又稱“十

二月卦"、"十二消息卦"，亦簡稱"辟卦"、"月卦"、"候
卦"、"消息卦"。"辟"字之義，猶言"君"、"主"，即謂此
十二卦爲十二月之主。

十二辟卦分別爲：《復》卦（䷗），配十一月（子月）；
《臨》卦（䷒），配十二月（丑月）；《泰》卦（䷊），配正
月（寅月）；《大壯》卦（䷡），配二月（卯月）；《夬》卦
（䷪），配三月（辰月）；《乾》卦（䷀），配四月（巳
月）；《姤》卦（䷫），配五月（午月）；《遯》卦（䷠），
配六月（未月）；《否》卦（䷋），配七月（申月）；
《觀》卦（䷓），配八月（酉月）；《剝》卦（䷖），配九
月（戌月）；《坤》卦（䷁），配十月（亥月）。僅僅從這
十二卦的特殊卦形來看，我們就不難感覺到其中所喻示
的陰陽爻遞相消長的變化過程，而與十二月的月候特徵
頗可契合。

十二辟卦的來源甚古，其說首見於《歸藏》佚文：
"子《復》，丑《臨》，寅《泰》，卯《大壯》，辰《夬》，
巳《乾》，午《姤》，未《遯》，申《否》，酉《觀》，戌
《剝》，亥《坤》。"（馬國翰《玉函山房輯佚書》）尚秉和
先生曾指明十二辟卦已見《歸藏易》，又云"《左傳》（成
公十六年載晉侯筮與楚戰）得《復》卦，曰'南國蹙，射
其元，王中厥目'，以《復》居子"，其運用十二辟卦解
《易》"尤爲顯著"（見《周易尚氏學》）。尚先生之論，
宜爲有據。

爲了更明確地揭明十二辟卦的配月情狀，茲依朱震《漢上易傳》所載，繪製《十二辟卦圖》如下，以示大旨。

圖中陽盈爲息，陰虛爲消。自《復》至《乾》六卦爲陽息之卦，稱"息卦"。即《復》一陽生，屬子，十一月卦；《臨》二陽生，屬丑，十二月卦；《泰》三陽生，屬寅，正月卦；《大壯》四陽生，屬卯，二月卦；《夬》五陽生，屬辰，三月卦；至《乾》則六陽皆生，屬巳，四月卦。自《姤》至《坤》六卦爲陰消之卦，稱"消卦"。即《姤》一陰消，屬午，五月卦；《遯》二陰消，屬未，六月卦；《否》三陰消，屬申，七月卦；《觀》四陰消，屬酉，八月卦；《剝》五陰消，屬戌，九月卦；至《坤》則六陰俱消，屬亥，十月卦。其中《乾》、《坤》兩卦，又爲消息之母。故所謂"十二辟卦"，實即《乾》、《坤》十二爻的陰陽遞相變化的具體反映。

《易緯·乾鑿度》指出："聖人因陰陽，起消息，立乾坤，以統天地。"又指出："消息卦，純者爲帝，不純者爲王。"《易緯·乾元序制記》亦曰："辟卦，溫氣不效六卦，陽物不生，土功起。"鄭玄注："六卦，謂《泰》卦，《大壯》也，《夬》、《乾》、《姤》也。"（《四庫全書》館臣注云："《姤》下尚當有《遯》卦，疑脫文。"）又曰："寒氣不效六卦，不至冬榮，實物不成。"鄭玄注："六卦，謂《否》、《觀》、《剝》、《坤》、《復》、《臨》。"根據《易緯》的此類論述，及鄭玄所注，足證十二辟卦的應用由來已久。自西漢孟喜、京房倡揚"卦氣"說，十二辟卦即頗爲流行。易家據辟卦以解《易》者，尤不乏其人，如東漢馬融、鄭玄、荀爽、虞翻以後，直至清季研治漢易的學者，莫不採用十二辟卦之義爲說，影響甚大。尚秉和先生云："後漢人注《易》，往往用月卦而不明言，以月卦人人皆知，不必揭出。其重要可知矣。"（《周易尚氏學》）

（四）公辟侯大夫卿的命名。

在"卦氣"學說以六十卦配月值日的體系中，每五卦共值一月，分別配以"公"、"辟"、"侯"、"大夫"、"卿"的名稱，反復不已。如《中孚》爲"公"，《復》爲"辟"，《屯》爲"侯"，《謙》爲"大夫"，《睽》爲"卿"；《升》

又爲"公"，《臨》爲"辟"，《小過》爲"侯"，《蒙》爲"大夫"，《益》爲"卿"：如是周而復始，配於六十卦以相流轉衍變。

以"公"、"辟"、"侯"、"大夫"、"卿"的名目配入六十卦，其說在《易緯》中亦有言及。《易緯・稽覽圖》卷末列六陽月三十卦，六陰月三十卦，凡稱"三公"者十二卦（三公即"公"），稱"天子"者十二卦（天子即"辟"），稱"侯"者十二卦，稱"大夫"者十二卦，稱"九卿"者十二卦（九卿即"卿"），與孟喜、京房卦氣說中配月值日的六十卦的名稱一一相同。《易緯・乾元序制記》有"消息十二月"、"三公十二月"（按，《四庫全書》館臣注謂"三公"下"尚應有'九卿'一條，方合五德之數，蓋有脫文也"）、"大夫十二月"、"諸侯十二月"諸語，並稱配月的六十卦"合五德之分"。鄭玄注曰："五德，辟、公、卿、大夫、諸侯也。"可見，用此五名配入六十卦，由來已久。《魏書・律曆志》載《正光曆》云："四正爲方伯，《中孚》爲三公、《復》爲天子、《屯》爲諸侯、《謙》爲大夫、《睽》爲九卿。《升》還從三公，周而復始。"俞樾《卦氣值日考》認爲此例"蓋必京氏以來相承之舊說"。

但諸卦分別稱爲"公"、"辟"、"侯"、"大夫"、"卿"的意義，似仍隱約難明。清人莊存與《卦氣解》對此分析說：

　　辟卦十二，乾坤之爻各三十六；侯卦十二（指

《屯》、《小過》、《需》、《豫》、《旅》、《大有》、《鼎》、《恒》、《巽》、《歸妹》、《艮》、《未濟》），乾坤之爻各三十六：凡百四十有四畫，合坤之策。辟治天下，侯治一國，皆君道也。辟以序，而侯以錯，讓於辟也，臣道也。公卦十二（指《中孚》、《升》、《漸》、《解》、《革》、《小畜》、《咸》、《履》、《損》、《賁》、《困》、《大過》），乾爻四十一，坤爻三十一，有師保之誼焉。卿卦十二（指《睽》、《益》、《晉》、《蠱》、《比》、《井》、《渙》、《同人》、《大畜》、《明夷》、《噬嗑》、《頤》），乾爻三十五，坤爻三十七，讓於侯也。大夫卦十二（指《謙》、《蒙》、《隨》、《訟》、《師》、《家人》、《豐》、《節》、《萃》、《无妄》、《既濟》、《蹇》），乾爻三十二，坤爻四十，讓於卿也。公、卿、大夫，凡二百一十有六畫，合乾之策也。

此說以乾坤爻數釋五種名稱的含義，其用心頗細，雖未必能令人渙然冰釋，但亦足資參考。

（五）六日七分的劃定。

如前所述，漢易“卦氣”說的基本法則，是取六十四卦中的《坎》、《離》、《震》、《兌》爲四正卦，主四時；餘六十卦，卦主六日七分，爻主三百六十五日四分日之一，稱爲

“六日七分”法。

對這一方法的解說，當與古代曆法結合起來分析。中國古代曆學，以三百六十五日又四分之一日爲一年，“卦氣”說中的六十卦既主一年之期，則將 $365\frac{1}{4}$ 日除以 60，商數爲 $6\frac{7}{80}$ 日，即六十卦中的每卦相當於六日又八十分之七日，這就是“六日七分”之所由來。

“六日七分”法盛行於漢代，除孟喜、京房等人廣爲運用之外，《易緯》中亦有較爲詳細的記載。《易緯·稽覽圖》曰：“甲子卦氣起《中孚》，六日八十分日之七。”（鄭玄注：“六以候也，八十分爲一日，之七者，一卦六日七分也。”）又曰：“每歲十二月，每月五卦，卦六日七分，每期三百六十五日四分日之一。”（按，此文據《四庫全書》校本改正。）又曰：“《是類謀》以此四正之卦，卦有六爻，爻主一氣，餘六十卦，卦主六日七分，八十分日之七，正歲三百六十五日四分日之一，六十而一周。”（按，此文《四庫全書》館臣謂“當爲後人所加”，俞樾《卦氣直日考》云“《是類謀》之文，載入《稽覽圖》，後人所附益也”。）這些資料表明，在《易緯》流行之時，“六日七分”法即已劃定並廣爲人們所運用。

“六日七分”法的劃定，與“四正卦”的確立，使《易》卦配合時節、月候以值日的體系全面形成，也是“卦氣”學說與古代曆法密相聯繫的重要體現。

（六）七十二候配卦。

所謂"七十二候"，即一年十二月風雨寒溫規律反映於各類物候的總稱，中國古代氣象學家以五日爲一候，一個節氣三候，每月六候，故每年有七十二候。如正月六候，其中立春含"東風解凍"、"蟄蟲始振"、"魚上冰"三候，雨水含"獺祭魚"、"鴻雁來"、"草木萌動"三候即是。

"七十二候"之說，其源甚古。《逸周書·時訓篇》載之已詳。《易諱·乾鑿度》云："天氣三微而成一著，三著而成一體。"鄭玄注："五日爲一微，十五日爲一著，故五日有一候，十五日成一氣。"《素問·六節藏象論》載岐伯之說亦曰："五日謂之候，三候謂之氣，六氣謂之時，四時謂之歲。"這些，均可反映古人對"七十二候"的研探及重視。

然而，以"七十二候"與《易》卦相配，當盛行於漢代易家的"卦氣"說推廣之際。在"卦氣"說體系中，將《易》卦配入"七十二候"的程式可析爲兩類：

其一，以十二辟卦的七十二爻配"七十二候"。"卦氣"說既用十二辟卦主十二月的月候，則每卦六爻，十二卦共七十二爻，恰好與十二月的"七十二候"相互配合，以明一年氣候的變化規律。朱震《漢上易傳》載李漑所傳《卦氣七十二候圖》，將此例展示得十分明朗：

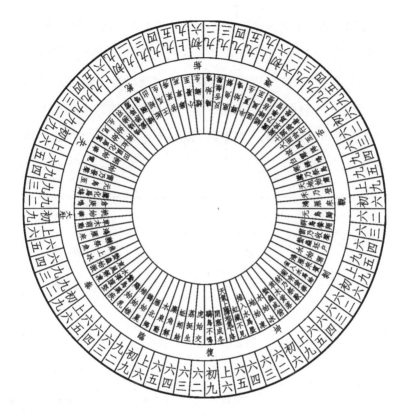

此圖詳盡羅列了十二辟卦七十二爻與十二月七十二候一一相配循環的情狀。其體例是始於《復》卦，主十一月六候；終於《坤》卦，主十月六候。同時，十二卦與七十二候相配，又是終始流行而不止，猶如十二月氣候流轉不息，故其圖以圓形爲體式。本圖尚可與前文所引《卦氣六日七分圖》相對照，則"卦氣"說之大例庶可概見。

其二，以四正卦以外的六十卦配"七十二候"。在"卦氣"說中，六十卦之用既是配入十二月，喻示一年氣候的變化規律，則六十卦的運行亦可與一年"七十二候"相互配合。
這種配合，又與"四正卦"（《坎》、《離》、《震》、《兌》）
的二十四爻所主二十四氣各爲相應。《新唐書·曆志》載有
"卦氣七十二候圖"，將四正卦主二十四氣、餘六十卦配七十
二候分列得至爲詳明，今據以改製成《卦氣七十二候表》，備
錄如下：

常氣 （月中節 四正卦） ＼ 六十卦 配候	初　候	次　候	末　候
	始　卦	中　卦	終　卦
冬至 （十一月中 《坎》初六）	蚯蚓結	麋角解	水泉動
	公《中孚》	辟《復》	侯《屯》（內）
小寒 （十二月節 《坎》九二）	雁北鄉	鵲始巢	野雉始雊
	侯《屯》（外）	大夫《謙》	卿《睽》
大寒 （十二月中 《坎》六三）	雞始乳	鷙鳥厲疾	水澤腹堅
	公《升》	辟《臨》	侯《小過》（內）
立春 （正月節 《坎》六四）	東風解凍	蟄蟲始振	魚上冰
	侯《小過》（外）	大夫《蒙》	卿《益》
雨水 （正月中 《坎》九五）	獺祭魚	鴻雁來	草木萌動
	公《漸》	辟《泰》	侯《需》（內）
驚蟄 （二月節 《坎》上六）	桃始華	倉庚鳴	鷹化爲鳩
	侯《需》（外）	大夫《隨》	卿《晉》

常氣 （月中節 四正卦）　　六十卦配候	初　候	次　候	末　候
	始　卦	中　卦	終　卦
春分 （二月中 《震》初九）	玄鳥至	雷乃發聲	始電
	公《解》	辟《大壯》	侯《豫》（內）
清明 （三月節 《震》六二）	桐始華	田鼠化爲鴽	虹始見
	侯《豫》（外）	大夫《訟》	卿《蠱》
穀雨 （三月中 《震》六三）	萍始生	鳴鳩拂其羽	戴勝降於桑
	公《革》	辟《夬》	侯《旅》（內）
立夏 （四月節 《震》九四）	螻蟈鳴	蚯蚓出	王瓜生
	侯《旅》（外）	大夫《師》	卿《比》
小滿 （四月中 《震》六五）	苦菜秀	靡草死	小暑至
	公《小畜》	辟《乾》	侯《大有》（內）
芒種 （五月節 《震》上六）	螳螂生	鵙始鳴	反舌無聲
	侯《大有》（外）	大夫《家人》	卿《井》
夏至 （五月中 《離》初九）	鹿角解	蜩始鳴	半夏生
	公《咸》	辟《姤》	侯《鼎》（內）
小暑 （六月節 《離》六二）	溫風至	蟋蟀居壁	鷹乃學習
	侯《鼎》（外）	大夫《豐》	卿《渙》

續 表

常氣 （月中節 四正卦）　六十卦 配候	初 候	次 候	末 候
	始 卦	中 卦	終 卦
大暑 （六月中 《離》九三）	腐草爲螢	土潤溽暑	大雨時行
	公《履》	辟《遯》	侯《恒》（內）
立秋 （七月節 《離》九四）	涼風至	白露降	寒蟬鳴
	侯《恒》（外）	大夫《節》	卿《同人》
處暑 （七月中 《離》六五）	鷹祭烏	天地始肅	禾乃登
	公《損》	辟《否》	侯《巽》（內）
白露 （八月節 《離》上九）	鴻雁來	玄鳥歸	群鳥養羞
	侯《巽》（外）	大夫《萃》	卿《大畜》
秋分 （八月中 《兌》初九）	雷乃收聲	蟄蟲培戶	水始涸
	公《賁》	辟《觀》	侯《歸妹》（內）
寒露 （九月節 《兌》九二）	鴻雁來賓	雀入大水爲蛤	菊有黃華
	侯《歸妹》（外）	大夫《无妄》	卿《明夷》
霜降 （十月中 《兌》六三）	豺乃祭獸	草木黃落	蟄蟲咸俯
	公《困》	辟《剝》	侯《艮》
立冬 （十月節 《兌》九四）	水始冰	地始凍	雉入水爲蜃
	侯《艮》（外）	大夫《既濟》	卿《噬嗑》

續 表

常氣 （月中節 四正卦）＼六十卦 配候	初　候	次　候	末　候
	始　卦	中　卦	終　卦
小雪 （十月中 《兌》九五）	虹藏不見	天氣上騰 地氣下降	閉塞而成冬
	公《大過》	辟《坤》	侯《未濟》（內）
大雪 （十一月節 《兌》上六）	鶡鳥不鳴	虎始交	荔挺生
	侯《未濟》（外）	大夫《蹇》	卿《頤》

此表以“四正卦”二十四爻配四時二十四氣爲綱，以其餘六
十卦配七十二候爲目，秩序井然。表中每個節氣三候，各以
“初候”、“次候”、“末候”爲次，而所配之卦亦各以“始
卦”、“中卦”、“終卦”爲序，乃與三候相應。唯所用之卦只
有六十，而氣候卻有七十二，故將六十卦中的十二個“侯卦”
各分爲內外卦，其內卦屬前候（即表中括弧內所注“內”
者），外卦屬後候（即表中括弧內所注“外”者）。因此，十
二個“侯卦”各跨“末”、“初”兩候，而兼“終”、“始”兩
卦之用。這樣，六十卦與七十二候的對應配合關係便反映得嚴
密而妥切，使“卦氣”學說的內涵頗爲豐富。

以上，我們從“四正卦”的確立，六十卦的次序，十二
辟卦的精義，公辟侯大夫卿的命名，六日七分的劃定，七十二
候配卦等六方面詳爲考索，大致辨析了漢易“卦氣”說的基

本條例及主要內容。而前人倡揚"卦氣"說的作用，本在於
占驗。《漢書·京房傳》云："其說長於災變，分六十卦，更
直日用事，以風雨寒溫爲候，各有占驗，房用之尤精。"又
《谷永傳》載谷永對策云："王者躬行道德，則卦氣理效，五
徵時序。失道妄行，則卦氣悖亂，咎徵著郵。"《後漢書·張
衡傳》載張衡上疏，亦云："律曆卦候，數有徵效。"《周易參
同契》更有一節較詳的記述：

> 君子居室，順陰陽節，藏器俟時，勿違卦月。謹候日
> 辰，審察消息；纖芥不正，悔吝爲賊。二至改度，乖錯委
> 曲，隆冬大暑，盛夏霜雪。二分縱橫，不應漏刻，水旱相
> 伐，風雨不節，蝗蟲湧沸，群異旁出。

這是揭明卦氣不效，則分至寒溫皆失節度，各種災異紛出的情
狀。可見，漢代學者常用"卦氣"之學以占驗大自然氣候規
律的正常與否，判斷或預測災害現象，甚至把自然界的災異與
當時社會政治之失當聯繫起來分析，形成在歷史上頗有影響的
帶有濃厚政治色彩的占驗術。

"卦氣"說的應用，其初雖側重於占驗，但因其內容頗涉
氣候、氣象、曆法等問題，故後來又對曆學產生了較顯著的影
響，《魏書·律曆志》、《舊唐書·曆志》、《新唐書·曆志》
均有關於"卦氣"的詳細記載。因此，"卦氣"說中所含古代
曆學、氣候學等方面的知識，又是中國科技史研究中值得參考

的重要資料。

此外，古代易家應用"卦氣"說以解釋《周易》經義者亦頗爲衆多。據李鼎祚《周易集解》所載鄭玄、虞翻、崔憬諸家的易說，便保留著不少以"卦氣"注《易》之例。而孔穎達《周易正義》於《復》卦的卦辭"七日來復"一語，也認爲當取鄭玄之說，以"六日七分"之義爲釋，指出："《剝》卦陽氣之盡，在於九月之末。十月當純《坤》用事，《坤》卦有六日七分，《坤》卦之盡，則《復》卦陽來，是從《剝》盡至陽氣來復，隔《坤》之一卦六日七分。舉成數而言之，故輔嗣言'凡七日'也。"因此，若不明"卦氣"之學，則對此類舊注亦無法了然。故先師黃壽棋先生《漢易舉要》（載《福建師範大學學報》1962 年第 1 期）指出："卦氣與《易》關係匪淺，故不可不明其要義。學者宜抉擇應用，勿徒目爲術數之學而忽視之也。"

二、占筮術的創革更新

占筮術，是隨著《周易》的誕生而同時出現的易占方式。先秦時期，《周易》的占筮術是用五十根蓍草，經"四營"、"十八變"而成卦，依據卦中的變動情狀，結合卦爻辭及卦象、爻象以占斷吉凶。

到了漢代，由於術數、讖緯、占驗之學廣泛流行，更由於《周易》占驗實用的需要，遂致易筮方式及其內容均出現了全面變革、創新，而漢易"象數"學的領域也因之獲得大幅度的拓展。易筮方式變革的最初階段，當以焦延壽的《易林》爲代表。焦延壽，字贛（或云名贛字延壽），爲著名易家京房（字君明）之師，自謂嘗從孟喜問《易》（見《漢書·京房傳》及《儒林傳》）。所撰《易林》，將《周易》中的每一卦各變爲六十四卦；六十四卦之變，共得四千零九十六卦，各繫以文辭，皆四言韻語。其書之用乃爲占筮而設，使筮者每筮得一卦，即依"林詞"爲占。《四庫全書》將此書列於"子部術數類"，《提要》稱："蓋《易》於象數之中，別爲占候一派者，實自贛始。"（按，由於焦氏《易林》不見於《漢書·藝文志》，且《禮記·月令正義》引《易林》一節文字不載於此書，故後人或有疑及此《易林》非焦贛所著者，《四庫提要》極力辨駁之。余嘉錫《四庫提要辨證》又加以詳考，謂此書乃東漢王莽時崔篆所撰。然其指證或嫌不足，唯可備爲一說。故今仍從舊題，以爲焦氏所作。）

焦氏《易林》固是別樹一幟，獨有創獲，但其基本體式尚未超出先秦筮法之大例，只是於占筮實踐中爲筮者提供了一部自成系統的重新創製的文詞。而對《周易》占筮術進行全面改革，並創立了一系列嚴密、周詳條例的，則是焦延壽的弟子京房。

在漢代易家的行列中，京房對"象數"學的貢獻堪稱最爲突出。他既是漢易"卦氣"說的主要宣導者之一，又創建了一套嶄新的占筮術，形成了包羅萬象的對後世產生深遠影響的占驗之學。因此，論及漢代易學占筮術的創革更新，不能不首推京房。

京房創建新的易筮體系的內在動機，當是爲了與他所精通的"卦氣"學說相配合以爲用。如前文所述，"卦氣"說的最初應用在於占驗災異，若沒有一套與之相適應的占筮術，則"卦氣"的運用必難以廣泛深入地推展。經過京房創革更新的占筮術，從具體操作方式到各種繁雜的條例，都呈現出超越前人的蔚然成爲一家學說的宏大體系。大略言之，京氏創革占筮術的基本內容約可歸納爲"金錢代蓍"、"八宮卦例"、"世應"、"世卦起月例"、"飛伏"等幾個主要方面。其中除了"金錢代蓍"爲單純的筮卦方式之外，其他各種條例的意義，事實上已不僅僅局限於占筮一術，而在以"象數"闡釋《周易》經旨的領域中產生了重大的作用。茲依次略爲論述。

（一）金錢代蓍。

顧名思義，所謂"金錢代蓍"，即是用銅錢代替蓍草以筮卦。西漢以前，占筮者皆以五十根蓍草揲卦，程式較爲繁瑣。而京房創立"金錢代蓍"法，其本旨是爲簡便計，後世流行的《火珠林》及郭璞《洞林》等書，皆沿用此法。亦簡稱"金錢卜"、"銅錢卜"或"錢卜"。

"金錢代蓍"法的主要程式是：取三枚銅錢擲之，以有字之面爲陰，無字之背爲陽，若遇三枚皆背則爲"老陽"，謂之

“重”，即揲蓍所遇之“三少”，其數爲“九”；若遇三枚皆面
則爲“老陰”，謂之“交”，即揲蓍所遇之“三多”，其數爲
“六”；若遇兩枚面一枚背則爲“少陽”，謂之“單”，即揲蓍
所遇之“兩多一少”，其數爲“七”；若遇兩枚背一枚面則爲
“少陰”，謂之“拆”，即揲蓍所遇之“兩少一多”，其數爲
“八”。這樣，每擲一次得一爻，六次成一卦，即可依卦占斷
吉凶，實較舊法“四營”、“十八變”成卦簡便得多。而且，
其基本原理仍與舊法吻合不悖。

考之舊籍記載，《儀禮·土冠禮》云：“筮與席，所卦者，
具饌於西塾。”鄭玄注：“所卦者，所以畫地記爻。”賈公彥
疏曰：

> 筮法，依七八九六之爻而記之，但古用木畫地，今則
> 用錢。以三少爲重錢，重錢則九也；三多爲交錢，交錢則
> 六也；兩多一少爲單錢，單錢則七也；兩少一多爲拆錢，
> 拆錢則八也。

項安世《項氏家法》指出：

> 以京氏易考之，今世所傳《火珠林》者，即其法也。
> 今占家以三錢擲之，兩背一面爲“拆”，此即兩少一多，
> 爲少陰爻也；兩面一背爲“單”，此即兩多一少，爲少陽
> 爻也；俱面者爲“交”，交者拆之，此即三多，爲老陰爻

也；俱背者爲"重"，重者單之，此即三少，爲老陽爻
也。蓋以錢代蓍，一錢當一揲。此自後人務爲捷徑，以趨
卜肆之便，而其本意尚可考也。

這些資料，把"金錢代蓍"之法介紹得較爲明確。由於其法
簡捷便當，後世筮者遂紛紛沿用而不衰。尚秉和先生《周易
古筮考》曰："揲蓍爲占，其法太繁，有不能用於倉卒之時
者，故古人以金錢代之，蓋自京（房）、郭（璞）而已然矣。"
又曰："以其與揲蓍法合，故用之而亦驗。"

可見，京房對舊筮法程式所作的簡化，縱使是爲適應當時
占驗學的發展而著想，但其對後代筮家的影響卻是至爲明顯的。

（二）八宮卦例。

如果說"金錢代蓍"只是對舊傳揲蓍的具體操作方式的
簡化，那麼，京房創立的"八宮卦例"則是全面改革占筮術
體系的核心所在，更是漢易"象數"學發展的一項突破性的
重大成果。

"八宮卦"說的基本體例，即是以《周易》六十四卦中的
八純卦各變出七卦：凡純卦初爻變，所成之卦爲"一世卦"；
二爻變，所成之卦爲"二世卦"；三爻變，所成之卦爲"三世
卦"；四爻變，所成之卦爲"四世卦"；五爻變，所成之卦爲
"五世卦"；上爻不變，再回變已變之第四爻，遂成"遊魂

卦"；最後變"遊魂卦"的下體三爻，終成"歸魂卦"。這樣，由八純卦衍變爲六十四卦，純卦爲本宮，八純卦分領八宮，成爲獨具特殊規律的六十四卦卦象組合，稱爲"八宮卦"。

惠棟《易漢學》曾依京房《京氏易傳》之說，作《八宮卦次圖》。今爲省覽之便，據以製成《八宮卦表》，具示如下：

世魂 八宮	一世	二世	三世	四世	五世	遊魂	歸魂
乾	姤	遯	否	觀	剝	晉	大有
震	豫	解	恒	升	井	大過	隨
坎	節	屯	既濟	革	豐	明夷	師
艮	賁	大畜	損	睽	履	中孚	漸
坤	復	臨	泰	大壯	夬	需	比
巽	小畜	家人	益	无妄	噬嗑	頤	蠱
離	旅	鼎	未濟	蒙	渙	訟	同人
兌	困	萃	咸	蹇	謙	小過	歸妹

如表所示，《乾》宮初爻變，成一世卦《姤》；二爻再變，成二世卦《遯》；三爻再變，成三世卦《否》；四爻再變，成四世卦《觀》；五爻再變，成五世卦《剝》；上爻不變，回變《剝》之第四爻，成遊魂卦《晉》；最後變《晉》之下體三爻，成歸魂卦《大有》。其餘七宮以此類推，故《震》宮一世卦《豫》，二世卦《解》，三世卦《恒》，四世卦《升》，五世

卦《井》，遊魂卦《大過》，歸魂卦《隨》；《坎》宮一世卦《節》，二世卦《屯》，三世卦《既濟》，四世卦《革》，五世卦《豐》，遊魂卦《明夷》，歸魂卦《師》；《艮》宮一世卦《賁》，二世卦《大畜》，三世卦《損》，四世卦《睽》，五世卦《履》，遊魂卦《中孚》，歸魂卦《漸》；《坤》宮一世卦《復》，二世卦《臨》，三世卦《泰》，四世卦《大壯》，五世卦《夬》，遊魂卦《需》，歸魂卦《比》；《巽》宮一世卦《小畜》，二世卦《家人》，三世卦《益》，四世卦《无妄》，五世卦《噬嗑》，遊魂卦《頤》，歸魂卦《蠱》；《離》宮一世卦《旅》，二世卦《鼎》，三世卦《未濟》，四世卦《蒙》，五世卦《渙》，遊魂卦《訟》，歸魂卦《同人》；《兌》宮一世卦《困》，二世卦《萃》，三世卦《咸》，四世卦《蹇》，五世卦《謙》，遊魂卦《小過》，歸魂卦《歸妹》。

顯而易見，將六十四卦作出如此整齊劃一的頗有規律的排列，確是難能可貴的創建。京房《京氏易傳》曾論諸"世"及"遊"、"歸"之名曰：

> 孔子《易》云："有四《易》，一世、二世爲地《易》，三世、四世爲人《易》，五世、八純（按，"八純"本作"六世"，據惠棟《易漢學》改）爲天《易》，遊魂、歸魂爲鬼《易》。"

此說蓋託古於孔子，但亦可據以推知京氏"八宮卦"或有所本，似非憑空杜撰。

一世卦至五世卦的命名之義，當指某爻變即爲某世卦，易於明瞭。唯“遊魂”、“歸魂”的名義，不易索解。考《繫辭上傳》有“精氣爲物，遊魂爲變”之語，應爲京氏“八宮卦”中“遊魂卦”取名之源，謂其游變於外卦第四爻。而“歸魂卦”之名宜與“遊魂”相對，言其歸變於內卦三爻。再查《京氏易傳》於《乾》宮“遊魂卦”《晉》卦曰：“精粹氣純，是爲遊魂。”陸績注：“爲陰極剝盡，陽道不可盡滅，故返陽復道；不復本位，爲遊魂，例八卦。”（按，注文“陽”下“復”字本誤作“道”，“遊”字誤作“歸”，並據徐昂《京氏易傳箋》改）又於《乾》宮“歸魂卦”《大有》卦曰：“卦復本宮曰《大有》，內象見乾是本位。”陸績注：“八卦本從《乾》宮起，至《大有》爲歸魂。”這裏所言“本宮”乃本卦所居之宮，“本位”即本宮卦象之位。而《晉》卦自《乾》宮五世卦《剝》第四爻回變爲陽爻（九四）所成，九四居《晉》外卦“離”之下，非本宮“乾”象，猶如孤魂遊蕩於外，故陸注云“不復本位，爲遊魂”。至於《大有》卦，則自《乾》宮遊魂卦《晉》內卦三爻復變爲陽爻（九三、九二、初九）所成，此三爻正組成本宮“乾”象，又居內卦，猶如遊魂復歸於內，遂稱“歸魂”。惠棟《易漢學》亦曾就此兩卦之象釋曰：“九四爲八純本爻，又在上卦，故曰遊魂；九三復歸本位，在內卦，故曰歸魂。”其說頗爲可取。

“八宮卦”之用，乃爲占筮而作。其應用於占筮之際，尤與“世應”、“飛伏”、“八卦六位”等例（詳見後文）密切相合，以占斷具體事物、現象的吉凶禍福。這一情實，《京氏易傳》載之已詳，而漢以後歷代史籍所記筮例亦頗有載錄（參見尚秉和先生《周易古筮考》）。然而，“八宮卦”說在易學史上的影響，實不僅限於《易》筮之一端，更重要的是，在闡說《易》義中發揮了重大作用。尤其是漢魏兩晉以“象數”解《易》的學者，常常援據“八宮卦例”以注釋《周易》經傳，其中以荀爽、干寶諸家所用最見顯著。如李鼎祚《周易集解》於《解》卦引荀爽曰：

> 《解》者，《震》世也。

即謂《解》卦繫《震》宮二世卦，卦氣主春分，以釋該卦《象傳》“百穀草木皆甲坼”之義。同書於《隨》卦又引荀爽曰：

> 《隨》者，《震》之歸魂，震歸從巽，故大通。

表明《隨》卦屬於《震》宮歸魂卦，而《震》宮三世卦下體成巽，至歸魂卦《隨》，始回變下體之巽而成震，復歸本宮，故稱“震歸從巽”；且巽爲遜順能入之象，有“通”義，遂用以解說《隨》卦《象傳》“大亨”之旨。同書又於《井》卦引干寶曰：

自《震》化行於五世。

說明《井》卦爲《震》宮五世卦，並比附殷周沿革之事，以
釋該卦卦辭"改邑不改井"之義。同書於《訟》卦又引干
寶曰：

> 《訟》，《離》之遊魂也。離爲戈兵，此天氣將刑殺，
> 聖人將用師之卦也。

這是指明《訟》卦爲《離》宮的遊魂卦，而"離"有"戈
兵"之象，遂由此引申出"天氣刑殺"、"聖人用師"的象徵
旨趣，以釋《訟》卦所含"爭訟"之義。

據上述所舉資料可知，前人運用"八宮卦"以解《易》
的特點，是往往推述某卦從屬於某宮某世，然後再參照卦象、
爻象、卦氣等多種因素進行綜合分析，以揭明該卦的寓意。因
此，若不明"八宮卦"條例，則難以貫通此類舊注內容之所
以然。

此外，展閱陸德明《經典釋文》，我們發現其書於《周易
音義》六十四卦，皆注明所屬某宮一世、二世、三世、四世、
五世、遊魂、歸魂之名，以之附合於諸卦經義。而朱熹《周
易本義》卷首載《分宮卦象次序歌》一首，爲初學《周易》
者所必讀的資料，亦直接採用京房"八宮卦"之說而爲之。
由此足見，京氏此說對隋唐以後的易學仍有重大影響。

（三）世　應。

"世應"之說，乃是京氏"八宮卦例"中一項重要的附屬
條例。"世"，指某卦在"八宮卦"體系中屬某宮之第幾世卦，
則第幾爻即爲世。其中本宮卦以上爻爲世，遊魂卦同四世，歸
魂卦同三世。"應"，指確定世爻之後，此爻若爲初爻即與四
爻應，二爻即與五爻應，三爻即與上爻應，反之亦然。"世
應"在京氏易學中頗爲重要，爲筮卦占斷的基本法則之一。
尚秉和先生《周易古筮考》曾論及"世應"的含義與推尋
"世爻"、"應爻"的方法，指出：

> 世應者，卦中之主，所恃以推吉凶者也，略如貞悔
> （按，指內卦外卦）。世爲我，應爲彼。然世應究值何爻，
> 仍原本於遇卦之本宮。

因此，探討任何一卦"世應"的根源，均須從所屬"八宮卦"
中的本宮卦考究。以《乾》宮爲例，本宮卦《乾》（☰）初
爻變，爲一世卦天風《姤》（☴），因《姤》卦自《乾》初爻
變來，故《姤》"世"即在初爻，"應"在四爻；《乾》二爻
再變，爲二世卦天山《遯》（☶），因《遯》卦自《乾》二爻
變來，故《遯》"世"即在二爻，"應"在五爻；《乾》三爻
再變，爲三世卦天地《否》（☷），因《否》卦自《乾》三爻

變來，故《否》“世”即在三爻，“應”在上爻；《乾》四爻
再變，爲四世卦風地《觀》（☷），因《觀》卦自《乾》四爻
變來，故《觀》“世”即在四爻，“應”在初爻；《乾》五爻
再變，爲五世卦山地《剝》（☶），因《剝》卦自《乾》五爻
變來，故《剝》“世”即在五爻，“應”在二爻；《乾》上爻
不變（變則出宮），由五世卦《剝》之第五爻退後一位，將第
四爻仍回變爲陽，成遊魂卦火地《晉》（☲），《晉》“世”即
在四爻（與四世卦《觀》同），“應”在初爻；再由遊魂卦
《晉》第四爻退後，將下卦三爻全變，爲歸魂卦火天《大有》
（☲），則《大有》“世”即在三爻（與三世卦《否》同），
“應”在上爻；至於本宮卦《乾》爲天，“世”在上爻，“應”
在三爻。其餘七宮做此。

　　略尋京氏“八宮卦”體系的“世應”規律，則一世至五
世卦的“世”位分別在一至五爻，本宮卦在上爻，遊魂卦同
四世卦在四爻，歸魂卦同三世卦在三爻。確定了“世”爻，
則“應”爻之位就顯而易見。故尚秉和先生云：“世位既定，
隔二爻即爲應爻也。”（《周易古筮考》）所謂“隔二爻爲應
爻”，是《易》卦六位奇偶陰陽相應的簡約說法。《左傳》昭
公五年孔穎達《正義》述說甚明：“卦有六位，初、三、五奇
數，爲陽位也；二、四、上偶數，爲陰位也。初與四，二與
五，三與上，位相值爲相應。”

　　京房“世應”之例，在《京氏易傳》敘之至詳。如《乾》
宮歸魂卦《大有》，京氏曰：“三公臨世，應上九爲宗廟。”徐

昂《京氏易傳箋》云：“歸魂當三公，世位即在三爻。世爻辰土，與宗廟爻（按，指上爻，上居卦終爲宗廟）巳火相應。火能生土。”此種“世應”法，在占筮的實用過程中，往往與干支、五行相配合以爲占斷，後世筮者皆沿用之。而在解釋經義之中，易家亦常援據“世應”之例以立說。如李鼎祚《周易集解》於《蒙》卦引干寶注曰：“《蒙》者，《離》宮陰也，世在四。”即言《蒙》卦屬《離》宮四世卦，爲陰卦，世爻爲六四。

（四）世卦起月例。

“世卦起月例”，與“世應”同爲京氏“八宮卦”體系的要例。亦稱“世月”、“世建”。其法以“八宮卦”分值十二月，而不同於“卦氣”說中以卦配月的體制。胡一桂《易學啓蒙翼傳·京氏易傳·起月例》曰：

> 一世卦，陰主五月，一陰在午也；陽主十一月，一陽在子也。
> 二世卦，陰主六月，二陰在未也；陽主十二月，二陽在丑也。
> 三世卦，陰主七月，三陰在申也；陽主正月，三陽在寅也。
> 四世卦，陰主八月，四陰在酉也；陽主二月，四陽在卯也。

五世卦，陰主九月，五陰在戌也；陽主三月，五陽在辰也。

八純上世，陰主十月，六陰在亥也；陽主四月，六陽在巳也。

遊魂，四世所主，與四世卦同。

歸魂，三世所主，與三世卦同。

此中所言“陰”、“陽”者，指某宮某世卦及遊魂、歸魂卦的“世爻”是陰爻或陽爻。凡世爻爲陰爻者屬陰卦，爲陽爻者屬陽卦。依據此說，茲製《世卦起月例表》如下：

月次	月建	世卦	六十四卦值月	陰陽
十一月	子	一世卦	《復》、《賁》、《節》、《小畜》	陽
十二月	丑	二世卦	《臨》、《大畜》、《解》、《鼎》	
正月	寅	三世卦 歸魂卦	《泰》、《既濟》、《恒》、《咸》 《大有》、《漸》、《蠱》、《同人》	
二月	卯	四世卦 遊魂卦	《大壯》、《睽》、《革》、《无妄》 《晉》、《大過》、《訟》、《小過》	
三月	辰	五世卦	《夬》、《履》、《井》、《渙》	
四月	巳	八純卦	《乾》、《艮》、《巽》、《離》	
五月	午	一世卦	《姤》、《豫》、《旅》、《困》	陰
六月	未	二世卦	《遯》、《屯》、《家人》、《萃》	

月次	月建	世卦	六十四卦值月	陰陽
七月	申	三世卦 歸魂卦	《否》、《損》、《益》、《未濟》 《隨》、《師》、《比》、《歸妹》	陰
八月	酉	四世卦 遊魂卦	《觀》、《升》、《蒙》、《塞》 《明夷》、《中孚》、《需》、《頤》	
九月	戌	五世卦	《剝》、《豐》、《噬嗑》、《謙》	
十月	亥	八純卦	《坤》、《震》、《坎》、《兌》	

　　表中所示，凡十二消息卦，均合其所當值之十二月；其餘五十二卦，以其"世爻"各合於十二消息卦的"消息爻"，遂亦分別納入十二月。故京房的"世卦起月例"，正是由十二消息卦之義引申所得，或者說，是"八宮卦"和"十二消息卦"兩種義例相結合的產物。但與"卦氣"說中以五十卦配月相比較，則屬於兩種不同的"象數"體系，不可混淆。此例與前述諸例一樣，既施用於卜筮占驗，又被後世易家援以解《易》。李鼎祚《周易集解》於《蒙》卦引干寶注云："《蒙》於世爲八月，於消息爲正月卦。"又於《比》卦引干寶曰："《比》者，《坤》之歸魂也，亦世於七月。"均是採用"世月"說《易》的明證。

（五）飛　伏

　　"飛伏"之例，也是京房"八宮卦"體系的一項重要條

例。"飛"，指"八宮卦"中某宮某世卦及遊魂、歸魂卦已顯
現的"世爻"的卦象；"伏"，指"世爻"所由變成的，或與
之相對的隱伏不顯之卦象。凡飛伏之象，必陰陽相對；飛陽則
伏陰，飛陰則伏陽。朱震《漢上易傳》曰："凡卦見者爲飛，
不見者爲伏。飛，方來也；伏，既往也。"

關於六十四卦的飛伏情狀，京房《京氏易傳》所說頗爲
詳備。尋其大例，可約爲三點：

一是，"八宮卦"中的本宮卦，以陰陽相對者（亦即兩相
"旁通"者）互爲飛伏。如《乾》與《坤》相對，《乾》爲飛
則《坤》爲伏，《坤》爲飛則《乾》爲伏，象主"世爻"（上
九、上六）。餘卦《震》與《巽》，《坎》與《離》，《艮》與
《兌》亦然。

二是，"八宮"所化生之卦，自一世至五世，前三卦與內
卦飛伏，後兩卦與外卦飛伏。如《乾》宮一世卦《姤》，世爻
初六已顯現而居內巽，所由之化生的《乾》初九則隱伏而居
內乾，故《姤》卦飛在內巽、伏在內乾，象主初爻。同理，
二世卦《遯》飛在內艮，伏在內乾，象主二爻；三世卦《否》
飛在內坤、伏在內乾，象主三爻；四世卦《觀》飛在外巽、
伏在外乾，象主四爻；五世卦《剝》飛在外艮、伏在外乾，
象主五爻。余七宮依此類推。

三是，遊魂卦與本宮五世卦的外卦互爲飛伏，歸魂卦與本
宮遊魂卦的內卦互爲飛伏。如《乾》宮遊魂卦《晉》，世爻九
四已顯而居外離，所由之遊趨復變的五世卦《剝》六四則隱

而居外艮，故《晉》卦飛在外離，伏在外艮，象主四爻；歸魂卦《大有》，世爻九三已顯而居內乾，所由之返歸復變的遊魂卦《晉》下三陰爻則隱而爲內坤，故《大有》卦飛在內乾、伏在內坤，象主三爻。餘七宮的遊魂、歸魂卦亦依此類推。

「飛伏」條例，實是京房在「八宮卦」體系的基礎上，運用《周易》陰陽矛盾、盈虛消息的原理衍生推展而得。故徐昂《京氏易傳箋》云：

> 陰陽消長，斯有飛伏。顯者飛而隱者伏，既飛則由顯而隱，既伏則由隱而顯。飛中有伏，伏中有飛，消息循環，罔有盡時。

但京氏的「飛伏」之例在運用過程中，又往往雜入五行、干支、五星、四氣、六親、九族、福德、刑殺等術數，以施於卜筮占驗。故後世卜筮家推求陰陽、占驗災異，皆有參取此法。漢魏易家如荀爽、虞翻等，常用「飛伏」例中「陽下伏陰，陰下伏陽」之旨解說《易》義。如《坤》卦《文言傳》：「《易》曰『履霜堅冰至』，蓋言順也」，李鼎祚《周易集解》引荀爽曰：「霜者乾之命令，坤下有伏乾，履霜堅冰；蓋言順也，乾氣加之，性而堅，象臣順君命而成之。」此即以《坤》伏《乾》，而「乾」有「冰」象爲說。又，《益》卦六三爻辭「有孚中行，告公用圭」，《周易集解》引虞翻曰：「公，謂三，伏陽也。」此言《益》爲《巽》宮三世卦，「伏」在內巽，象主九三爻，故稱"謂三，伏陽"。可見，把握京氏"飛伏"條例，對於研討漢魏易家的"象數"《易》說，頗有裨益。

（六）八卦六位。

在京房所全面創革的占筮學說中，"八卦六位"法也是一項至爲突出的義例，它與"八宮卦例"並屬京氏易學的兩大核心。

"八卦六位"條例，即用五行、天干、地支配入"八純卦"的六爻，以推廣於六十四卦，作爲占卜之用。惠棟《易漢學·京君明易》據《火珠林》所傳，作《八卦六位圖》。今據以製成《八卦方位表》，以示其例。

兌 屬金	艮 屬土	離 屬火	坎 屬水	巽 屬木	震 屬木	坤 屬土	乾 屬金
丁未土	丙寅木	己巳火	戊子水	辛卯木	庚戌土	癸酉金	壬戌土
丁酉金	丙子水	己未土	戊戌土	辛巳火	庚申金	癸亥水	壬申金
丁亥水	丙戌土	己酉金	戊申金	辛未土	庚午火	癸丑土	壬午火
丁丑土	丙申金	己亥水	戊午火	辛酉金	庚辰土	乙卯木	甲辰土
丁卯木	丙午火	己丑土	戊辰土	辛亥水	庚寅木	乙巳火	甲寅木
丁巳火	丙辰土	己卯木	戊寅木	辛丑土	庚子水	乙未土	甲子水

　　此表"八純卦"的排序由右向左橫讀，各卦六爻的位次由下往上縱觀。表中"八純卦"每卦均配以五行，每卦六爻亦各以干支、五行相屬。如《乾》卦屬金，初九爲甲子水，九二爲甲寅木，九三爲甲辰土，九四爲壬午火，九五爲壬申金，上九爲壬戌土；《坤》卦配土，初六爲乙未土，六二爲乙巳火，六三爲乙卯木，六四爲癸丑土，六五爲癸亥水，上六爲癸酉金；《震》卦配木，初九爲庚子水，六二爲庚寅木，六三爲庚辰土，九四爲庚午火，六五爲庚申金，上六爲庚戌土；《巽》卦配木，初六爲辛丑土，九二爲辛亥水，九三爲辛酉金，六四爲辛未土，九五爲辛巳水，上九爲辛卯木；《坎》卦配水，初六爲戊寅木，九二爲戊辰土，六三爲戊午火，六四爲戊申金，九五爲戊戌土，上六爲戊子水；《離》卦配火，初九爲己卯木，六二爲己丑土，九三爲己亥水，九四爲己酉金，六五爲己未土，上九爲己巳火；《艮》卦配土，初六爲丙辰土，六二爲丙午火，九三爲丙申金，六四爲丙戌土，六五爲丙子水，上九爲丙寅木；《兌》卦配金，初九爲丁巳火，九二爲丁卯木，六三爲丁丑土，九四爲丁亥水，九五爲丁酉金，上六爲丁未土。

　　試尋"八卦六位"條例中的規律，約可析爲三事：

　　首先，就諸卦所納干支言，卦之陰陽正合干支之陰陽。項安世指出："陽卦納陽干陽支，陰卦納陰干陰支；陽六干皆進，陰六干皆退。惟《乾》納二陽，《坤》納二陰，包括首尾，則天地父母之道也。"（《項氏家語》）

其次，就諸卦所納之天干言，以《乾》納甲、壬，《坤》納乙、癸，《震》納庚，《巽》納辛，《坎》納戊，《離》納己，《艮》納丙，《兌》納丁。這即是魏伯陽《周易參同契》及虞翻易學中的"納甲"法所祖。故朱熹《答袁機仲書》云："《參同契》所言納甲之法，則今所傳京房占法，見於《火珠林》，是其遺說。"（《朱文公集》）張行成《元包數總義》亦曰："《火珠林》之用，祖於京房。"

再次，就《乾》、《坤》兩卦十二爻所納之十二支（即十二辰）言，《乾》六爻配子、寅、辰、午、申、戌，《坤》六爻配未、巳、卯、丑、亥、酉，正是東漢鄭玄易學中的"爻辰法"之所由出。

考《抱朴子·內篇·仙藥》曰："案《玉策紀》及《開名經》，皆以五音六屬知人年命之所在，於午屬庚（震初爻庚子、庚午），丑未屬辛（巽初爻辛丑、辛未），寅申屬戊（坎初爻戊寅、戊申），卯酉屬己（離初爻己卯、己酉），辰戌屬丙（艮初爻丙辰、丙戌），巳亥屬丁（兌初爻丁巳、丁亥）。"此與京氏"八卦六位"之例相合。又《禮記·月令》孔穎達《正義》引《易林》曰："《震》主庚子午，《巽》主辛丑未，《坎》主戊寅申，《離》主己卯酉，《艮》主丙辰戌，《兌》主丁巳亥。"（按，今本《易林》無此文）這段話也與"八卦六位"的干支數合。《易林》爲京房的業師焦延壽所撰，故惠棟據此論京氏"八卦六位"說的產生淵源曰："案《玉策紀》、《開名經》皆周秦時書，京氏之說本之焦氏，焦氏又得之周秦以來先師之所傳，不始於漢也。"（《易漢學》）此亦可備爲一說。

京房"八卦六位"條例的主要應用，在於占筮。《火珠林》一書沿用此法，益增其影響。朱熹曾舉例說："《火珠林》占一《屯》卦，則初九是庚子，六二是庚寅，六三是庚辰，六四是戊午（惠棟云"當是戊申"，見《易漢學》），九五是戊申（惠棟云"當是戊戌"，同前），上六是戊戌（惠棟云"當是戊子"，同前）。"（《朱子語類》）

尚須指出，京氏"八卦六位"之例在施用於占筮的過程中，又被納入"六親"名目，這是五行生尅配入爻象而帶來的一套與人事相聯繫的象徵。查《京氏易傳》，雖未有"六親"之名，卻有其用。《京氏易傳》卷下云：

> 八卦鬼爲繫爻，財爲制爻，天地爲義爻，福德爲寶爻，同氣爲專爻。

這裏所言"鬼"（繫爻），即後世筮家所稱"官鬼"；"財"（制爻），即"妻財"；"天地"（義爻），即"父母"；"福德"（寶爻），即"子孫"；"同氣"（專爻），即"兄弟"；加之本位卦所示占問者"自身"，共六項，即爲"六親"。又如《京氏易傳》於《乾》卦初九至九四謂"水配位爲福德"、"木入金鄉居寶貝"、"土臨內象爲父母"、"火來四上嫌相敵"，陸績分別注曰："甲子水是《乾》之子孫"（初九）、"甲寅木是《乾》之財"（九二），"甲辰土是《乾》之父母"（九三）、

"壬午火是《乾》之官鬼"（九四）等。可見，以"子孫"、"父母"、"官鬼"、"妻財"等"六親"配入"八卦六位"，至遲在陸績生活的三國時期已經流行，並可能亦創自京房，陸績乃承襲而用之。

然而，後代易家也常有運用"八卦六位"以解說《周易》經傳義旨者，晉干寶易學所用尤多。如《井》卦初六爻辭"井泥不食"，李鼎祚《周易集解》引干寶注曰："在井之下，體本土爻，故曰'泥'也；井而爲泥，則不可食，故曰'不食'。"此因初六處《井》下巽，遂用《巽》初六"辛丑土"之例，稱爲"土爻"。又如《震》卦六二《象傳》"震來厲，乘剛也"，《周易集解》引干寶曰："六二木爻，震之身也，得位無應，而以乘剛爲危。此記文王積德累功以被囚爲禍也。"此因六二處《震》下卦之中，遂用《震》六二"庚寅木"之例，稱爲"木爻"。類此者，在干寶易說中甚多。故"八卦六位"雖爲占筮之別術，與《易》理亦頗有關涉。

總而言之，我們通過對京房"金錢代蓍"法的創立及"八宮卦"、"世應'、"世卦起月例"、"飛伏"、"八卦六位"等條例的分析，可以看到漢代《周易》占筮術所出現的大幅度的創革更新。這一現象在易學史上造成兩個方面的重大影響：一是配合當時盛行的讖緯、術數、陰陽五行之說，而形成內容博雜、體系龐大的漢代占驗學說，並對後代筮術的發展奠定了內涵豐富的理論基礎；二是爲"象數"易說增添了層次繁多的法式、義例，使漢易"象數"學具備頗爲濃厚的占驗色彩，乃至後世易家在沿承其條例以解《易》的過程中開拓、擴展了易學研討的領域。因之，對漢代《周易》占筮術的全面更革及由此產生的諸多說《易》條例的探討，是研究漢易"象數"學這一課題中不可忽視的一個重要環節。

三、爻辰升降學說的興起

漢代《周易》象數學的發展進程中，還出現了兩種獨具特色的易說——"爻辰"說與"升降"說。前者爲東漢鄭玄所立，後者爲東漢荀爽所創。這兩種學說，或承前代易家舊例而發揮改制之，或因《周易》原理而創立發明之，均在易學史上產生了頗爲顯著的作用。

（一）鄭玄"爻辰"說。

鄭玄所立"爻辰"條例，爲漢易象數學中的新說之一。其例以《乾》、《坤》兩卦的十二爻，配子、丑、寅、卯、辰、巳、午、未、申、酉、戌、亥十二辰。此說實遠本於西漢京房的"八卦六位"法而別有變更。如前所敘，京氏"八卦六位"條例中，《乾》卦六爻自初九至上九，分別配以子、寅、辰、午、申、戌；《坤》卦六爻自初六至上六，分別配以未、巳、卯、丑、亥、酉。鄭氏"爻辰"與京氏舊例的異同，約見於兩端：其一，鄭氏於《乾》卦六爻所值六辰，完全依從京氏之

例；而於《坤》卦六爻則另標一例，即自初六至上六依次值
未、酉、亥、丑、卯、巳。其二，鄭氏"爻辰"之說，又兼
取十二律以配《乾》、《坤》十二爻。這一點，鄭玄曾在《周
禮·太師》注中詳敘曰：

> 黃鐘，初九也，下生林鐘之初六，林鐘又上生太蔟之
> 九二，太蔟又下生南呂之六二，南呂又上生姑洗之九三，
> 姑洗又下生應鐘之六三，應鐘又上生蕤賓之九四，蕤賓又上
> 生大呂之六四，大呂又下生夷則之九五，夷則又上生夾鐘之
> 六五，夾鐘又下生無射之上九，無射又上生中呂之上六。

後來，韋昭在《國語·周語下》"王將鑄無射"一章注
中，採用鄭玄之說，所揭示十二月、十二律、十二爻的配值關
係至爲明確。指出："十一月黃鐘，《乾》初九也"；"十二月
大呂，《坤》六四也"；"正月太蔟，《乾》九二也"；"二月夾
鐘，《坤》六五也"；"三月姑洗，《乾》九三也"；"四月中
呂，《坤》上六也"；"五月蕤賓，《乾》九四也"；"六月林
鐘，《坤》初六也"；"七月夷則，《乾》九五也"；"八月南
呂，《坤》六二也"；"九月無射，《乾》上九也"；"十月應
鐘，《坤》六三也。"

此外，鄭玄"爻辰"說的內容，又可與二十八宿、二十
四氣相配合。故惠棟《易漢學》據有關文獻記載製爲鄭氏
《爻辰圖》如下：

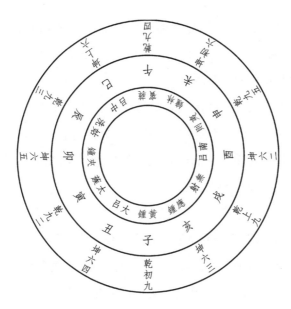

又作《爻辰所值二十八宿圖》如下：

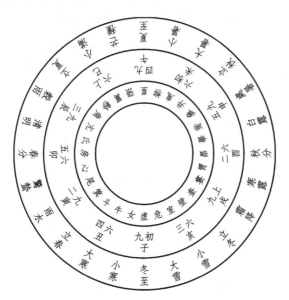

兩圖相互參照，則可明瞭鄭氏"爻辰"大義所在，即除以《乾》、《坤》十二爻配十二辰、十二律之外，尚與二十八宿相值，並兼及二十四節氣。

鄭氏"爻辰"條例雖立於《乾》、《坤》十二爻，但其用卻可廣泛引申於六十四卦三百八十四爻。《乾》、《坤》之外的六十二卦，凡陽爻所值之辰視《乾》卦六爻之例，凡陰爻所值之辰視《坤》卦六爻之例。

鄭玄的易學著述亡佚已久，他運用"爻辰"之例以解《易》的遺說，今僅零星散見於《易緯》注文及後人的《毛詩正義》、《春秋公羊傳正義》、《三禮正義》等書所引。如孔穎達《毛詩正義》於《國風·宛丘》引鄭玄注《坎》卦六四爻辭"樽酒簋貳用缶"云："爻辰在丑，丑上值斗，可以勘之象。斗上有建星，建星之形似簋貳副也。建星上有弁星，弁星之形又如缶。"又於《小雅·無羊》引鄭注《中孚》卦辭"豚魚吉，利涉大川"云："三，辰在亥，亥為豕。"又曰："四，辰在丑，丑為鱉蟹。"賈公彥《儀禮正義》於《士冠禮》"爵弁"引鄭玄注《困》卦九二爻辭"困于酒食，朱紱方來，利用祭祀"云："二據初，辰在未，未為土。此二為大夫，有地之象。未上值天廚，酒食象。"徐彥《春秋公羊傳正義》於"宣公元年"引鄭玄注《坎》卦上六爻辭"繫用徽纆"云："爻辰在巳，巳為蛇。蛇之蟠屈似徽纆也。"據以上諸例可知，鄭玄之注，乃以"爻辰"配各類物象以解《易》，大抵就十二辰屬相及其辰所值五行、方位、時令、二十八宿等爲說。

以"爻辰"說《易》之例，清代學者王引之、焦循等人多有攻駁，認爲律呂陰陽相間，故可相生，而《乾》、《坤》九六之爻不能相生，以爻配律，義必難通。吳翊寅《易漢學考》亦云："李鼎祚《集解》，補鄭逸象，獨刪爻辰之說，頗知別擇。"然而，"爻辰"之說，是否宜用以解《易》，固可商榷，但鄭氏創立此例，以其獨特的手法闡釋《易》旨，辨析《周易》的象徵義蘊，不失爲一種富有創見的嘗試，其在易學史上影響實不可低估。

（二）荀爽"升降"說。

《周易》哲學，強調"陰陽"之道。事物凡屬陽道，其義主進；凡屬陰道，其義主退。荀爽所倡"升降"條例，實植根於《周易》的陰陽進退之理。其說認爲，陽爻處第二位者宜上升而居第五位，陰爻居第五位者宜下降處第二位；乾爲陽，坤爲陰，故又稱"乾升坤降"。惠棟《易漢學》指出："荀慈明論《易》，以陽在二者當上升坤五爲君，陰在五者當降居乾二爲臣。蓋乾升坤爲坎，坤降乾爲離，成《既濟》定，則六爻得位。"

荀爽以"升降"解《易》之例，李鼎祚《周易集解》多有援引。如於《乾》卦九二爻《象傳》引荀爽曰："田謂坤也。二當升坤五，故曰'見龍在田'。"於《臨》卦九二爻

《象傳》引荀爽曰："陽當居五，陰當順從；今尚在二，故曰'未順命也'。"於《升》卦六五爻《象傳》引荀爽曰；"陰正居中，爲陽作階，使升居五；己下降二，與陽相應，故吉而得志。"這些注文，略可表明荀氏"升降"說之大體特色。

惠棟認爲，荀爽"升降"之說與《左傳》所載古代占法相合，並與虞翻所提倡的"之正"說（即"成《既濟》定"，詳下文）同。其《易漢學》云："《左傳》史墨論魯昭公之失民，季氏之得民云：在《易》卦雷乘乾曰'大壯'，天之道。言九二之大夫當升五爲君也。慈明之說合於古之占法。故仲翔注《易》，亦與之同。（原注：王弼《泰》六四注云：乾樂上復，坤樂下復。此亦升降之義，而王弼不言升降。）"吳翊寅《易漢學考》，則對此提出異議，認爲荀氏此說本於《易緯·乾鑿度》"陽動而進，陰動而退"之義；虞翻"成《既濟》定"本於《周易參同契》，兩者實不相同。平情而論，荀爽言"升降"說與虞翻"成《既濟》定"，其立說之本固未必一致，但兩說均就爻象變化的角度探尋《周易》六十四卦哲理規律，其理論歸宿則頗有相契合之處。

簡言之，鄭玄的"爻辰"說是一種特殊的運用"爻象"以解《易》的方式，荀爽的"升降"說是通過分析"爻變"趨向以揭明《易》旨的手段。這兩說均出現於東漢後期，爲當時盛行已久、名目繁多的漢易象數學增添了新的"血液"，對東漢末虞翻把《周易》"象數"學說發展到一個高峰，事實上是起了推波助瀾的作用。

四、卦變爻變說的發展

《周易》六十四卦，每卦均由六爻組成，共三百八十四爻。六十四卦中的任何一卦，無論一爻變或數爻變（即陰爻變陽爻或陽爻變陰爻），均必轉化爲另一卦，謂之“卦變”。而導致“卦變”的某一卦中具體爻象的變化，稱“爻變”。

《周易》哲學，以變動爲本，各卦各爻皆處在隨時變動的情態之中。故《繫辭上傳》云：“爻者，言乎變者也。”即謂三百八十四爻均是模擬事物的變化運動的情狀。因此，漢以後易家言“卦變”、“爻變”者大有人在，其立說之本源，無不由《周易》象徵哲學的“變動”特色所致。

細察“卦變”、“爻變”兩種概念的涵義，實是互爲關聯溝通的。凡“卦變”現象，必有“爻變”才能形成；凡有“爻變”，也必然要造成“卦變”。故分而言之，有“卦變”、“爻變”之別；合而言之，“卦變”、“爻變”並具通同之理。當然，前人所云“卦變”，多有從狹義角度規限其名，特指“某卦自某卦變來”的諸卦生成體系，事實上，這只是易學史上研討“卦變”規律之一端，未能盡括“卦變”的全部現象。因此，本書所論“卦變”、“爻變’，則從廣義上分析古代易家，尤其是兩漢注重“象數”易的學者，在此類問題上所作的多方面、多角度的探索，以明其發展的大體輪廓及其主要創獲。

易學史上言"卦變"之始，當推溯至先秦時代的《易》
筮實踐。《左傳》、《國語》所載諸多筮例中，往往有"之卦"
說。"之"之意爲"變動"，即說明揲蓍占卦時出現的各種卦
變情狀。至西漢焦延壽撰《易林》，以一卦變爲六十四卦，共
得四千零九十六卦，揭示了以蓍卦爲用的卦變體系。但這類
"卦變"，尚屬演蓍揲卦過程自然產生的帶有隨意性、概率性
的卦爻變動現象。而著意開闢新徑，從《周易》"象數"的内
在變化規律挖掘"卦變"、"爻變"的，則以京房、荀爽爲較
突出。至虞翻易學出，遂使"卦變"、"爻變"說發展到登峰
造極的境地。

京房對"卦變"的探討，集中體現在他的"八宮卦"學
說之中。京氏"八宮"卦變，如前文所述，是以"八純卦"
爲本宮卦，沿循一世、二世、三世、四世、五世、遊魂、歸魂
的理緒，將六十四卦的衍生變化歸匯於一種獨具特色的系統之
内，對後代頗具影響。此外，京房易說中還時常強調"爻變"
之例，即在一定的條件下使陰爻變爲陽爻，或使陽爻變爲陰
爻。如《大畜》卦《彖傳》"利涉大川，應乎天也"，李鼎祚
《周易集解》引京房曰："謂二變五體坎，故'利涉大川'；五
天位，故曰'應乎天'。"這裏，即認爲《大畜》九二陽爻當
變爲陰爻，則卦中二至四爻爲互體"坎"，坎爲水，遂稱"利
涉大川"；同時，六五陰爻又宜變陽爻，則上卦成乾，乾爲
天，二應於五，乃稱"應乎天"。可見，京氏此種"爻變"
法，實與"互體"等例摻和應用，藉以闡說《周易》經傳的

象徵旨趣。這一"爻變"條例，亦隱含著荀爽"升降"說的影子，或許對荀爽創立其例也產生過直接或間接的影響。

荀爽的"卦變"、"爻變"法，有正例與別例之分。其正例即前文所言"升降"說，主張陽爻處二位者當升居五位，而陰爻居五位者當降處二位。其別例，則含三方面體式：一是，有謂某卦自《乾》、《坤》變來者。如李鼎祚《周易集解》於《謙》卦《象傳》引荀爽曰"《乾》來之《坤》"，又於《解》卦《彖》傳引荀爽曰："《乾》動之《坤》"，"《乾》、《坤》交動，動而成《解》。"二是，有謂某卦自"六子卦"（《坎》、《離》、《震》、《巽》、《艮》、《兌》）變來者。如《周易集解》於《屯》卦《象傳》引荀爽曰："此本《坎》卦也。案初六升二，九二降初，是剛柔始交也。"又於《蒙》卦《象傳》引荀爽曰："此本《艮》卦也，案二進居三，三降居二，剛柔得中，故能通。"三是，有謂某卦自"消息卦"變來者。如《周易集解》於《訟》卦辭引荀爽曰："陽來居二，而孚動於初。"（按，焦循《易圖略》認爲此言《訟》本於《遯》。）又於《賁》卦《象傳》引荀爽曰："此本《泰》卦，謂陽從上來，居乾之中。"可見，荀爽所言"卦變"、"爻變"，涉及的範圍較爲廣泛，所用形式也較爲多樣。

合京房、荀爽的"卦變"、"爻變"說而分析之，除京氏"八宮卦"體例嚴密、變化形式完整外，其餘之說則多流於零散而未成體系，且因留傳至今的資料所存不多，故其詳例是否僅限於上述所舉，亦未能遽定。

從目前可以考索的材料看，當東漢末虞翻的易學出現之後，其所創立的各種"卦變"、"爻變"條例，不但囊括了前人涉及過的領域，更開創了自成理緒的嶄新的體式，形成了一系列至爲繁雜的含有細密法則的"卦變"、"爻變"理論。綜觀虞氏易說，其最主要的"卦變"、"爻變"義例約有四種類型：一曰"爻位消息推卦所來"，二曰"之正"，三曰"乾坤變坎離"，四曰"震巽特變"。茲略述如次。

（一）爻位消息推卦所來。

這是虞翻所倡揚的最重要的一項"卦變"條例，強調六十四卦陰消陽息之旨，推明卦變之所由來。其說以十二消息卦《復》、《臨》、《泰》、《大壯》、《夬》、《乾》、《姤》、《遯》、《否》、《觀》、《剝》、《坤》爲主，認爲六十四卦中的其他各卦當由十二消息卦變來。故一陽五陰之卦，生自《復》、《剝》；一陰五陽之卦，生自《姤》、《夬》；二陽四陰之卦，生自《臨》、《觀》；二陰四陽之卦，生自《遯》、《大壯》；三陰三陽之卦，生自《泰》、《否》。但其中亦有變例，變例以一陽、一陰之卦爲多。

據李鼎祚《周易集解》引載的虞翻易說，可知虞氏關於諸卦由爻位消息所變之例，約可分析爲五點：

其一，一陽五陰之卦凡六，爲《復》、《師》、《謙》、《豫》、《比》、《剝》。

其二，一陰五陽之卦凡六，爲《姤》、《同人》、《履》、

《小畜》、《大有》、《夬》。

此十二卦，依例均自《復》、《姤》變來。但虞注《謙》、《比》、《履》、《小畜》四卦皆變例，《師》、《同人》、《大有》三卦注闕而不詳所致。唯《豫》卦注曰：“《復》初之四”，則明言自《復》卦來，與例合。

其三，二陽四陰之卦凡十五，爲《臨》、《明夷》、《震》、《屯》、《頤》、《升》、《解》、《坎》、《蒙》、《小過》、《蹇》、《艮》、《萃》、《晉》、《觀》。此十五卦，虞注除《屯》、《頤》、《蒙》、《小過》四卦爲變例外，餘皆謂自《臨》、《觀》來。

其四，二陰四陽之卦凡十五，爲《遯》、《訟》、《巽》、《鼎》、《大過》、《无妄》、《家人》、《離》、《革》、《中孚》、《睽》、《兌》、《大畜》、《需》、《大壯》。此十五卦，虞注除《中孚》卦外，餘皆謂自《遯》、《大壯》卦變來。

其五，三陰三陽之卦凡二十，爲《泰》、《歸妹》、《節》、《損》、《豐》、《既濟》、《賁》、《隨》、《噬嗑》、《益》、《恒》、《井》、《蠱》、《困》、《未濟》、《渙》、《咸》、《旅》、《漸》、《否》。此二十卦，虞注除《豐》卦外，餘卦皆謂自《泰》、《否》來。

可見，虞翻所立這一“卦變”條例，凡一陰、一陽、二陰、二陽、三陰、三陽者共六十二卦，其中五十二卦自十個消息卦變來，而十二消息卦又以《乾》、《坤》二卦爲主（即其中十卦皆因《乾》、《坤》十二爻消息所生），則此六十二卦實均本於《乾》、《坤》兩卦之變。顯然，這種以《乾》、《坤》

主十二消息卦，以十二消息卦主其餘五十二卦的立足於陰陽爻
象消息的"卦變"法，是一套至爲嚴密而完整的易學條例。
儘管虞翻的研《易》專著皆已亡佚，但李鼎祚《周易集解》
所引虞氏《易》注之豐富，較之漢魏其他各家則最爲完備，
故足以從中歸納出這套頗有創見的"卦變"體系。

（二）之 正。

"之正"，即"成《既濟》定"。"之"，猶言"變"；
"正"，指陰爻居陰位（偶位）、陽爻居陽位（奇位）。這是虞
翻提倡的一種"爻變"條例，認爲六十四卦中，凡爻位不正
者，皆當變而之正，即《十翼》中的《象傳》、《象傳》常言
的"正位"或"當位"。亦稱"之變"。依照此例，則初爻
陽、二爻陰、三爻陽、四爻陰、五爻陽、上爻陰，六爻皆正，
卦成《既濟》，爻位乃定，故又稱"成《既濟》定"。

虞氏易說中，運用此例以解《易》者甚多。如《屯》卦
六二爻辭"十年乃字"，李鼎祚《周易集解》引虞翻曰："坤
數十，三動反正，離女大腹，故十年反常乃字，謂成《既濟》
定也。"此言《屯》卦震下坎上，唯六三不正，變動之正，下
體爲離，乃成《既濟》而卦義遂定。又如《未濟》卦，《周易
集解》引虞翻釋九二《象傳》曰："謂初已正，二動成震，故
行正"；又釋九四曰："動正，得位"；又釋六五曰："之正則
吉"；又釋上九曰："終變之正，故无咎。"此卦六爻皆失正，

《集解》所引虞說涉及五爻，均謂當變之正；唯六三一爻注缺，當據例以推之。

（三）乾坤變坎離。

這也是虞翻倡立的"卦變"條例之一，謂《乾》、《坤》兩卦的二、五兩爻互之，以成《坎》、《離》。其法即：《乾》卦九五之《坤》六五，九二之《坤》六二，則《坤》變成《坎》；《坤》卦六五之《乾》九五，六二之《乾》九二，則《乾》變成《離》。李鼎祚《周易集解》於《坎》卦辭引虞翻曰"《乾》二、五之《坤》"，又於《離》卦辭引曰："《坤》二、五之《乾》。"可見此例主於解說《坎》、《離》兩卦。另於《十翼》亦偶有涉及者。如《繫辭上傳》"是故剛柔相摩，八卦相蕩"，《周易集解》引虞翻曰："《乾》以二、五摩《坤》，成震、坎、艮；《坤》以二、五摩《乾》，成巽、離、兌。故'剛柔相摩，八卦相蕩'也。"此言《坎》卦上下象及內外互體，含有震、坎、艮之象，《離》卦上下象及內外互體，含有巽、離、兌之象；《坎》、《離》兩卦又由《乾》、《坤》二五互之而變成，遂有"八卦相蕩"之義。

（四）震巽特變。

在虞翻的"卦變"條例中，又有"震巽特變"之例。虞氏認爲，八卦中乾爲天、坤爲地、坎爲水、離爲火、艮爲山、兌爲澤，六者有形質；唯震爲雷、巽爲風，二者無形，故其卦須"特變"。特變之法，使震變成巽，巽變成震，三爻俱動，與其他卦變之例不同。如李鼎祚《周易集解》於《蠱》卦引虞翻曰："謂初變成乾，乾爲甲；至二成離，離爲日。謂乾三爻在前，故'先甲三日'，《賁》時也。變三至四體離，至五成乾，乾三爻在後，故'後甲三日'，《无妄》時也。"此言《蠱》卦變至第三爻，下體"巽"已變成"震"，卦成《噬嗑》。《周易集解》又於《恒》卦辭引虞翻曰："終變成《益》，則初、四、二、五皆得其正。"此言《恒》卦下巽上震，下體巽變成震，上體震變成巽，故爲《益》卦。但虞氏"震巽特變"之例，乃有時用之，並非凡有震、巽之卦，皆以特變言。

虞翻倡立的各類"卦變"、"爻變"條例，均是用以解說《周易》經傳的"象數"內涵。其條例的表示方式是多樣的，其中尤以六十四卦"爻位消息推卦所來"最見完整細密。虞翻言"卦變"、"爻變"，又是通過總結前代易家如京房、荀爽等人的舊說而創立的，對後世的易學研究產生了頗爲重要的影響。清代學者張惠言以善治虞氏易名家，所著《周易虞氏義》、《周易虞氏消息》等書，對虞翻"卦變"、"爻變"之例研討至深，尤其對虞氏推明諸卦因陰陽消息所變之由來考辨甚詳，凡虞注有闕，或以爲支離未合其例者，皆采他說以補足之。但易家亦有極力指摘虞氏"卦變"、"爻變"說者，對虞氏推卦所自來之說攻駁尤甚。如清代焦循《易圖略》載《論卦變》一文，詳辨虞氏"卦變"之例，指出：

> 然則，卦之來，自《乾》、《坤》，一也；自六子，二也；自十辟，三也；上下相加如《損》、《益》，四也；上下剛柔相變如《小畜》、《履》，五也；兩象易，六也；兩爻齊之，如《遯》先生《訟》，次生《中孚》，七也。謂諸卦各有所自來乎？謂每卦兼有所自來乎？予於此求之最深最久，知其非《易》義所有，決其必無此說。

這一批駁，兼虞氏"卦變"的正例與變例而言之，所論亦頗能切中虞氏之弊。然"卦變"之說切合《易》義與否，誠屬可議；而虞氏精研前人舊說，獨創出一套至臻細密的"卦變"、"爻變"體系，使漢代《周易》"象數"學出現了顯著的新發展，其在易學史上的意義與作用則是不可低估的。

五、用象方式的衍擴

漢代易學發展的主要趨勢，是注重對"象數"的研討，強調因"象"以明"理"，因此，當時的易家對運用易象方式的探索頗爲普遍，遂使《周易》卦象應用的形式與內容均出現了多方面的衍生和擴充。尤其是東漢末虞翻的易說，幾乎無處不言卦象，可謂集兩漢易家用象之大成。下文擬從"互體

之象"、"納甲之象"、"旁通之象"、"反卦之象"、"兩象易"、
"半象"、"權象"等用象方式，以及諸家易說中出現的各種
"逸象"，以揭明漢易"象數"學的一大特色，並著重展示虞
翻在這方面所取得的突出的創獲。

（一）互體之象。

《周易》六十四卦中的"互體"（即"互卦"）現象，是
六畫卦的卦形規律所致，指一卦中除初爻至三爻爲"下體"
（下卦），四爻至上爻爲"上體"（上卦）外，於二爻至四爻，
三爻至五爻，又各自交含著兩個"互體"（稱"下互"、"上
互"，或"內互"、"外互"）。這些，在本書第三章已作介
紹，茲不贅述。

"互體"在易學中的運用，於《左傳》所載筮例已有言及
（見前文第三章）。兩漢時代的易家，在解說《周易》經傳義
旨之時，常常援引"互體"以爲說。如西漢京房之言"互
體"，於其所著《京氏易傳》即敘之甚多。其書於《中孚》卦
云"互體見艮"，即謂該卦三至五爻互"艮"；於《家人》卦
云"互體見文明"，即謂該卦三至五爻互"離"，"離"有
"文明"之象；於《无妄》卦云"內互見艮止於純陽，外互見
巽顧於陽道"，即謂該卦二至四爻互"艮"（內互），三至五爻
互"巽"（外互），等等。但京房等人所言"互體"，僅限於
六畫卦中的二至四爻、三至五爻兩種，尚無衍擴的跡象。至東

漢末虞翻，則又有大幅度的引申，遂使其例滋衍繁雜。據李鼎
祚《周易集解》所引虞氏《易》注，其說"互體"之象者略
可見諸三類：

第一類，以二至四爻、三至五爻互含兩個三畫卦。這是虞
氏以前易家言"互體"之通例。如《乾》卦《彖傳》，虞翻
注曰："已成《既濟》，上坎爲雲，下坎爲雨"，所謂"下
坎"，即指《既濟》卦二至四爻爲下互"坎"。又《乾》九五
爻辭虞氏注："謂四已變，則五體離"，即言此時三至五爻爲
互體"離"。

第二類，以初至五爻、二至上爻互含兩個六畫卦。如《蒙》
卦《彖傳》虞翻注曰："二體《師》象"，即言《蒙》卦初爻至
五爻互有六畫之《師》卦。又同卦《彖傳》虞注："體《頤》，
故養"，即言《蒙》卦二爻至上爻另互有六畫之《頤》卦。

第三類，以初至四爻、二至五爻、三至上爻互含三個六畫
卦。如《小畜》卦《大象傳》虞翻注曰："初至四體《夬》，
爲書契"，即言《小畜》卦初爻至四爻互有六畫之《夬》卦。
又《師》卦《大象傳》虞注："五變執言時，有頤養象，故以
'容民畜衆'矣。"此言《師》卦六五爻變陽，則二爻至五爻互
有六畫之《頤》卦。又《泰》卦九三爻辭虞注："從三至上，
體《復》"，即言《泰》卦三爻至上爻互有六畫之《復》卦。

從這三類情況看，虞翻易說中的"互體"之用，除第一
類爲諸家通同的常例外，第二、三類則是對舊例的發展。因
此，虞翻所言"互體"，一卦中既可互有兩個三畫卦象，又可

互有兩個六畫卦象，乃至三個六畫卦象。不僅如此，虞翻還常常摻和其他條例以言"互體"，有摻和"卦變"、"爻變"言互體者，有摻和"旁通"、"半象"言互體者，甚至還有摻和"權象"、"兩象易"以言互體者（"旁通"、"半象"、"權象"、"兩象易"諸例詳見後文）。如《渙》卦辭虞氏注："《否》體《觀》"，即言《渙》卦自《否》卦變來，《否》卦初至五爻含有六畫之互卦《觀》。又如《需》卦《大象傳》虞氏注："二失位變，體《噬嗑》，爲食，故以飲食。"即言《需》卦九二變陰之正，初、二兩爻爲震半象，與三至五爻互體離結合爲《噬嗑》卦。此類現象，在虞氏《易》注中至爲多見，足徵虞氏在運用"互卦"之象以解《易》的過程中，作了多方面的發揮引申。

（二）納甲之象。

"納甲"，即謂把天干十敷納配於八卦之中以相比附，而天干以"甲"爲首，故稱"納甲"。朱震《周易卦圖說》指出：

> 納甲何也？曰：舉"甲"以該十日也。乾納甲、壬，坤納乙、癸，震、巽納庚、辛，坎、離納戊、己，艮、兌納丙、丁，皆自下生。

這一說法，始於西漢京房。《京氏易傳》卷下曰：

分天地《乾》、《坤》之象，益之以甲乙、壬癸。
《震》、《巽》之象，配庚、辛。《坎》、《離》之象，配
戊、己。《艮》、《兌》之象，配丙、丁。八卦分陰陽，六
位配五行，光明四通，變易立節。

京氏"納甲"法，是用來創立"八卦六位"系統，結合"卦
氣"說以施於占驗災異。其所配入八卦的六個爻位之法，即
以甲配《乾》下卦三爻，乙配上卦三爻；以壬配《坤》下卦
三爻，癸配上卦三爻；餘六卦則各以一干配六爻，如庚配
《震》卦六爻，辛配《巽》卦六爻，戊配《坎》卦六爻，己
配《離》卦六爻，丙配《艮》卦六爻，丁配《兌》卦六爻
（詳前文敘"八卦六位"一節）。

至東漢魏伯陽作《周易參同契》，採用京說，比附月魄盈
縮，以建立其鼎爐修煉的理論。《參同契》云：

三日出爲爽，震受庚西方；八日兌受丁，上弦平如
繩；十五乾體就，盛滿甲東方。蟾蜍與兔魄，日月氣雙
明。蟾蜍視卦節，兔者吐生光。七八道已訖，屈折低下
降。十六轉受統，巽辛見平明。艮直於丙南，下弦二十
三。坤乙三十日，東北喪其朋。節盡相禪與，繼體復生
龍。壬癸配甲乙，乾坤括始終。

這裏借用卦象配天干，展示每月從上弦至下弦月魄的盈虛規

律：自初三震（庚）月初生，至初八兌（丁）月半圓，至十五乾（甲）月盛滿，爲上弦月盈；自十六巽（辛）月始消，至二十三艮（丙）月半晦，至三十坤（乙）月全晦，爲下弦月虛。壬、癸復配乾、坤，以明"終而復始"之義。但八卦之內不見坎、離，則是以坎、離爲日月交易之象，配戊、己而主於中。此即《參同契》所謂：

坎戊月精，離己日光。日月爲易，剛柔相當。土王四季，羅絡始終。青赤白黑，各居一方。皆稟中宮，戊己之功。

鄒訢（即朱熹）《周易參同契考異》根據上述資料製成《參同契納甲圖》：

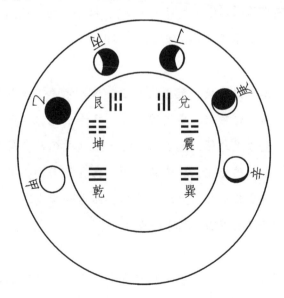

圖中六個圓圈所示黑白多寡，代表月魄盈虛規律，與六卦陰陽畫的消長正合。全白者爲十五月望，全黑者爲三十月晦，餘或上弦或下弦。

虞翻的"納甲"條例，即直接援用《周易參同契》之說，衍生爲解《易》的一種重要手法。李鼎祚《周易集解》於《繫辭上傳》"在天成象"引虞翻曰：

> 謂日月在天成八卦。震象出庚，兌象見丁，乾象盈甲；巽象伏辛，艮象消丙，坤象喪乙；坎象流戊，離象就己，故"在天成象"也。

又於"縣象著明，莫大乎日月"引虞說：

> 謂日月縣天成八卦象。三日暮，震象出庚，八日兌象見丁，十五日乾象盈甲；十七日旦，巽象退辛，二十三日艮象消丙，三十日坤象滅乙。晦夕朔旦，坎象流戊；日中則離，離象就己。戊己土位，象見於中，日月相推而明生焉，故"縣象著明，莫大乎日月"者也。

這兩節注語所明"納甲"之次，與《參同契》全然一致，即乾納甲、坤納乙、艮納丙、兌納丁、坎納戊、離納己、震納庚、巽納辛；八卦既終，循環復始，乾又納壬，坤又納癸（即三十日一會於壬，滅藏於癸）。清代惠棟、張惠言、李銳

等，皆制有《虞氏納甲圖》。今錄李銳《周易虞氏略例》所載
圖如下以備覽：

圖中"三日"、"八日"云云，即取喻於月魄盈虛。而虞翻以
"納甲"之象解《易》，即如此圖之例。

　　若以京房所始創的"納甲"之例與《周易參同契》的
"納甲"說相比較，雖然各卦所配天干相同，但兩者施用的本
質卻大異。前者用於卜筮占驗吉凶，後者用於諭示煉丹火候；
故前者所納八卦爲六畫卦，後者所納則以三畫卦爲本而延伸於
六畫卦。至於虞翻的"納甲"法，取自《參同契》，唯納於三
畫之卦，其基本應用，乃在於解說《周易》經傳義旨，這是
虞氏的獨到創獲。

　　虞翻運用"納甲"之象解《易》的例子，李鼎祚《周易
集解》採錄甚多。如《坤》卦《象傳》"西南得朋，乃與類
行；東北喪朋，乃終有慶"，《周易集解》引虞翻曰："此指說

易道陰陽消息之大要也。謂陽月三日變而成震出庚，至月八日成兌見丁；庚西、丁南，故‘西南得朋’謂二陽爲朋。”又曰：“二十九日消乙入坤，滅藏於癸；乙東、癸北，故‘東北喪朋’謂之以坤滅乾，坤爲喪故也。”又如《歸妹》卦《象傳》“歸妹，人之終始也”，《周易集解》引虞翻曰：“人始生乾，而終於坤，故人之終始。《雜卦》曰‘歸妹，女之終’，謂陰終坤癸，則乾始震庚也。”至於虞氏“納甲”體系中，所定八卦的方位，卻與《說卦傳》“帝出乎震”一節記錄的八卦方位不同。茲列表比較如下：

方位＼配卦	《說卦傳》	虞翻納甲
東	震	乾、坤
東南	巽	
南	離	艮、兌
西南	坤	
西	兌	震、巽
西北	乾	
北	坎	乾、坤
東北	艮	
中		坎、離

表中所示，《說卦傳》以八卦分屬八方；而虞翻的“納甲”法則以六卦居四方，二卦居中。二者納配方位的程式迥然不同。

虞翻以“納甲”之象解《易》，清代易家頗有持批評態度者。胡渭《易圖明辨》闡說“納甲圖”與《周易》卦象之義無涉甚詳。王引之《經義述聞》云：“月體納甲，見於魏伯陽《參同契》，乃丹家傅會之說，原非《易》之本義。而虞氏乃用之以注經，固宜其說之多謬也。”吳翊寅《易漢學考》認爲，李鼎祚《周易集解》所采虞氏納甲說，“皆仲翔《參同契》之注，而非孟氏所傳之《易》說也”。諸家所論，多有見地，宜資參考。

（三）旁通之象。

“旁通”，是《周易》卦象的構成規律之一。指兩個六畫卦相比，爻體陰陽互異，即此陰彼陽，此陽彼陰，兩兩旁交相通，謂之“旁通”。以“旁通”之象解《易》，也是虞翻易學中所倡揚的一項條例。如《比》（䷇）卦，李鼎祚《周易集解》引虞翻曰：“與《大有》（䷍）旁通。”於《大有》卦，《集解》又引曰：“與《比》旁通。”此類例子《周易集解》引錄頗多，足見虞氏對“旁通”之象甚爲重視。

考《文言傳》云：“六爻發揮，旁通情也。”意謂《乾》卦六爻的運動變化，曲盡而旁及萬物的發展情理。虞翻蓋取此“旁通”之名而變其義，以創爲自己的易例。虞翻倡揚的“旁通”之象，對後代易家頗有影響。明代易

家來知德撰《周易集注》，發明"綜卦"、"錯卦"等說，
時人稱爲"絕學"。其中"錯卦"即是採用虞翻的"旁通"
之例以立說。

（四）反卦之象。

"反卦"，與"旁通"相類，也是《周易》卦象的構成規
律之一，指六畫卦中的六爻反轉顛倒之後，遂成另一卦，謂之
"反卦"。後人亦稱"反對"卦。如《觀》卦的卦象作"䷓"，
六爻反轉成《臨》卦"䷒"，則《臨》、《觀》互爲反卦。以
"反卦"之象解《易》，也是虞翻易學常用的條例之一。但六
十四卦中，《乾》、《坤》、《坎》、《離》、《頤》、《中孚》、《小
過》、《大過》八卦爲特殊卦形，反倒均不變，實無"反卦"
可言。故李鼎祚《周易集解》於《頤》卦引虞翻曰，"反復不
衰，與《乾》、《坤》、《坎》、《離》、《大過》、《小過》、《中
孚》同義。"即言此八卦本無"反對"之義。虞氏用"反卦"
注《易》的例子，李鼎祚《周易集解》也載錄甚多。如於
《泰》卦，《集解》引虞翻曰："反《否》也"，又於《否》卦
引曰："反《泰》也"，又於《明夷》卦引曰："反《晉》
也"，又於《漸》卦引曰："反成《歸妹》"等均是。而虞氏
所倡"反卦"之象，對後人的影響亦頗深。來知德《周易集
注》，發明"綜卦"、"錯卦"等說，其"綜卦"即本於虞翻
的"反卦"之例。

（五）兩象易。

虞翻易學中的用象方式，還有一種爲“兩象易”之例，即以六畫卦中上下二體的兩個卦象交相更易爲說。如《繫辭下傳》云：“上古穴居而野處，後世聖人易之以宮室，上棟下宇，以待風雨，蓋取諸《大壯》。”李鼎祚《周易集解》引虞翻曰：“《无妄》兩象易也。《无妄》，乾在上，故稱‘上古’；艮爲穴居，乾稱野，巽爲處，《无妄》乾人在路，故‘穴居野處’。震爲後世，乾爲聖人，‘後世聖人’謂黃帝也；艮爲宮室，變成《大壯》，乾入宮，故‘易之以宮室’。”此處先謂《无妄》上乾下震兩象交易，成乾下震上之《大壯》，然後以兩卦所含上下象及互體解說《繫辭下傳》之語。

虞氏以“兩象易”解《易》，今僅見李鼎祚《周易集解》所引的三則例子，餘二例亦在《繫辭下傳》“蓋取諸”十二卦中的《大過》、《夬》兩卦，似因所解原文中均有“易之以”語，遂運用“兩象易”的條例爲解。

（六）半　象。

“半象”，是虞翻創立的又一項《易》學條例，謂以六畫卦中的某兩畫代表一個三畫卦之象。因其未足三畫，故稱“半象”。如《需》卦九二爻辭“小有言”，李鼎祚《周易集

解》引虞翻曰：“《大壯》震爲言，兑爲口；四之五，震象半
見，故‘小有言’。”此處虞氏先以變卦之例，謂《需》自
《大壯》變來，故取《大壯》上下卦震兑之象爲說；又以
《需》卦四之五，則四成陽爻、五成陰爻，四、五兩爻遂成
“震”半象。又如《小畜》卦《象傳》“密雲不雨，尚往也”，
《周易集解》引虞翻曰：“《需》坎升天爲雲，墜地爲雨；上變
爲陽，坎象半見，故‘密雲不雨，尚往也’。”此亦取卦變之
例，結合半象以爲說。

　　虞翻“半象”之說，其用意實主於繁衍卦體，廣牽衆象，
以便於援據卦象解說《周易》。後人對其傅會牽合之弊多有指
摘。焦循《易圖略》論“半象”云：

　　　　虞翻解“小有言”爲震象半見，又有半坎之說，余
　　以爲不然。蓋乾之半亦巽、兑之半，坤之半亦艮、震之
　　半。震之下半，何異於坎、離之半？坎之半，又何異於
　　兑、巽、艮之半？

又曰：

　　　　半象之說興，則《履》、《姤》之下，均堪半坎；
　　《師》、《困》之下，皆可半震。究何從乎？

這一駁論，實能切中虞氏“半象”說之弊病，宜爲取資參考。

（七）權　象。

　　"權象"，即權宜之象，謂六畫卦的第三爻變而與上爻易位，故又稱"三變受上"。這也是虞翻所創的一項易例。李鼎祚《周易集解》於《家人》卦上九爻辭引虞翻曰："謂三已變，與上易位"，"易則得位，故終吉也"；又於同卦上九《小象傳》引曰："謂三動"，"上之三，成《既濟》定。"此言《家人》卦六爻唯上九一爻失正，遂以九三已正之爻變陰與上九交易其位，則六爻皆正而成《既濟》。虞翻"權象"之例，李鼎祚《周易集解》所引注文僅見於《家人》、《漸》兩卦，均屬三爻、上爻爲陽爻之卦。第三爻爲陽爻，本已得正，卻要變爲不正之陰爻與上九易位，此與虞翻常用的"之正"條例已有相違之處，故虞氏乃自名爲"權"。《周易集解》於《漸》卦上九爻引虞翻曰："三已得位，又變受上，權也。孔子曰：'可與適道，未可與權'，宜無怪也。"可見，虞氏所立"權象"，蓋有時而用之，實非其易說中的常例。

（八）逸　象。

　　在漢代易學研究資料中，出現了許多《說卦傳》中所沒有的八卦喻象，易家稱之爲"逸象"。這些"逸象"，有的可能是古本《說卦傳》之遺文，但更多的應是漢代易家在闡揚

《周易》象數學的過程中，對原有八卦象例的衍生擴充，遂使易象與日俱增。

易學史上較有影響的“逸象”約有三類：

一是“九家逸象”。據陸德明《經典釋文》載，《荀爽九家易解》本《說卦傳》所列八卦的卦象中，有三十一象爲今本《說卦傳》所無，後世稱爲“九家逸象”。這三十一象是：“乾”卦有龍、直、衣、言四象，“坤”卦有牝、迷、方、囊、裳、黃、帛、漿八象，“震”卦有王、鵠、鼓三象，“巽”卦有楊、鸛二象，“坎”卦有宮、律、可、棟、叢棘、狐、蒺藜、桎梏八象，“離”卦有牝牛一象，“艮”卦有鼻、虎、狐三象，“兌”卦有常、輔頰二象。惠棟《易漢學》認爲，這三十一象是古《周易》中《說卦傳》的逸文，並指出：“今考之六十四卦，其說若印圈鑰，非後儒所增也。”

二是“《易林》逸象”。易家以爲，西漢焦延壽所撰《易林》中，應用了不少八卦象例，久爲人所忘忽不談，故也謂之“逸象”。尚秉和先生以十餘年之力研治焦氏《易林》，指出西漢釋《易》之書無如《易林》之完善，凡《易林》之辭，無一字不從卦象生，且無一象不本之《易》，遂撰《焦氏易林注》十六卷，以《周易》卦象注釋《易林》；又撰《焦氏易詁》十二卷，以《易林》逸象解說《周易》。其《焦氏易林注》卷首載《易林逸象原本考》一篇，列舉與《易》有關之逸象一百七十餘例，略注所本。並云：“《易林》逸象，其與《易》有關，可以解經並可以正《易》注之誤者，其詳

皆在《焦氏易詁》中，凡百七十餘象。其與《易》無關推廣
之象，尚不知其幾千百，皆省而不錄。錄其有關者，下注明其
所本，以見此逸象仍原本於《易》，俾閱者不至再有疑惑。"
書中所列逸象如下：

乾爲日、河海、山陵、石、南、虎、大川。

坤爲水、江淮河海、魚、蛇、淵、雲、墟、茅茹、
逆、北、心、志、憂、疾病、毒、勞、風、野、郊、原。

震爲武、旗、鴻、隼、射、南、爵、樽、食、鶴、
君、征伐、周、姬，甕、胎、舟船、飛翼、老夫、商旅、
公、父、口、羊、神、襦、缶、瓶、辰、登、狩、乘、
華、羽翰、發、袂、東北、萌芽、箕子、孩子、田、山
陰、嘉、鄰、藩、鬥、福、虛、歲年。

巽爲母、齊、姜、少姜、隕落、豕、豚、蟲、腐、敝
漏、隙、盜賊、爛、寇戎、病、枯、鍊、疑。

坎爲首、大首、肉、肺、夫、矢、鬼、孤、食、笙。

離爲星、東、金、巷、膚。

艮爲火、鳥、鴻、隼、面、簪、祖、臣、臣妾、角、
啄、負、壽、貴、邑邦國、牀、斯所、貝、金、觀、視、
光明、龜、西北、天、刀劍、枕、牛、豕、夫、巢、童
僕、終日、穀。

兌爲月、華、老婦、魯、資斧、井、牙齒、雞、燕、
耳、酒、穴、兵戎、雨。

仵墉《焦氏易林注敘》稱：《易林》逸象，二千年來無有識者，故《易》注多誤，解《易林》之辭亦遂難通，今尚氏既著此書，“不但爲焦氏之功臣，實於易學所關至鉅，其有功於後學甚大”。

　　三是“虞氏逸象”。指虞翻注《易》所用不見於《說卦傳》的八卦之象，後人稱爲“虞氏逸象”。清惠棟《易漢學》據所傳虞翻《易注》遺文，輯有虞氏逸象三百三十一例，並指出：“《荀九家》逸象五十有一，載見陸氏《釋文》，朱子采入《本義》。虞仲翔傳其家五世孟氏之學，八卦取象，十倍於《九家》。”又於所輯虞氏逸象末附云：“雖大略本於經，然其授受必有所自，非若後世向壁虛造、漫無根據者也。”張惠言撰《周易虞氏義》，在惠棟的基礎上重錄虞氏逸象四百五十六例，其中“乾”卦八十例，“坤”卦一百一十例，“震”卦五十六例，“巽”卦四十四例，“坎”卦六十九例，“離”卦二十九例，“艮”卦五十二例，“兌”卦十六例。總數較惠棟所輯多一百二十五例，考核轉益精審，認爲這些逸象“蓋孟氏所傳”。至紀磊撰《虞氏逸象考正》二卷，取惠、張二家所輯虞氏逸象，證其正是，辨其違失，又續搜得逸象六十六例。另有方申撰《虞氏易象彙編》，共輯逸象一千二百八十七例，其爬羅剔抉、辨析異同之功，實頗精細，然錯出重複者亦未能免。

　　從上述所舉三類逸象來看，可知漢代易家所用八卦之象，實遠超出《說卦傳》記載的卦象範圍。尤其是虞翻運用的卦象，衍擴程度至爲廣泛，故後人所輯逸象，竟多達千餘例以上。虞翻的逸象，在其注《易》過程中，常配合卦變、爻變等條例以爲用，後代易家有甚爲重視者，也有頗加貶抑者。尚秉和先生《易說評議》認爲，虞翻對《易林》所用之象多不知，指出："《易》象至東漢多失傳，象失故《易》多不能解。先儒遇此，闕疑不解；易說疏闊，職是之由。翻則反是，於象之不知者，則強令某爻變以就其象。"又曰："虞翻不知《說卦》之象，略引其端。又不知經之取象，與《說卦》常相反。不知而不闕疑，盡恃爻變、卦變以爲解，後之人以其便利、無所不通，遂相祖失之，而《易》象失真。"

由於《周易》是以象徵爲特色的哲學著作，而八卦、六十四卦之象又展示著頗爲複雜多樣的變化情狀，這便爲漢代易家應用卦象方式的衍擴提供了廣闊的領域。因此，在漢代易家的象數學說中，不但出現了"互體"、"納甲"、"旁通"、"反卦"、"兩象易"、"半象"、"權象"等名目繁多、條例各異的用象方式，還出現了日益增多的甚至前所未有的"逸象"。這一現象，到東漢虞翻可以說發展到無以復加的地步。

綜合以觀之，漢代《周易》象數學涉及的易學領域是多方面的，眾多易家在研《易》過程中所創立的易學條例至爲豐富。從西漢"卦氣"學說的開創，占筮術的更革，到東漢"爻辰"、"升降"說的興起，以至卦變、爻變說的不斷發展，用象方式的大幅度衍擴，組成了兩漢四百多年間《周易》象數學說的宏大規模。這期間，出現了許多對易學史發生重大影響的易學家，如孟喜、焦延壽、京房、鄭玄、荀爽、虞翻等，他們創立的

“四正卦”、“十二辟卦”、“七十二候配卦”、“八宮卦”、“世應”、“世卦起月例”、“飛伏”、“八卦六位”、“爻辰”、“升降”、“卦變”、“爻變”、“互體”、“納甲”、“旁通”等重要易例，不但影響了《周易》研究的內容與方法，甚至對中國古代科技（如天文、曆法、氣候學、醫學、化學等）均產生了不可低估的影響，遂使漢易象數學具備了豐富而深沉的內涵，蔚爲中國古代文化、思想、學術史上至爲輝煌燦爛的一個特殊歷史時期。

　　當然，從《周易》學說本身的特點來看，對漢易象數學的整體評價則是頗爲複雜的一個問題。《易》之爲書，原本於象數，其八卦、六十四卦之象，陰陽奇偶之數，實是《周易》哲學體系中不容忽視的最本質的內容。因此，漢代易家注重於《周易》象數的研討，凡所闡說《周易》經傳，必不離其象、其數，無疑有值得肯定的一面。然而，《周易》六十四卦之象，又是完整的象徵哲學，決非遊散無歸的外在喻象；而《周易》的象數正是建立在“象徵”基礎上的特殊的哲學形態，也決非“讖緯”、“術數”之學所能比擬。由於時代學術風氣的影響，以及易家的師承和治學方法的拘迂板滯，故也不可避免地給漢易象數學帶來許多執泥卦象、雜入術數的弊病，甚至使《周易》學說支離破碎而誤入歧途。這種弊病，在東漢末虞翻所建立的一套易學體系中表現得尤爲突出，形成幾乎籠罩整個學術界的積澱了數百年的治《易》陋習。於是，以“掃象數，闡玄理”爲宗旨的王弼易學的崛起，便成爲勢不可阻的歷史必然。

第六章　王弼掃象闡理的非凡建樹

中國易學發展到三國時期，發生了一次根本性的轉變。轉變的主要標誌，是王弼以"掃象闡理"爲宗旨的《周易》學說的興起。這位僅度過二十四個春秋的傑出易家所創之說，以振聾發聵的氣勢衝垮了兩漢易家沿襲了四百多年的"象數"學積弊，獨標新幟，改變了一代學術風氣，開闢了宋代《周易》義理學之先河，並影響了中國此後一千多年易學發展的歷史。

王弼易學固是獨樹"掃象闡理"的新幟，但他也並非全盤廢棄漢易的傳統學說，而是在有所繼承、有所批判的前提下建立起一套清新深邃的易學體系。從學術源流方面尋討，王弼《周易》學說的某些特色，如採用經傳參合本《周易》、偏重於以《十翼》解經等，實是遠承西漢易師費直之學。因此，在評述王弼易學的全面貢獻之際，對他的學術承傳問題也不可略而不述。

就王弼易學超越前人、獨步千古的非凡建樹言之，約有三個主要方面：一是改定《周易》體制，以建立闡述易理的基礎；二是提倡"得意忘象"說，以揭明闡述易理的重要途徑；三是推行各種條例，以深入辨析《周易》哲理的精奧義蘊。下文針對這三方面略作分析。

一、改定周易體制以立闡理之基

《周易》經傳文字的分合體制，是易學史上的一個特殊現象。王弼對《周易》體制的改易更定，實爲關涉《周易》經傳參合本以規範程式流傳一千多年的重要問題。而王弼之改定《周易》體制，又是在沿承西漢費直、東漢鄭玄的基礎上完成的。

前文已述，《周易》古經原只是六十四卦符號及卦辭、爻辭。春秋戰國以後出現的《易傳》七種十篇，漢人稱爲《十翼》，原皆單行。自漢代易學振興，學者遂將經傳參合併行，此後易家所言《周易》者，通常兼及經、傳。然細考流傳至今的經傳參合本《周易》，其編定過程，則是濫觴於西漢費直，修訂於東漢鄭玄，完成於三國王弼。

（一）援傳連經始濫觴於費直。

據《漢書·藝文志》著錄：“《易經》十二篇，施、孟、梁丘三家。”顏師古注：“上下經及《十翼》，故十二篇。”王應麟《漢志考證》引孔穎達云：“《十翼》，謂《上象》、《下象》、《上象》、《下象》、《上繫》、《下繫》、《文言》、《說卦》、《序卦》、《雜卦》。”由此可知，西漢施、孟、梁丘三家易學，兼及六十四卦和《十翼》。可見，當時學者治《易》的

內容，已經包括經和傳兩部分，事實上正爲《周易》的經傳
合編本立下重要的學術基礎。

漢代初葉，《易》立於學官者，唯楊何、施讎、孟喜、梁
丘賀、京房諸家“今文”《易》。費直之學以“古文”爲主，
故未立學官。《漢書‧儒林傳》稱其：“長於卦筮，亡章句，
徒以《彖》、《象》、《繫辭》十篇文言解說上下經。”（按，宋
吳仁傑《集古易自序》云“《漢書》本誤以‘之言’字爲
‘文言’”，似可從。）《藝文志》又云：“劉向以中《古文易
經》（顏師古注：中者天子之書也，言中以別於外耳）校施、
孟、梁丘經，或脫去‘無咎’、‘悔亡’。唯費氏經與古文同。”
陸德明《經典釋文‧序錄》詳述曰：

> 費直傳《易》，授琅邪王璜，爲費氏學。本以古文號
> 《古文易》，無章句，徒以《彖》、《象》、《繫辭》、《文
> 言》解說上下經。漢成帝時，劉向典校書，考易說，以
> 爲諸易家皆祖田何、楊叔元、丁將軍，大義略同，唯京氏
> 爲異。向又以中《古文易經》校施、孟、梁丘三家之
> 《易經》，或脫去“無咎”、“悔亡”，唯費氏經與古文同。
> 范曄《後漢書》云：京兆陳元、扶風馬融、河南鄭衆、北
> 海鄭玄、潁川荀爽並傳費氏《易》。

顯然，費易雖未立學官，其在民間流傳至廣。費直治《易》
的主要特色有二：一是，以“古文”《易》爲本；二是，無章

句，唯以《十翼》解說經意。"古文"《易》傳自先秦，蓋於
《十翼》文字獨詳，故費氏專主其說，援以解經，則經、傳參
合本之《周易》由是濫觴。故北宋王堯臣等撰《崇文總目》
云："凡以《彖》、《象》、《文言》雜入卦中者，自費氏始。"
晁公武《郡齋讀書志》亦指出：

> 凡以《彖》、《象》、《文言》等參入卦中，皆祖費
> 氏。東京荀、劉、馬、鄭皆傳其學。王弼最後出，或用鄭
> 說，則弼亦本費氏也。

所謂"自費氏始"、"皆祖費氏"，乃逆推援傳連經之根源。至
若費直所用之《周易》本，如何將《十翼》參入經中，則因
費《易》亡佚已久，未可詳考。但有一點是不可置疑的，即
費直以《十翼》解說經旨，傳授其學，其門徒或後學必據以
述作"章句"，所成"章句"中的《周易》文本體例或未臻
一致，故當時流傳之經傳參合本《周易》宜必多種。《經典釋
文·序錄》論及費氏《易》時，曾引《七錄》云："《費氏章
句》四卷，殘缺。"《隋書·經籍志》著錄："梁又有漢單父長
費直注《周易》四卷，亡。"《舊唐書·經籍志》："《費氏周
易林》二卷，費直撰。"《新唐書·藝文志》："《費氏周易逆
刺占災異》十二卷，費直，又《周易科》二卷。"上引資料所
及，既有費易"章句"之屬，又有占驗之學。視《漢書》謂
費直"亡章句"，可知諸書當爲費氏門弟子或後學所撰。吳承

仕先生《經典釋文序錄疏證》謂："疑後世爲費氏學者附益之。"顯然，後學既承費易學說撰爲"章句"，人各爲例，則當時的《周易》經傳次第諒亦紛然，莫能一致。至東漢鄭玄之學興，遂更爲董理經傳文本，於是經過鄭氏修訂的經傳參合本《周易》乃盛行於世。

（二）鄭玄對經傳參合本《周易》體制的修訂。

鄭玄初從第五元先學京氏易，後從馬融治費氏易。其學雖參以京氏，實以費氏爲主。故鄭玄承沿費直所傳易學，一方面創立其"爻辰"說等條例，另一方面則對費氏經傳參合本《周易》體制頗作修訂，使援傳連經的規式初成範本。《三國志·魏書·高貴鄉公傳》記載曹髦與《易》博士淳于俊的一節對話云：

> 帝又問曰："孔子作《彖》、《象》，鄭玄雖聖賢不同，其所釋經義一也。今《彖》、《象》不與經文相連，而注連之，何也？"俊對曰："鄭玄合《彖》、《象》於經者，欲使學者尋省易了也。"帝曰："若鄭玄合之，於學誠便，則孔子曷爲不合以了學者乎？"俊對曰："孔子恐其與文王相亂，是以不合，此聖人以不合爲謙。"帝曰："若聖人以不合爲謙，則鄭玄何獨不謙邪？"俊對曰："古義弘深，聖問奧遠，非臣所能詳盡。"

這裏，淳于俊言之最明者，乃鄭玄合《彖傳》、《象傳》於經這一事實，亦即鄭玄對費氏本《周易》經傳次第重爲修訂之事。

然鄭玄修訂本《周易》，《彖傳》、《象傳》如何參入經中？經傳篇次怎樣更定呢？呂祖謙《古易音訓》曰："鄭康成合《彖》、《象》於經，故加'彖曰'、'象曰'以別之，諸卦皆然。"朱震《漢上易傳叢說》亦云："自康成而後，其本加'彖曰'、'象曰'。"又晁說之《題古周易後》指出：鄭康成學費氏易，其"初度亂古制時，猶若今《乾》卦，《彖》、《象》繫卦之末"，"卒大亂于王弼"（《景迂生集》卷十八）。今本《周易》中《乾》卦的經傳次序，爲先列卦爻辭，次《彖傳》，次《象傳》，與其餘六十三卦不同（說詳下文）。則鄭玄所修訂《周易》體例，只將《彖傳》、《象傳》分割爲六十四組，各附於所釋之卦的卦爻辭之後，又於諸卦《彖傳》、《象傳》文字前增"彖曰"、"象曰"，以與卦爻辭相區別。

至於經鄭玄修訂之後的經傳參合本《周易》的全書篇次，孔穎達《周易正義》於《說卦傳》疏曰：

> 先儒以孔於《十翼》之次，《乾坤文言》在二《繫》之後，《說卦》之前，以《彖》、《象》附上下二經爲六卷，則《上繫》第七、《下繫》第八、《文言》第九、《說卦》第十。

孔氏所言"先儒"，蓋即指鄭玄（惠棟《易漢學》已言及，茲不贅考）。又，《序卦》、《雜卦》當依次爲第十一、第十二，因孔氏此處未疏及，故未言。據此，則鄭玄修訂《周易》經傳之整體次序爲：將《彖傳》、《象傳》割裂分附六十四卦的卦爻辭末，成經傳六篇；又依次承以《繫辭上傳》、《繫辭下傳》、《文言傳》、《說卦傳》、《序卦傳》、《雜卦傳》各一篇，合爲十二篇。

約言之，鄭玄就費直學派所傳《周易》經傳本重加釐訂，其所爲者大體三事：一曰，分《彖傳》、《象傳》爲六十四組，附各卦經文之末；二曰，於諸卦《彖傳》、《象傳》前增題"彖曰"、"象曰"字樣，以別於經文；三曰，定《周易》經傳篇次爲十二。鄭玄《周易》之本，當時必有較大影響（視前引淳于俊語可知）。至王弼出，又經一度改定，遂成流傳至今的《周易》經傳參合本。

（三）王弼改定經傳參合本《周易》體制。

王弼繼起於鄭玄之後，既亦承傳費、鄭易學，則對鄭玄所修訂之經傳參合本《周易》的體例不能不深爲認可。於是，他又經過一番考索改定，終使其書形成定本。他所改定的主要內容，體現於三方面：

其一，前文已敘，鄭玄將《十翼》中的《彖傳》、《象傳》分割爲六十四組，各附諸卦的卦爻辭後，如今本《乾》

卦之例。王弼則更將《彖傳》、《象傳》文字再行離析，一一
提前，分附於所釋之卦辭、爻辭下；而《象傳》又有釋卦辭
之《大象傳》（每卦一則）與釋爻辭之《小象傳》（每卦六
則）之分，其例正如今本《坤》卦以下六十三卦的體式。故
晁說之指出，分裂《彖》、《象》附經，"卒大亂於王弼"（見
前文引）。而今本《周易》唯留《乾》卦仍依鄭玄舊本之例，
蓋欲使讀者明其古式。吳仁傑《集古易自序》云："今王弼
《易》，《乾》卦自《文言》以前則故鄭氏本也。"胡一桂《易
學啓蒙翼傳》引朱熹曰："王弼注本之《乾》卦，蓋存鄭氏所
分之例也；《坤》以下六十三卦，又弼所自分也。"王弼既如
此分裂《彖傳》、《象傳》，則其文本中所題"彖曰"、"象曰"
亦與鄭玄本有異。據前述，鄭玄僅於每卦所附《彖》、《象》
文前各題一"彖曰"、"象曰"，而王弼本《坤》卦以下，每
卦體例則爲：卦辭後附該卦《彖傳》題"彖曰"，次附《大象
傳》題"象曰"，又次初爻爻辭後附該爻《小象傳》再題
"象曰"，依次二、三、四、五、上爻辭後各附《小象傳》亦
均題"象曰"。這樣，王弼本於《坤》以下六十三卦之《象
傳》，因分割加細，故所增題"象曰"較鄭本每卦各多六處
（《坤》卦又多"用六"辭"象曰"一處）。王弼之所以如此
分裂《傳》文，孔穎達《周易正義》於《坤》六二《象傳》
說之曰："夫子所作《象辭》（按，即《象傳》），元在六爻
經辭之後（按，當指鄭本之例），以自卑退，不敢干亂先聖正
經之辭。及至輔嗣之意，以爲《象》者本釋經文，宜相附近，

其義易了，故分爻之《象辭》各附當爻下言之。猶如元凱注《左傳》，分經之年與《傳》相附。"此爲王弼對《彖傳》、《象傳》附經體例之改定。

其二，《十翼》中有《文言傳》一篇，專爲闡說《乾》、《坤》兩卦的象徵義蘊，餘六十二卦則無。鄭玄經傳參合本尚未將《文言傳》分割，仍以完整的一篇列於《繫辭下傳》之後（見前文引孔穎達語）。按鄭氏《易注》自隋以後漸佚，至北宋僅存一卷，《崇文總目》謂：存者爲《文言》、《說卦》、《序卦》、《雜卦》四篇。王應麟《玉海》亦曰："鄭氏所注存第九，總《文言》、《說卦》，《序卦》、《雜卦》四篇。學者不能知其次，乃謂之《鄭氏文言》。"據此，亦可證鄭玄本尚以《文言傳》自爲一篇。王弼則將之割而爲二，分別依附於《乾》、《坤》兩卦之卦爻辭及《彖傳》、《象傳》之後，並各加"文言曰"以標明之。朱震《漢上易傳叢說》謂："自王弼而後，加'文言曰'。"如此改動，遂使鄭玄本列爲第九之《文言》篇位空缺，而王弼本提鄭本第十篇之《說卦傳》爲第九，鄭本第十一、十二之《序卦傳》、《雜卦傳》亦依次改爲第十、第十一。故孔穎達《周易正義》於《說卦傳》又曰："輔嗣以《文言》分附於《乾》、《坤》二卦，故《說卦》爲第九。"這樣，鄭玄舊本十二篇之次，王弼本改作十一篇。孔穎達依王注作《正義》，其篇次一仍其舊，作十一篇。至於經傳卷數，陸德明《經典釋文序錄》謂鄭玄本"十卷"，注稱"《錄》一卷"，則正文只九卷（《隋書·經籍志》即作"九卷"），蓋上下經六篇爲六卷，《繫辭傳》上下篇爲兩卷，《文言傳》、《說卦傳》、《序卦傳》、《雜卦傳》四篇合爲一卷（上引《崇文總目》錄鄭《易》殘卷即以此四篇爲一卷），故總數九卷。然《釋文序錄》又引《七錄》云鄭本"十二卷"，當以鄭氏十二篇之次爲十二卷。王弼注本，《隋書・經籍志》著錄"十卷"，其中王注六十四卦上下經六卷，韓康伯注《繫辭傳》以下三卷（按，《繫辭》以下王不注，《南齊書・陸澄傳》載澄與王儉書謂"弼於經中已舉《繫辭》，故不復別注"，後世相承以韓康伯注續之），又王弼撰《周易略例》一卷，則總數雖十卷，而正文亦止九卷。唐陸德明作《周易音義》（按即《經典釋文》第一種）、孔穎達作《周易正義》，即據王弼本九卷之例。故就卷數言，王《易》大體承鄭《易》之舊計卷；但王以《文言傳》納入上經《乾》、《坤》所屬卷中，故王之經傳篇數與鄭有異（後世傳刻之《周易正義》或作十卷、十三卷、十四卷乃至十八卷，殆刻家因經傳內容多寡重爲分合，而諸篇次第先後均依王弼所定）。此爲王弼對《文言傳》篇次體例之改定。

其三，今本王弼《周易注》於六十四卦上下經分六卷，每卷題"乾傳第一"、"泰傳第二"、"噬嗑傳第三"、"咸傳第四"、"夬傳第五"、"豐傳第六"，各以卷首第一卦爲名，與《詩毛氏傳》各卷取第一首詩名爲題同例。呂祖謙《古易音訓》謂此目係王弼增標，云："今王弼注本卷首題曰'周易上經乾傳'，餘卷亦有'泰傳'、'噬嗑傳'、'咸傳'、'夬傳'、

'豐傳'之名。蓋弼所用鄭氏本，鄭氏既合《彖傳》、《象傳》於經，故合題之耳。"王應麟《玉海》曰："康成注本無'乾傳'、'泰傳'字，輔嗣加之，以卷首之卦題曰'傳'，離爲六篇。"《四庫全書總目》謂："蓋因《毛氏詩傳》之體例。"（《周易注》提要）檢《經典釋文》作"需傳第二"、"隨傳第三"，此兩處與今本《周易注》不同。證以唐《開成石經》中《周易》上下經卷名，一一與《釋文》相合，則王弼所定六卷之次及卷名似當以《釋文》所述爲准。故《四庫全書總目》認爲：今本《周易注》上下經六卷之次"當由後人以篇頁不均爲之移併，以非宏旨之所繫，今亦不復追改焉"。（同前）鄭玄《易注》久佚，其上下經如何分卷已不可考，但王弼因鄭本之舊計卷，重爲釐訂，並增以"乾傳第一"等卷名，以清各卷眉目，則是可信的。此蓋爲王弼對鄭本《周易》的釐訂並標立卷名的歷史情實。

王弼通過上述三方面對西漢費直、東漢鄭玄所傳《周易》經傳體例的改定，使分傳附經更臻細密，也爲他確立"掃象闡理"的易學思想打下了經傳內容體制的基礎，終使其成爲《周易》經傳參合的定本流傳至今。

宋代不少學者，對費直、鄭玄、王弼以來《周易》經傳參合本的形成頗爲不滿，指摘爲"變亂古制"。故兩宋之間，竭力否定王弼傳本，試圖恢復古《易》之舊者大有人在。如王洙、邵雍、呂大防、晁說之、吳仁傑、呂祖謙等人均有古《周易》考訂本，而以大防《周易古經》、說之《錄古周易》、祖謙《古易》三種影響較大。故胡一桂云："古《易》之亂，肇自費直，繼以鄭玄，而成於王弼。古《易》之復，始自元豐汲郡呂微仲（大防），嵩山晁以道（說之）繼之，最後東萊先生（祖謙）又爲之更定，實與微仲暗合。"（朱彝尊《經義考》引）

南宋朱熹撰《周易本義》，指出：《周易》經傳"凡十二篇，中間頗爲諸儒所亂。近世晁氏始正其失，而未能盡合古文。呂氏又更定，著爲《經》二卷，《傳》十卷，乃復孔氏之舊云。"故朱子《本義》篇次，依呂祖謙所定，爲上經第一、下經第二、《彖上傳》第一、《彖下傳》第二、《象上傳》第三、《象下傳》第四、《繫辭上傳》第五、《繫辭下傳》第六、《文言傳》第七、《說卦傳》第八、《序卦傳》第九、《雜卦傳》第十，凡經傳十二篇。

然而，朱熹精心撰定的《周易本義》十二篇次第，刊行不久又被割亂而復成王弼既定之經傳參合本（《四庫全書提要》考《本義》自南宋董楷即被割亂）。明、清以來，最爲通行之《周易本義》的經傳文本體例，已大違朱子初撰時的宗旨。可見，王弼改定的經傳參合本《周易》，雖非古《易》本來篇次，但由於甚便研習，且未嘗更變經傳原文，故頗爲多數學者所接受。

二、提倡得意忘象以明闡理之途

"得意忘象"說，是王弼"掃象闡理"易學體系中的核心綱領，也是他所倡揚的各種解《易》條例賴以推行的重要前提。這裏試從此說的內容實質、學術淵源，及多層次的深遠影響等方面略爲論述。

（一）"得意忘象"說的內容實質。

王弼"得意忘象"的提出，正與當時充斥於學術界的言《易》必拘泥象數，刻意求象，反使《周易》本旨隱晦的積弊針鋒相對。他的主旨是強調把握《周易》象徵哲學中的內在意義，而不是機械地處處尋討一字一詞的卦象依據。其說略見於他的《周易略例·明象》：

> 夫象者，出意者也；言者，明象者也。盡意莫若象，盡象莫若言。言生於象，故可尋言以觀象；象生於意，故可尋象以觀意。意以象盡，象以言著。故言者，所以明象，得象而忘言；象者，所以存意，得意而忘象。猶蹄者所以在兔，得兔而忘蹄；筌者所以在魚，得魚而忘筌也。然則，言者，象之蹄也；象者，意之筌也。是故存言者，非得象者也；存象者，非得意者也。象生於意而存象焉，則所存者乃非其象也；言生於象而存言焉，則所存者乃非其言也。然則，忘象者，乃得意者也；忘言者，乃得象者也。得意在忘象，得象在忘言。故立象以盡意，而象可忘也；重畫以盡情，而畫可忘也。

這段長論，反映了王弼"得意忘象"說的基本內涵，其中還包括此說的一個附屬概念"得象忘言"。根據王弼的認識，《周易》的"象"（即卦畫、爻畫）是用來"出意"，《周易》的"言"（即卦辭、爻辭）是用來"明象"。因此，可以"尋言以觀象"、"尋象以觀意"；得其象則"言"可忘，得其意則"象"可忘。譬如《乾》卦初九之"言"（爻辭）爲"潛龍勿用"，若知此爻之"象"爲該卦下乾初畫（即卦下第一條陽爻"—"），則"潛龍勿用"這句比喻性之"言"可忘；若知此爻之"意"指剛健元素初萌未發的情狀，則藉以表明此意的卦象（䷀）、爻象（—）亦並可忘。

顯然，王弼主張"忘言"、"忘象"的目的，並非全盤否定卦爻辭（言）及卦象爻象（象）的作用，而是強調從整體上領會易旨的一種研《易》方法。即通過卦爻辭的喻示以理解卦畫爻畫之象，又通過卦象爻象的暗示以領悟某卦某爻內在的象徵旨趣——這是"得意忘象"說的最終歸宿。因此，"忘言"實非"遺言"，"忘象"亦非"遺象"。考察王弼《周易注》一書，對六十四卦三百八十四爻的注釋，正是充分建立在細密分析卦象、爻象及卦辭、爻辭的基礎上，把一卦一爻的象徵意蘊揭示得頗爲明澈。如《損》卦六三爻辭曰："三人行，則損一人；一人行，則得其友。"王弼《周易注》曰：

　　損之爲道，損下益上，其道上行。三人，謂六三以上三陰也。三陰並行，以承於上，則上失其友，內无其主，

名之曰益，其實乃損。故天地相應，乃得化醇；男女匹
配，乃得化生。陰陽不對，生可得乎？故六三獨行，乃得
其友；二陰俱行，則必疑矣。

這裏，指出六三當"損"之時，居下卦兌之極，應於上九，
悅而求之。但此時若偕六四、六五兩陰並行以求，則有違陰陽
對應之道，必損上九一陽；若六三一人獨往，則與上九陰陽專
情和合，故得其友朋。注文詳細剖析了六三的爻象及爻辭喻
意，使人明確《損》卦之"時"雖以"損下益上"爲主，但
不適當的"益上"，反而是"損上"之舉。此即該卦《象傳》
所謂"損益盈虛，與時偕行"之理。可見，王弼決非"遺
言"、"遺象"以解《易》，而是從本質上挖掘"言"與"象"
的內涵義旨，以達到渾然"忘象"而能"得意"的至高境界。

王弼極力提倡"忘象"以"得意"，是基於對《周易》
的形式與內容作了全面深入考辨的前提下，把《周易》視爲
以"假象寓意"爲特色的象徵哲學，從而能夠透過《周易》
外在的喻象，揭明其內在的義旨。因此，他又對"得意忘象"
說進一步總結曰：

是故觸類可爲其象，合義可爲其徵。義苟在健，何必
馬乎？類苟在順，何必牛乎？義苟合順，何必坤乃爲牛？
義苟爲健，何必乾乃爲馬？而或者定馬於乾，案文責卦，
有馬無乾，則僞說滋漫，難可紀矣。互體不足，遂乃卦

變；變又不足，推致五行。一失其原，巧愈彌甚。從復或
值，而義無所取。蓋存象忘意之由也。忘象以求其意，義
斯見矣。（《周易略例・明象》）

文中所論，約含兩端：一是，揭明在《周易》哲學中發揮重大
作用的八卦之象可以博取衆物，而八卦的象徵意義則是特定不
變的。如乾爲健、坤爲順，其義不可改移。但乾既可象天，又
可象馬、君、首等；坤既可象地，又可象牛、臣、腹等。只要
符合“健”、“順”之義，乾、坤之象不妨觸類而博擬。其他
諸卦亦然。那麼，研討八卦之象在《周易》六十四卦、三百
八十四爻中的體現，自當把握其象徵意義，不可機械地執定其
外象而舍本求末。二是，指摘兩漢以來易家拘泥“象數”之
學，強求卦象以牽合傅會於《周易》經義的流弊，認爲出現
此弊的根源是易家“存象忘意”所致。遂從反面印證，唯須
“忘象以求其意”，才能闡明《周易》的本質義蘊。

　　值得注意的是，王弼在這裏提出了“觸類可爲其象，合
義可爲其徵”的命題，無意中與我們今天所用的“象徵”
（Symbol）概念不謀而合。由此，我們不禁記起德國哲學家黑
格爾（G. W. F. Hegel, 1770—1831）在《美學》中論及
“象徵型藝術”時，對“象徵”含義所作的闡析：

　　　　象徵，一般是直接呈現於感性觀照的一種現成的外在
　　事物，對這種外在事物並不直接就它本身來看，而是就它

所暗示的一種較廣泛較普遍的意義來看。因此，我們在象徵裏應該分出兩個因素：第一是意義，其次是這意義的表現。意義就是一種觀念或對象，不管它的內容是什麼；表現是一種感性存在或一種形象。（朱光潛譯黑格爾《美學》第二卷，北京商務印書館 1979 年版）

黑格爾此說的可取之處在於，把"象徵"剖析爲"表現"和"意義"兩個因素，並明確揭示：象徵所"表現"的外在效果是可感知的"形象"，而這一"表現"的内在目的，卻不停留於形象"本身"，乃在於"較廣泛較普遍的意義"，即其本旨在於暗示形象之外的象徵旨趣——這就是"象徵"藝術所内涵的基本特質。無獨有偶，早於黑格爾一千六百年的王弼，站在易學的角度提出"得意忘象"說，把《易》"象"的最終落實點歸結於"意"，深刻觸及《周易》象徵的主要特色。尤其是"觸類可爲其象，合義可爲其徵"（著重號引者加）二句，不僅切中《周易》象徵意義的廣泛性，而且把"象"與"徵"二字對舉（當然王弼時代不可能有今天的"象徵"概念），可謂不期然而然地把《周易》理解爲一部"象徵"性的哲學作品了。這也是王弼"得意忘象"說至爲寶貴的一方面精到所在。

（二）"得意忘象"說的學術淵源。

人們要問，王弼"得意忘象"說的學術淵源究竟何在呢？

《繫辭上傳》云：

> 子曰：書不盡言，言不盡意。然則聖人之意，其不可
> 見乎？子曰：聖人立象以盡意，設卦以盡情僞，繫辭焉以
> 盡其言，變而通之以盡利，鼓之舞之以盡神。

這是引述孔子的言論，先說明書面文字不能完全表達人類的語言，而語言又不能完全表達人類的思想這一客觀現象，然後指出創作《周易》的"聖人"通過設立卦象、爻象而能"盡意"，通過撰繫卦辭、爻辭而能"盡其言"，揭示了《周易》以其特殊的象徵手法所達到的精奧的哲學水準。尚秉和先生《周易尚氏學》稱"意之不能盡者，卦能盡之；言之不能盡者，象能顯之"是也。

回視王弼所謂"象者，出意者也，言者，明象者也"，顯然是《繫辭傳》"立象以盡意，設卦以盡情僞，繫辭焉以盡其言"的翻版，或者說是經過重新概括的另一種表達方式。既然《易》辭的作用在於盡言以明象，《易》象的作用在於擬喻以盡意，則《周易》的哲理歸宿必體現於內在的"意"，而不是停留於外在的"言"或"象"了。於是，在《繫辭傳》論說的基礎上，經過一番對《周易》六十四卦經義的深入研索推考，王弼終於得出了"得意在忘象，得象在忘言"這一新穎獨到的治《易》理論。因此，我們可以認爲，王弼"得意忘象"說的建立，是在《繫辭傳》"立象盡意"論的啓發下而

加以發揮研求而獲得的。

　　然而，更直接地影響王弼此說的，當推莊子的"得意忘言"論。《莊子·天道篇》曰：

　　　　世之所貴道者書也，書不過語，語有貴也。語之所貴者意也，意有所隨。意之所隨者，不可以言傳也，而世因貴言傳書。世雖貴之，我猶不足貴也，為其貴非其貴也。故視而可見者，形與色也；聽而可聞者，名與聲也。悲夫，世人以形色名聲為足以得彼之情！夫形色名聲果不足以得彼之情，則知者不言，言者不知，而世豈識之哉！

莊子認為，"意"不可言傳，故世間一切書籍如同"形色名聲"一樣皆為虛妄而不足貴。於是下文又敘及"輪扁論書"的寓言，直斥凡傳世之書皆"古人之糟魄"。其《外物篇》更進一步指出：

　　　　荃者所以在魚，得魚而忘荃；蹄者所以在兔，得兔而忘蹄；言者所以在意，得意而忘言。

荃，為捕魚竹網；蹄，為捕兔器具。莊子取此為喻，指明語言是表"意"的工具，既得其"意"，則其"言"無妨忘卻。再對照王弼的"得意忘象"說，不難看出是全然脫胎於《莊子》的"得意忘言"；甚至所援引的"得兔忘蹄"、"得魚忘筌"之喻，也直接採用《莊子·外物篇》之說。當然，王弼的"得意忘象"與莊子的"得意忘言"又有本質的區別：其一，王弼之說是從易學角度揭明治《易》的方法，故其所得之"意"，乃專指《周易》的象徵意義。而莊子之論則是繼承發揮老子"絕聖棄智"的虛無思想，其所謂"得意"者，乃指悟得"有生於無"的道家玄理。其二，王弼的"象"，指《周易》的卦象、爻象，他雖主張"忘象"卻未曾否定"象"的具體存在與前提作用。莊子的"言"則泛指外在的語言形式，屬於被否定的整個客觀世界之一例。括而言之，王弼的"得意忘象"說，是富有理性色彩的反映著清新深邃的思維活力的易學方法論；莊子的"得意忘言"，是充滿抽象神秘主義色彩的萬物否定論的從屬概念，與其"坐忘"、"心齋"之說正相應合。因此，王弼此說雖與莊子的論調有直接的沿承關係，但兩者卻不可混同等視，更不可簡單地認爲王弼是毫無抉擇地援引老莊玄學以入《易》。

王弼生當"玄學"盛行的時代，他的《老子注》、《老子指略》是流傳至今的名作，則其易學思想受到《老》、《莊》哲學影響是不足爲奇的。且《易》與《老》、《莊》均屬先秦哲學著作，從古代辯證哲學的發展線索看，它們之間本有某些同氣連枝的脈胳可尋。故以《老》、《莊》解《易》，或以《易》證《老》、《莊》，似亦無可厚非。後世易家對王弼常據《老》、《莊》哲理以注《易》的特點，頗有訾病者。然就王弼所創"得意忘象"這一治《易》綱領言之，雖是採納《莊子》言論以立說，卻與老、莊的"虛無"思想實非一途，且其所反映的嶄新的易學内容與獨到的思辨色彩，使其說在《莊子》舊論的基礎上發生了質的變化，而成爲易學史上劃時代的重要易說。

（三）"得意忘象"說的旁延影響。

作爲王弼易學理論的核心綱領，"得意忘象"說在中國易學史上的影響是至爲重大的。但若進一步對此說的旁延影響細加察辨，我們還可以發現，其作用所及遠不止於易學領域。就古代美學、文學理論方面言之，此說亦給後人以一定的啓示或借鑒。

王羲之論書法之"意"云：

> 須得書意，轉深點畫之間皆有意。自有言所不盡得其妙者，事事皆然。（王世貞《王氏書畫苑》載《晉王右軍自論書》）

此謂"得書意"、"有言所不盡得其妙者"，即主張追求超乎書法形態之外的意蘊，與王弼之"得意"頗可契合。南齊書法家王僧虔亦云：

> 書之妙道，神彩爲上，形質次之，兼之者方可紹於古

人。以斯言之，豈易多得？必使心忘於筆，手忘於書，心
手遺情，書筆相忘，是謂求之不得，考之即彰。（王世貞
《王氏書畫苑》載《王僧虔筆意贊》）

這是對王羲之"書意"理論的進一步發揮，旨在強調書法的
"神彩"。所謂"心忘於筆，手忘於書"，儼然與王弼的"忘
象"旨趣遙相合拍。

在繪畫理論方面，東晉畫師顧愷之提倡"以形寫神"（張
彥遠《歷代名畫記》引），強調繪畫造型的藝術效果在於體現
神韻。南朝宋宗炳《畫山水序》云："旨微於言象之外者，可
心取於書策之內。"南齊謝赫《古畫品錄》亦曰："苟拘以體
物，則未見精粹；若取之象外，方厭膏腴，可謂微妙也。"兩
者又極力主張於繪畫的"象外"尋求其意趣。蘇軾《書鄢陵
王主簿所畫折枝》二首之一（《東坡集》）指出：

　　論畫以形似，見與兒童鄰。賦詩必此詩，定知非詩
人。詩畫本一律，天工與清新。邊鸞雀寫生，趙昌花傳
神。何如此兩幅，疏淡含精勻。誰言一點紅，解寄無
邊春。

蘇氏以詩畫並論，揭明詩作、畫作精妙之處，唯在於寫意傳
神。當代畫師潘天壽《聽天閣畫談隨筆》對顧愷之的"以形
寫神"之論也詳加闡述曰：

顧氏所謂神者，何哉？即吾人生存於宇宙間所具之生生活力也。以形寫神，即表達出對象內在生生活力之狀態而已。故畫家在表達對象時，須先將作者之思想感情，移入對象中，熟悉其生生活力之所在，並由作者內心之感應與遐想之所得，結合形象與技巧之配置，而臻於妙得。是得也，即捉得整個對象之生生活力也。亦即顧氏所謂"遐想妙得"者是已。

把繪畫形象的落實點寄託於微妙生動而難以言喻的"神"與"意"上，是中國畫創作的精闢理論之一端。這種論點，與王弼"象以出意"的"得意忘象"說的思想精髓，無疑也有著息息相關的勾連因素。

旁而廣之，摯虞《文章流別論》言賦體作品旨在"假象盡辭，敷陳其志"（嚴可均輯《全上古三代秦漢三國六朝文》）；劉勰《文心雕龍》論詩文"比興"手法時稱"寫物以附意"；司空圖《二十四詩品》推美"超以象外，得其環中"（《司空表聖集》）；歐陽修《贈無爲軍李道士二首》稱讚古琴音樂"彈雖在指聲在意，聽不以耳而以心，心意既得形骸忘，不覺天地白日愁雲陰"（《歐陽文忠公文集》）；嚴羽《滄浪詩話》提出"以禪喻詩"，認爲詩之別趣在於"不涉理路，不落言筌"，"如空中之音，相中之色，水中之月，鏡中之象，言有盡而意無窮"；袁中道強調"先意後法，不以法役意"（《珂雪齋文集》卷三《中郎先生全集序》）；王士禎宣導"神韻說"，認爲優秀作品體現於"興會神到"、"有得意忘言之妙"（《帶經堂詩話》）；以及近世文藝家追求"意象"、"象徵"等說，也一一或多或少地含藏著某些可與王弼"得意忘象"說相比較的頗爲近似的藝術因子。

美學或文學藝術理論，均從屬於哲學範疇。古今中外以任何形式爲表象的藝術，倘若缺乏其足以使人品味無窮的超乎表象之外的"意"，便完全喪失了生命力，既不能稱之爲"藝術"，更無從談論其"美"。而王弼所悉心創立的"得意忘象"說，正揭示了《周易》哲學雖以外在的卦象、爻象爲表現形式，其真正啓迪世人，足以吸引學者孜孜探尋的卻是它精奧深邃的象徵意義。換言之，抽掉了《周易》內在的"意"，便不可能有這部以象徵爲本質特色的中國古代最早的哲學專著的存在。這就是王弼"得意忘象"的易學主張與歷史上諸多強調追求"意"或"神"的美學（文藝）理論有著共同的思維傾向之所以然。因此，在中國美學史、文藝理論發展史上，王弼的"得意忘象"說實應佔有不可忽視的一席之位。而在研討中國易學史的同時，我們也不可忽略王弼此說在美學、文藝理論方面所具有的影響、啓示和借鑒作用。

三、推行各種條例以揭弘深易理

王弼"掃象闡理"的易學體系，固以"得意忘象"說爲核心綱領，而在此綱領主導之下，尚配合各種解《易》條例以揭示弘深廣博的《周易》哲理。王弼所推行的易例頗多，下面試舉“承乘比應”、“名卦存時”、“卦主”、“初上無定位”、“防得無咎”等數種要例，略爲簡介。

（一）承乘比應。

如本書第二章所述，在《易》卦六爻的相互關係中，由於諸爻的位次、性質、遠近距離等因素，常常反應出承、乘、比、應的複雜現象。故包括王弼在內的前代易家，多據以解經。其大體義例爲：凡下爻緊依上爻謂“承”，凡上爻高凌下爻謂“乘”，凡逐爻相連並列謂“比”，凡上卦三爻與下卦三爻之間陰陽交相感應謂“應”（詳前文第二章）。

六爻位次之間的承、乘、比、應，是《周易》爻象變動過程的四方面要素，亦即從四種角度展示事物在複雜的環境中變化發展的或利或弊的內在規律。承、乘、比、應之例，《十翼》（尤其是《彖傳》、《象傳》）中時有言及。漢代易家解經，亦常援用此四例。而《易緯·乾鑿度》論事物上下感應一節，釋“應”之例頗爲詳備。至王弼，則進一步總結前代成說，更廣泛普遍地運用承、乘、比、應條例以闡解《周易》諸卦、諸爻的旨趣。他的《周易略例》曾綜述四例要領，如《明卦適變通爻》篇云：“承、乘者，逆順之象也。”邢璹注：“陰承陽則順，陽承陰則逆。故《小過》六五‘乘剛’，逆也；六二‘承陽’，順也。”此言承、乘之例。又如《略例下》云：

"凡陰陽二爻,率相比而無應,則近而不相得。有應,則雖遠而相得。"此言比、應之例。至若王弼《周易注》,於六十四卦三百八十四爻則是屢屢綜合使用此四者以釋卦爻義理,多有獨到的見解。

（二）名卦存時。

《周易》六十四卦,每卦各自象徵某一事物、現象在特定背景中產生、變化、發展的規律,伴隨著卦義而存在的這種"特定背景",易學通例稱"卦時"。六十四卦,表示六十四"時",即展示六十四種特定背景,從不同角度譬喻自然界、人類社會中某些具有典型意義的事理。如《泰》卦象徵"通泰"之時的事理,《訟》卦象徵"爭訟"之時的事理,《未濟》卦象徵"事未成"之時的事理,餘可類推。

但六十四卦之"時",總是處在變動之中。每卦六爻,又均規限在特定的"時"中,反映事物發展到某一階段的變化情狀。此例在王弼易學中用之至廣,他還進一步認爲六十四卦的卦名有吉凶之義,卦時有動靜之用,提出"名卦存時"之說。其《周易略例·明爻通變》謂:"卦以存時,爻以示變。"又《明卦適變通爻》云:

夫卦者,時也;爻者,適時之變者也。夫時有泰否,故用有行藏;卦有小大,故辭有險易。一時之制,可反而

用也；一時之吉，可反而凶也。故卦以反對，而爻亦皆
變。是故用無常道，事無軌度，動靜屈伸，唯變所適。故
名其卦，則吉凶從其類；存其時，則動靜應其用。尋名以
觀其吉凶，舉時以觀其動靜，則一體之變，由斯見矣。

邢璹注曰，"名其《謙》、《比》，則吉從其類；名其《蹇》、
《剝》，則凶從其類。《震》時，則動應其用；《艮》時，則靜
應其用。"王弼對"卦時"之例的應用，在注釋六十四卦經義
中每每涉及。如《師》卦六五爻辭"田有禽，利執言，无
咎"，王弼《周易注》指出：

　　處《師》之時，柔得尊位。陰不先唱，柔不犯物；
　　犯而後應，往必得直，故"田有禽"也。物先犯己，故
　　可以"執言"而"无咎"也。

這是說明六五爻居《師》卦"君"位，當用兵行師之時，體柔處
中，不窮兵黷武，只在被侵犯時予以反擊，猶如"田"中有禽獸
犯苗，則利於捕取，無所咎害。注文結合爻位，揭明在特定的
"卦時"中六五爻的行爲準則及其能獲"无咎"之所以然。

（三）卦　主。

《周易》六十四卦，於每卦六爻之中，有爲主之爻，稱

"卦主"。對卦主的揭示，在《十翼》的《象傳》中頗有敍及。至王弼，則常推行卦主之例以說《易》，大體亦本於《象傳》所論。故其《周易略例·明象》云："夫《象》者，何也？統論一卦之體，明其所由之主也。"但由於六十四卦三百八十四爻的爻位情況不一，故對諸卦"卦主"的認識，又當根據特定之卦作具體分析。王弼推行卦主之例，其說約有"成卦之主"、"主卦之主"、"一陰主五陽"、"一陽主五陰"、"遺爻舉體"等多種。

　"成卦之主"，指一卦的卦體所由以形成之主爻。此時不論爻位高低，其德善否，只要卦義因之而起，則皆得視爲卦主。如《夬》卦（䷪）一陰極居上位而被決除，即爲成卦之主。王弼《周易略例·略例下》云："凡《彖》者，統論一卦之體者也；《象》者，各辨一爻之義者也。故《履》卦六三，爲兌之主，以應於乾；成卦之體，在斯一爻。"這是舉《履》卦六三爻爲說，認爲六三爲《履》下卦兌的主爻，與上卦乾（上九）相應，此卦"小心踐履"之義即因六三爻而起，故稱之爲成卦之主。王弼《周易注》於《履》卦《象傳》亦曰："成卦之體，在六三也"，"三爲《履》主。"

　"主卦之主"，指一卦中的諸爻恃其爲主之爻。此時必以爻德美善、得位得時者當之，故取第五爻爲主卦之主者爲多，其他之爻亦間有所取。如《乾》卦（䷀）第五爻陽剛盛美，即爲該卦的主卦之主。王弼《周易略例·略例下》云："凡《彖》者，通論一卦之體者也。一卦之體，必由一爻爲主，則指明一爻之美以統一卦之義，《大有》之類是也。"這是舉《大有》卦爲說，認爲該卦六五爻以柔中之德高居尊位，盡獲"大有"之美，遂爲主卦之主。王弼《周易注》於《大有》六五爻辭"威如，吉"解釋曰："夫不私於物，物亦公焉；不疑於物，物亦誠焉。既公且信，何難何備？不言而教行，何爲而不'威如'？爲'大有'之主，而不以此道，吉可得乎？"注文詳析六五爻處"大有"之時的盛美品德，以明其爲"主卦之主"之所以然。

　　"一陰主五陽"，指《周易》六十四卦中，凡含五陽爻、一陰爻者，即以陰爻爲卦主。王弼《周易略例·明象》曰："一卦五陽而一陰，則一陰爲之主矣。"又曰："故陰爻雖賤，而爲一卦之主者，處其至少之地也。"此又結合"以少制多"的觀點以立說。邢璹注曰："《同人》、《履》、《小畜》、《大有》之例是也。"這是舉《同人》（☰），《履》（☱）、《小畜》（☴）、《大有》（☲）四卦爲例，展示此四卦皆以卦中唯一的陰爻爲卦主，以明王弼易說中"一陰主五陽"之旨。

　　"一陽主五陰"，指《周易》六十四卦中，凡含五陰爻、一陽爻者，即以陽爻爲卦主。王弼《周易略例·明象》曰："五陰而一陽，則一陽爲之主矣。夫陰之所求者陽也，陽之所求者陰也。陽苟一焉，五陰何得不同而歸之？"此亦結合"以少制多"的觀點以立說。邢璹注曰："《師》、《比》、《謙》、《豫》、《復》、《剝》之例是也。"這是舉《師》（☵）、《比》（☵）、《謙》（☶）、《豫》（☳）、《復》（☳）、《剝》（☶）

六卦爲例，展示此六卦皆以卦中唯一的陽爻爲卦主，以明王弼易說中“一陽主五陰”之旨。

“遺爻舉體”，指《周易》六十四卦中，或有不以某爻爲卦主者，則舉上下二體之象爲主，故稱“遺爻舉體”。王弼《周易略例·明象》曰：“或有遺爻而舉二體者，卦體不由乎爻也。”（《略例下》亦曰：“卦體不由乎一爻，則全以二體之義明之，《豐》卦之類是也。”）邢璹注曰：“遺，棄也。棄此中之一爻，而舉二體以明其義，卦體之義不在一爻。《豐》、《歸妹》之類是也。”這是舉《豐》、《歸妹》兩卦爲例，說明《豐》卦（☲）離下震上，爲火明雷動之象（《象傳》謂“明以動，故豐”），此卦立義即以上下二體之象爲主，而不取卦中之爻。《歸妹》卦（☳）兌下震上，爲澤悅雷動之象（《象傳》謂：“說以動，所以歸妹也”），此卦立義亦以上下二體之象爲主，不取卦中之爻。

綜合以上諸說，可知王弼的“卦主”條例實以“成卦之主”與“主卦之主”兩種爲基本義例，其“一陰主五陽”、“一陽主五陰”是從前兩者分析出來的特例，而“遺爻舉體”又是超乎前兩者之外的別例。

當然，王弼推行“卦主”條例的主要目的，在於揭明《十翼》中《象傳》對六十四卦爻象關係的論述，以進一步闡發諸卦六爻之間的主從現象，達到從整體上領會一卦大義的解《易》效果。因此，“卦主”之說對後代易家亦頗有影響。《周易折中》曾根據王弼之說，歸結出認識“卦主”的四種情況：

若其卦成卦之主即主卦之主，則是一主也。若其卦有成卦之主，又有之卦之主，則兩爻皆爲卦主矣。或其成卦者兼取兩爻，則兩爻又皆爲卦主矣。或其成卦者兼取兩象，則兩象之兩爻，又皆爲卦主矣。亦當逐卦分別觀之。

此即結合王弼的"成卦之主"、"主卦之主"、"遺爻舉體"等說，揭示一卦的卦主或爲一爻、或爲數爻的情狀，頗爲可取。

（四）初上無定位。

這是王弼關於《周易》爻位規律的一項重要條例，認爲六十四卦中的任何一卦，其初爻、上爻均無確定的陰陽本位，故無論陰爻或陽爻處此兩位，皆不得言"得位"、"失位"。王弼《周易略例·辯位》曰：

案《象》，无初上"得位"、"失位"之文。又《繫辭》，但論三五、二四同功異位，亦不及初上。何乎？唯《乾》上九《文言》云"貴而无位"，《需》上六云"雖不當位"。若以上爲陰位邪，則《需》上六不得云"不當位"也；若以上爲陽位邪，則《乾》上九不得云"貴而无位"也。陰陽處之，皆云非位。而初亦不説當位、失位也。然則，初、上者是事之終始，无陰陽定位也。故《乾》初謂之"潛"，過五謂之"无位"。未有處其位而

云"潛"，上有位而云"无"者也。歷觀衆卦，盡亦如
之。初上无陰陽定位，亦以明矣。

這裏先舉出《乾》卦《文言傳》論上九謂"无位"，《需》卦
《小象傳》論上六謂"不當位"，說明《十翼》之文不以上爻爲
陰陽之位。然後又舉《乾》卦初九爻辭稱"潛龍"，推得初爻
亦無陰陽之位。最後結合《繫辭傳》論三爻、五爻及二爻、四
爻爲"同功異位"，也不涉及初、上兩爻，遂歸納出"初上无陰
陽定位"之說。這一條例，事實上是發揮《繫辭下傳》"初辭擬
之，卒成之終"之論，認爲初上兩爻分別象徵事物的發端與終結，
不可以陰陽之位規限之。故王弼《周易略例·辨位》又指出：

　　然事不可无終始，卦不可無六爻。初、上雖无陰陽本
位，是終始之地也。統而記之，爻之所處則謂之位，卦以
六爻爲成，則不得不謂之"六位時成"也。

這種以"終始之地"說明初、上兩爻位次的寓意，而不取奇
位爲陽、偶位爲陰的舊說，乃是王弼對這兩爻的特殊理解，雖
未被後世易家所普遍接受，然亦不失爲一種有獨到新義的頗值
得參考的義例。

（五）防得无咎。

這是王弼對《周易》六十四卦經文中常用的占斷詞"无

咎"深刻寓意的理解，認爲《易》辭凡稱"无咎"者，皆因防患有方、不失其道，故能"无咎"。其《周易略例·略例下》曰："凡言'无咎'者，本皆有咎者也，防得有道，故得无咎也。"邢璹注曰："《乾》之九三'君子終日乾乾，无咎'。若防其失道，則有過咎也。"這是舉《乾》卦九三爻辭所言"无咎"爲例，說明此時九三因能朝夕戒備自惕，謹防過失，遂獲"无咎"；若反是而爲，必有過咎。

王弼"防得无咎"之例，乃是通過《易》辭"无咎"的內涵推求所得。其基本宗旨，是把《周易》視爲"憂患之作"，從中獲取排患解難、改過向善、提高道德修養的人生哲理。

王弼所言"防得无咎"，又有兩條重要途徑：

一曰"由吉免咎"，謂《易》辭凡稱"吉，无咎"者，皆由於先能獲吉，然後才能无咎。其《周易略例·略例下》曰："'吉，无咎'者，本亦有咎，由吉故得免也。"邢璹注曰："《師》'貞丈人，吉，无咎'，注云'興役動衆，无功罪也，故吉乃免咎'。"這是舉《師》卦辭"吉，无咎"之義爲例，說明興師動衆之時，須建功獲吉，才能免咎。

二曰"免咎後吉"，謂《易》辭凡稱"无咎，吉"者，皆當先避免其咎，然後可以致吉。其《周易略例·略例下》曰："'无咎，吉'者，先免於咎，而後吉從之也。"邢璹注："《比》初六'有孚，比之无咎；終來，有它吉'之例也。"這是舉《比》卦初六爻辭先言"吉"後言"无咎"爲例，說明初六當"親比"之始，以陰處於卦下初位，務必謹慎比輔於尊者，免其咎害，才能獲得各方面的吉祥。

從上面所舉王弼推行的各種易學條例，可以看出王弼易學思想的核心在於排斥前代易家刻意追求"象數"、拘泥"象數"的陋習，倡揚以理闡《易》，發掘隱藏在《周易》"象數"之後的深邃弘奧的象徵意義。而且，王弼的"掃象"或"忘象"，決非完全棄置《周易》的"象數"而不顧，恰恰相反，他是十分深入地考察辨析了《周易》的"象數"特色，然後提出"掃除"漢易象數學流弊，"忘卻"孤立外在之象的觀點，主張從最完整的角度研探《周易》象數之內在義蘊。可見，王弼的易學思想是在深入考辨《周易》象數學特色之後而得出的，他精心撰述的《周易略例》一書，專設《明象》、《辨位》、《明爻通辨》、《明卦適變通爻》等篇，即可表明他對《周易》象數並非一概忽視。至於他所推行的"承乘比應"、"名卦存時"、"卦主"、"初上无定位"等條例，又無不體現著研尋象數以求義理的思辨條緒。

南宋趙師秀《秋夜偶成》詩（見《清苑齋詩集》），有"輔嗣易行無漢學"之句，以爲唐以後盛行王弼《易注》，而漢易之學遂絕。此說實亦未必盡然。若從王弼易學盛行之後，兩漢諸家象數之學不傳的角度言之，所謂"無漢學"確是事實。但若認爲王弼的《周易》學說中絲毫不存漢代易學的成分，則是有違情實。且不論王弼推行的"承乘比應"、"卦主"等易例，皆承漢易之舊說而發，僅就王弼《易注》中屢屢援據《十翼》之辭以解說六十四卦經義的特點來看，即是十分明顯地流露出繼承西漢費直學說的痕跡。故《隋書・經籍志》謂魏代王弼作《易注》，"自是費氏大興"，即以王弼易學爲費直易的流派之一。那麼，認爲王弼的《周易》學說毫無"漢學"因素可言，則非信實之論。

後世易家對王弼易學毀譽不一。譽之者稱其以義理闡《易》，獨標新幟；毀之者病其援《老子》、《莊子》玄學以入《易》，排斥漢易象數之學。《四庫全書提要》認爲，王弼闡明義理，使《易》竟入於老、莊，則不能無過。並謂"瑕瑜不掩，是其定評"（《周易注提要》）。又指出："《易》本卜筮之書，故末派寖流於讖緯。王弼乘其極敝而攻之，遂能排擊漢儒，自標新學。"（《周易正義提要》）這一評價，合毀者譽者之論而調和之，不偏不倚，似較公允。然對於王弼援引《老》、《莊》哲學以解《易》的問題，則尚須細密具體地分析，其間頗有《老》、《莊》哲理與《易》理密相勾連旁通，王弼引據參證而獨見精義者，實是王弼易學的顯著創獲，不但不宜輕易掊擊，反而應予以應有的肯定。

人類學術史上的任何一種卓越創樹，無不是在繼承前代既有研究成果的基礎上作出的，王弼對易學的貢獻亦然。因此，我們在論及王弼"掃象闡理"的非凡建樹的同時，必須注意到他對兩漢以來易家舊說的承傳問題。然而，像王弼這樣一個具有傑出創造性的易學大師，是決不滿足於僅僅繼承舊說的，他之所以要繼承的目的在於進一步發展創造。正是出於這種精神，他改定了《周易》經傳的體制，提倡"得意忘象"的治《易》綱領，推行各種發掘《易》理深蘊的易學條例，終於創立了劃時代的以"掃象闡理"爲宗旨的易學體系。這一體系的建立，一方面改變了兩漢以來易家拘泥於"象數"之學的流弊，另一方面開闢了《周易》"義理"之學的廣闊的研究途徑。歷兩晉、南北朝、隋、唐諸代，經過許多學者的弘揚推廣，遂在宋代蔚成中國易學史上與"象數學"相對峙的"義理學"。於是，中國數千年的《周易》研究史，便巍然樹立起"象數"與"義理"兩大主幹，並吸引了衆多學者緣之而攀求，創造了豐富多彩、精奧深邃的易學文化。

第七章 義理學的拓展及漢易象數學之餘緒

　　唐朝，是中國封建歷史上經濟文化至爲繁榮昌盛的一個朝代，學術事業也隨之而興旺發達。《周易》學說發展到唐代，首要的一個特徵是對王弼倡揚的以"義理"解《易》的學術思想的疏拓擴展，其代表作爲孔穎達的《周易正義》。另一個特徵，是對漢魏以來"象數"易說的纂輯彙編，以存其餘緒，其代表作爲李鼎祚的《周易集解》。

一、周易義理學的拓展

　　唐太宗貞觀年間，孔穎達奉敕主持修撰《五經正義》，以總結漢魏以來的經學研究成果，頒於學官，作爲開科取士的"欽定"教科書。其中《周易正義》一書，採用王弼、韓康伯注，孔穎達爲之疏。此書的基本宗旨，是沿承王弼以義理闡《易》的思想，在分析疏解王、韓舊注的同時，抒發孔氏對《周易》哲學的認識，拓展了《周易》義理學的研究。

　　韓康伯，名伯，以字行，東晉潁川長社（今河南長葛

西）人。幼穎悟，及長，清和有思理，留心文藝。簡文帝居
藩，曾引爲談客（見《晉書·韓伯傳》）。陸德明《經典釋
文序錄》列東晉以來作《周易繫辭注》者十人，韓康伯爲其
中之一。後來韓注專行，各家並廢。吳承仕先生《經典釋文
序錄疏證》云："自元嘉以來，王（弼）《易》盛行，獨闕
《繫辭》以下不注。故自謝（萬）訖劉（瓛）專注《繫辭》，
皆繼輔嗣而作，其同以玄遠爲宗可知也。自韓氏專行，而各
家並廢。"

可見，韓康伯所作《繫辭》以下各篇之注，既是補王弼
《易注》之缺，又繼承了王弼的易學思想體系。因此，孔穎達
《周易正義》雖採用王、韓之注，而其主導思想卻是立足於王
弼的《周易》學說。孔氏《周易正義序》指出：

> 今既奉敕刪定，考察其事，必以仲尼爲宗；義理可
> 詮，先以輔嗣爲本。去其華而取其實，欲使信而有徵。其
> 文簡，其理約，寡而治衆，變而能通。

所謂"義理可詮，先以輔嗣爲本"，即明確表示該書主要採取
王弼之說，詮釋《周易》的"義理"所在。

由於《周易正義》在唐代的影響最爲重大，故研討唐代
易學，尤其是唐代《周易》義理學的發展，不得不以此書爲
主。試尋孔穎達《周易正義》對《周易》義理學的拓展，大
略體現於以下四方面。

（一）引申舊注未盡之義。

王弼所撰《周易注》，闡釋六十四卦義理，頗爲精約凝鍊，後人讀之或有意猶未盡之感。韓康伯對《繫辭傳》以下的注釋亦然。孔穎達所作疏語，則能全面引申發揮王、韓舊注之旨，以明其未盡之義，遂使《周易》經傳的義理進一步燦熱明澈。如《大有》卦的卦辭“大有，元亨”，王弼注曰：“不大通何由得大有乎？大有則必元亨矣。”孔穎達疏云：

> 柔居尊位，群陽並應，大能所有，故稱“大有”。既能大有，則其物大得亨通，故云“大有，元亨”。

這是依據此卦《象傳》“柔得尊位”、“上下應之”之語，認爲《大有》卦六五爻一陰高居尊位，遍獲上下五陽爻之應，正爲“大獲所有”之象。物既能大獲所有，必然至爲亨通，故卦辭稱其“元吉”。經過孔氏的疏解，王注的旨趣既明，卦辭的義理也隨之而顯著。又如《頤》卦的《大象傳》：“山下有雷，頤；君子以慎言語，節飲食。”王弼注曰：“言語飲食猶慎而節之，而況其餘乎？”王弼之注至爲簡約，留下許多讓人思考的餘地。而孔穎達之疏則申發王注之義曰：

> 山止於上，雷動於下。頤之爲用，下動上止，故曰

"山下有雷，頤"。人之開發言語，咀嚼飲食，皆動頤之事。故君子觀此《頤》象，以謹慎言語，裁節飲食。先儒云"禍從口出，患從口入"，故於頤養而慎節也。

這裏，孔氏先解釋《頤》卦上艮爲山、下震爲雷之象，以明《大象傳》所言"山下有雷，頤"的取象依據。然後揭示"慎言語，節飲食"與此卦所寓"頤養"之義的內在聯繫，從而把《大象傳》的義理內涵剖析得明白無遺。又如《繫辭上傳》"天尊地卑，乾坤定矣"二語，韓康伯注曰："乾坤，其《易》之門戶。先明天尊地卑，以定乾坤之體。"所注亦十分簡約。孔穎達詳爲之疏曰：

> 天以剛陽而尊，地以柔陰而卑，則乾坤之體安定矣。乾健與天陽同，坤順與地陰同，故得乾坤定矣。若天不剛陽，地不柔陰，是乾坤之體不得定也。此經明天地之德也。

又曰：

> 云"先明天尊地卑，以定乾坤之體"者，《易》含萬象，天地最大。若天尊地卑，各得其所，則乾坤之義得定矣。若天之不尊，降在滯溺；地之不卑，進在剛盛，則乾坤之體何由定矣？案乾坤是天地之用，非天地之體。今云"乾坤之體"者，是所用之體。乾以健爲體，坤以順爲

體，故云“乾坤之體”。

這兩節疏文，不但把“天尊地卑，乾坤定矣”的義蘊作了詳細分析，並且又針對韓注所謂“乾坤之體”的含義再作深一層的評辨，理緒井然。

（二）詳疏舊注之所略。

王弼、韓康伯對《周易》經傳的注解，並非字字句句皆爲詮釋，某些經傳文字或略而不注。尤其是王弼對三百八十四爻的《小象傳》，往往因爻辭注文中已稍有牽涉，故多不再贅及。孔穎達的疏文，則對舊注從省或缺略之處，常能詳加解說而補足之，使《周易》經傳的義理得到較全面完整的闡發。如《井》卦九五爻的《小象傳》：“寒泉之食，中正也。”王弼無注。孔穎達則詳疏曰：

> 以中正者，若非居中得正，則任用非賢不能，要待寒泉然後乃食也。必言“寒泉”者，清而冷者，水之本性，遇物然後濁而溫，故言寒泉，以表潔也。

文中揭明《井》卦九五爻辭以“寒泉”爲喻象的立義所在，是由於此爻居中守正，也是該卦所展示的“井德”至美、“養人”無窮的象徵。故南宋楊萬里《誠齋易傳》又引史爲證，從反面揭出本爻所隱含的鑒戒意義："泉而不洌不寒，君而不中不正，人有吐井泥、羞汙君而去之耳。故傳說非其后不食，伯夷非其君不事：君天下者可不懼哉！"

又如《繫辭下傳》"天地絪縕，萬物化醇；男女構精，萬物化生"四句，韓康伯無注。孔穎達乃補疏曰：

> 此節明"得一"之事也。"天地絪縕，萬物化醇"者，絪縕，相附著之義，言天地无心，自然得一，唯二氣絪縕，共相和會，萬物感之，變化而精醇也。天地若有心爲二，則不能使萬物化醇也。"男女構精，萬物化生"者，構，合也，言男女陰陽相感，任其自然得一之性，故合其精則萬物化生也。若男女无自然之性，而各懷差二，則萬物不化生也。

這段分析，結合天地、男女、陰陽相矛盾而又相統一的原理，揭明事物在矛盾運動中"得一"、"致一"的自然規律，遂將《繫辭下傳》這四句的內在哲理作了一定深度的發掘。

（三）獨抒孔氏之己見。

孔穎達《周易正義》雖是以疏解王、韓舊注爲主要目的，但在分析舊注、闡發《周易》經傳義理的同時，也頗有抒發自己的獨到見解之處。如《乾》卦《文言傳》論"元亨利貞"四德，孔穎達疏曰：

> 但乾之爲體，是天之用。凡天地運化，自然而爾，因
> 无而生有也。无爲而自爲，天本无心，豈造"元亨利貞"
> 之健也？天本无名，豈造"元亨利貞"之名也？但聖人
> 以人事託之，謂此自然之功，爲天之"四德"，垂教於
> 下，使後代聖人法天之所爲，故立天四德以設教也。

此說認爲《乾》卦所言"元亨利貞"，表明"天"具有"元
始、亨通、和諧有利、貞正堅固"四種自然功用，這是"无
爲而自爲"的德性，而作《易》者名之爲"四德"，旨在託喻
於人事，因象以垂教，故稱"元亨利貞"四德。這一辨析，
實是獨抒孔氏之見。又如《繫辭上傳》提出"形而上者謂之
道，形而下者謂之器"的命題，孔穎達論曰：

> 道是无體之名，形是有質之稱。凡有從无而生，形由
> 道而立，是先道而後形。是道在形之上，形在道之下。故
> 自形外已上者謂之道也，自形內而下者謂之器也。形雖處
> 道器兩畔之際，形在器而不在道也。既有形質，可爲器
> 用，故云"形而下者謂之器"也。

這裏細緻分析了《繫辭上傳》所言"道"、"器"的範疇，認
爲居"形"之上的爲抽象的"道"，屬於指導形體運動的精神

因素，如《周易》的陰陽變化之理；居"形"以下（含
"形"在內）的爲具體的"器"，屬於表現形體的物質狀態，
如《周易》的六十四卦、三百八十四爻的構成形式。孔穎達
這一論說的主旨，在於闡述"道"指導"器"、"器"以
"道"爲用的辯證關係，也是頗具獨見之說。

（四）發明易學之義例。

孔穎達《周易正義》在疏解舊注的過程中，還時常注意
發明易學的義例。如於《小畜》卦《大象傳》，孔氏針對《周
易》六十四卦《大象傳》所展示的"君子"（或"先王"）
取法之例，分析云：

> 凡《大象》"君子"所取之義，或取二卦之象而法之
> 者。若"地中有水，師，君子以容民畜衆"，取卦象包容
> 之義；若《履》卦《象》云"上天下澤，履，君子以辯
> 上下"，取上下尊卑之義。如此之類，皆取二象，君子法
> 以爲行也。或直取卦名，因其卦義所有，君子法之，須合
> 卦義行事者。若《訟》卦云"君子以作事謀始"，防其所
> 訟之源，不取"天與水違行"之象；若《小畜》"君子以
> 懿文德"，不取"風行天上"之象。

這是把《周易》六十四卦《大象傳》總體內容作了全面研尋

之後，提出《大象傳》"君子"取法的義例有二：一是取上下二卦的卦象所包容的象徵意義，可爲"君子"所法；二是取卦名所寓含的旨趣，引爲"君子"所法。六十四卦的《大象》之辭，不出此兩端。這樣簡明扼要地闡發分析，實甚有益於讀者學《易》。

又如於《坤》卦六二爻辭"履霜，堅冰至"，孔穎達深入辨析了《易》象之例，指出：

> 凡《易》者，象也，以物象而明人事，若《詩》之比喻也。或取天地陰陽之象以明義者，若《乾》之"潛龍"、"見龍"，《坤》之"履霜堅冰"、"龍戰"之屬是也。或取萬物雜象以明義者，若《屯》之六三"即鹿无虞"、六四"乘馬班如"之屬是也。如此之類，《易》中多矣。或直以人事，不取物象以明義者，若《乾》之九三"君子終日乾乾"、《坤》之六三"含章可貞"之例是也。聖人之意，可以取象者則取象也，可以取人事者則取人事也。

這裏指明了《周易》卦爻辭擬象的三方面特色：或擬自然界的陰陽之象，或擬萬物的雜象，或擬人事爲象。此例最見精切之處，則是揭明《周易》的取象，猶如《詩經》的比喻，確實點到了《周易》用象的本質特徵。《周易正義》所揭示的此類易學義例，亦頗爲多見。

作爲易學史上的一部重要易著，《周易正義》既能引申王弼、韓康伯舊注的未盡之義，詳疏舊注之所略，又能獨抒己見，發明各種易學要例，充分體現了孔穎達在《周易》義理學研究方面的重大貢獻。也可以說，孔穎達是沿承王弼的易學思想，參合諸家之說，進一步對《周易》義理學作了頗爲深入的拓展。

二、漢易象數學的餘緒

漢代易家倡揚的象數之學，歷魏晉南北朝，漸趨衰亡，罕有傳者。至唐代，由於孔穎達的《周易正義》在當時易學研究領域佔據絕對權威的地位，遂使本已罕傳的漢易象數學益見冷落，幾乎成爲無人問津的“絕學”。

值得慶幸的是，生當孔穎達之後不久的李鼎祚，不苟合於當世之好，悉心研討漢魏以來的象數易學，廣輯各家之說，撰爲《周易集解》。其書宗旨，如李氏《自序》所言，在於“刊輔嗣之野文，補康成之逸象”，明確表示崇象數、黜義理的易學主張。全書所采摭易說，凡有子夏、孟喜、焦延壽、京房、馬融、鄭玄、荀爽、劉表、宋衷、王肅、王弼、何晏、虞翻、陸績、姚信、翟玄、韓康伯、向秀、王虞、張璠、干寶、蜀才、劉瓛、沈麟士、伏曼容、姚規、崔覲、盧氏、何妥、王凱沖、侯果、朱仰之、蔡景君、孔穎達、崔憬等三十五家，又引有《九家易》一書之說。所采輯的內容，多屬象數學說。於六十四卦三百八十四爻的立象本旨，所錄者往往不止一家之學，時常是兩說或數說並存。如《否》卦九五爻辭"繫于包桑"一句，《周易集解》先引荀爽曰：

> 包者，乾坤相包也；桑者，上玄下黃，以象乾坤也。乾職在上，坤體在下，雖欲消乾，繫其本體不能亡也。

此取上下卦乾坤之象為說。又引京房曰：

> 桑有衣食人之功，聖人亦有天覆地載之德，故以喻。

此取乾坤覆載之象為說。又引陸績曰：

> 包，本也，言其堅固不亡，如以巽繩繫也。

此取互卦巽為繩之象為說。又引鄭玄曰：

> 猶紂囚文王於羑里之獄，四臣獻珍異之物，而終免於難，"繫于包桑"之謂。

此引周文王之事為喻。以上凡錄四說而並存，足見漢儒解說此爻之大略。

李鼎祚《周易集解》的最重要價值，乃在於博采舊說，保存了自兩漢以迄唐代近千年間較爲豐富的以研討象數學爲主的各家易說，使王弼易學盛行之後漸趨衰亡的漢代《周易》象數學說的一脈餘緒賴以維持而不絕。故《四庫全書提要》盛稱云：“蓋王學既盛，漢易遂亡，千百年後學者，得考見畫卦之本旨者，惟賴此書之存耳。是真可寶之古笈也。”

當然，除了保存漢易象數學的衆多資料之外，李鼎祚《周易集解》尚有兩方面内容值得重視：

其一，李氏雖以采摭象數易說爲主，但偶或兼采義理之說爲輔。如《家人》卦《彖傳》“家人有嚴君焉，父母之謂也”，《周易集解》引王肅曰：“凡男女所以能各得其正者，由家人有嚴君也。家人有嚴君，故父子、夫婦各得其正，家家咸正，而天下之治大定矣。”此即純以義理爲說，不涉象數。這一現象，說明《周易》義理學漸起而取代象數學，是漢魏以後易學發展的一個重要趨勢，故李鼎祚雖力主采輯象數易說，也難免兼取某些義理之說以相佐證。

其二，李氏於採錄諸儒舊說之餘，間亦闡發己論，加“案”字以別之，以充實所錄舊說分析象數之不足。如《蹇》卦上六爻辭“利見大人”，《周易集解》既引虞翻、侯果之說，又自加案語曰：“三互體離，離爲明目，五爲大人，‘利見大人’之象也。”這是取《蹇》九三至九五爲互卦離之象，結合上六與九三相應爲旨，以明“利見大人”的卦象所在。此類案語雖爲數不多，但也在一定程度上反映了李鼎祚的《周易》象數學思想。

　　李鼎祚《周易集解》問世之後，並未像孔穎達的《周易正義》那樣對學術界產生巨大影響。相反，自唐、宋至元、明，其書不甚見重於世。只是到了清代，不少學者務求徵實，推崇漢學，《周易集解》才獲得較普遍的重視。至道光間，李道平爲撰《周易集解纂疏》，其書益顯。

　　由於李鼎祚《周易集解》雖採錄漢以來衆多易家舊說，但未作疏通證明，故後人讀之不易明瞭。經李道平纂釋疏證之後，《集解》之義遂能爲較多的讀者所知曉，漢易象數學的梗概也因之昭顯。李道平所作疏語，以採擇惠棟父子及張惠言的成說爲多，參合成文，唯不詳著姓氏。《集解》采輯的古人易說，不拘宗派，兼收並儲，多兩存其說，道平之《纂疏》亦兩釋之，以重家法。間有注義未協經旨者，道平必詳加辨正。《集解》採錄舊義偶有不詳不確，道平或兼引諸家、另申一說以備參考者，均加“案”字。而自擄己見者，則加“愚案”以別之。視《纂疏》全書，義例謹嚴，條理秩然。但書中內容也難免有歉善者。清光緒十七年（1891）思賢書局刊《周易集解纂疏》，卷首載陳寶彝《重校纂疏識略》已列舉五事：一曰擅改古書；二曰勘所發明，復窮佐證；三曰援引多誤；四曰襲諸家之說以爲己見；五曰用漢儒易義以釋王弼、韓康伯、孔穎達三家之說。除陳氏所舉之外，書中疏義不甚了徹妥切者尚有之。先師黃壽祺先生《六庵易話》（載《福建師大學報》1981年第4期）曾舉兩例加以駁正。柯劭忞亦謂：道平此書之名物訓詁有未盡翔實之處，“蓋考訂之事非其所尚也”（《續修

四庫全書提要》）。然此書爲《周易集解》問世千餘載以來首
部疏證性專著，其對易學研究，尤其是漢易象數學研究的貢
獻，還是應當予以充分肯定的。故黃壽祺先生又云："要之，
道平於《集解》疏通證明，厥功已多。雖有一眚，固不足以
掩其大德矣。"（《易學群書平議》）

綜言之，中國易學史上兩部至爲重要的代表作——孔穎達
的《周易正義》和李鼎祚的《周易集解》，均產生於唐代。前
者爲《周易》義理學著述，爲官修御頒的作品；後者輯存了
漢易象數學的諸家遺說，爲私家編纂的作品。《周易正義》的
學術價值，在於繼承並拓展了魏代王弼所開倡的《周易》義
理學，擴充了義理學說的研討領域，爲宋代易學的全面發展充
當了不可或缺的"橋樑"作用。而《周易集解》的重大貢獻，
則體現於廣搜博采，爲後人保存了諸多彌足珍貴的漢易象數學
之遺說，其資料價值不僅見重於當時，更見重於後世。因此，
今天的研《易》者，倘欲探究《周易》學說之主幹，必然要
將《周易正義》與《周易集解》奉爲兩部務須精讀深研的重
要作品。

第八章　宋代象數學的轉化及繁衍

　　中國易學史的發展進程，有時會出現令人驚異的整個學術流勢的迂迴、曲折性的變更或轉化。盛行於宋代的與前代迥然不同的《周易》象數學，便是一個突出的現象。

　　衆所周知，兩漢時代，是象數易學昌盛發達的時期，當時卓有建樹的經師迭起輩出，創立了在歷史上影響深遠的種種象數易學條例。其中如孟喜的卦氣說，京房的八宮卦術，鄭玄的爻辰說，荀爽的升降說，虞翻的卦變、納甲等說，相互推波助瀾，形成以內涵豐富繁雜的象數學爲主流的“漢易”體系，蔚爲易學史上至爲壯觀的一大流派。

　　興起於宋代的新的“象數學”，則在形式與內容上大異於兩漢的《周易》象數學。漢代經師之言象數，大抵立足於《周易》的卦象及陰陽奇偶之數，結合卜筮占驗之術，通過推衍象數的本旨而將《周易》應用於社會、人生的實際問題中去。宋代出現的象數學，一方面以《周易》的卦爻象數爲基礎，另一方面又超出卦爻象數之外，創製出“河圖”、“洛書”、“先後天圖”、“太極圖”等獨具特色的各類易圖，以探索大自然萬物的化生奧秘，形成一套注重圖說、講求心法的嶄新的“象數”哲學體系。這套象數學體系，初創於五代末宋初的道士陳摶，經种放、穆修、李之才、劉牧、邵雍、周敦頤等人遞相傳授，發揚光大，又經南宋朱熹、蔡元定等人的衍釋推闡，終於蔚然大成，並出現許多獨到精湛的自得之見。

　　宋代象數學既以"河圖"、"洛書"、"先後天圖"、"太極圖"等圖說爲主要表現形式，故後人又稱之爲"圖書之學"，或"先後天象數學"。南宋朱震《漢上易傳表》曾敘北宋"圖書"之學的授受源流云：

　　　　漢上陳摶，以"先天圖"傳种放，放傳穆修，修傳李之才，之才傳邵雍。放以"河圖"、"洛書"傳李溉，溉傳許堅，堅傳范諤昌，諤昌傳劉牧。修以"太極圖"傳周敦頤，敦頤傳程頤、程顥。（《漢上易傳·卷首》，又《宋史·朱震傳》載略同）

這裏點明"圖書"學說的創始人爲陳摶，自其開創至發展繁衍，有一套頗爲清晰的承傳脈絡。從宋代象數學所創各種易圖來看，其最主要的最具深遠影響的，莫過於三方面的圖式：一爲"河圖"、"洛書"，二爲"先後天圖"，三爲"太極圖"。這三類易圖，各有獨自的特點，並各具特定的思想理趣，從中足可反映出宋代象數學的本質特色。下面即就這三類易圖略作評析。

一、河圖洛書的精蘊

關於"河圖"、"洛書"的圖式問題，宋代易家於此頗有爭議。而對後代影響較大的，乃朱熹《易學啓蒙》所定之河洛圖式。其"河圖"之式爲：

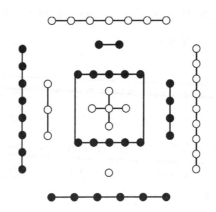

此圖由黑白圓點組成，白點表示奇數（陽），即"天數"；黑點表示偶數（陰），即"地數"。其主旨在於展示《繫辭上傳》所言"天地數"之義。《繫辭上傳》曰："天一、地二，天三、地四，天五、地六，天七、地八，天九、地十。天數五，地數五，五位相得而各有合。天數二十有五，地數三十，凡天地之數五十有五，此所以成變化而行鬼神也。"這是以一至十爲"天地數"，其中奇數一、三、五、七、九爲"天數"，偶數二、四、六、八、十爲"地數"。上圖即以天地之數一至十，排成"一六居下，二七居上，三八居左，四九居右，五

十居中"的方位。朱熹《周易本義》卷首亦收入此圖，並引
《繫辭上傳》"天地數"之說，指出："此河圖之數也。"

　　至於"洛書"之式，《易學啓蒙》定爲：

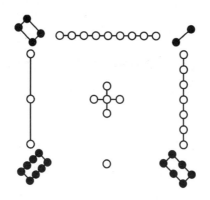

此圖亦由黑白圓點組成，也是以白點表示奇數（陽），以黑點
表示偶數（陰）。唯其所取之數爲一至九，排成"戴九履一，
左三右七，二四爲肩，六八爲足，五居中央"的"龜形"方
位，故亦稱"戴九履一圖"。《周易本義》卷首也收入此圖，
稱爲"洛書"，並謂其"蓋取龜象"。

　　考《易學啓蒙》一書，雖署名朱熹撰，實乃出自朱熹門
下高足蔡元定之手。蔡氏字季通，學者稱"西山先生"。嘗聞
朱熹名，往師事之，熹扣其學，大驚曰："此吾老友也，不當
在弟子列。"遂與對榻講論群經奧義。《宋史·蔡元定傳》載：
"熹疏釋《四書》及爲《易》、《詩》傳，《通鑑綱目》，皆與
元定往復參訂。《啓蒙》一書，則屬元定起稿。"可見《易學
啓蒙》實草創於蔡元定，經朱熹審正後刊板行世。而此書以

辨明北宋以來的《周易》象數之學爲主，其中又以推考"河圖"、"洛書"之說爲中心內容。因此，《易學啓蒙》對"河圖"、"洛書"所蘊含的精義，釋之甚詳。其論"河圖"所示天地之數曰：

> 河圖之位，一與六共宗而居乎北，二與七爲朋而居乎南，三與八同道而居乎東，四與九爲友而居乎西，五與十相守而居乎中。蓋其所以爲數者，不過一陰一陽、一奇一偶，以兩其五行而已。所謂"天"者，陽之輕清而位乎上者也；所謂"地"者，陰之重濁而位乎下者也。陽數奇，故一、三、五、七、九皆屬乎天，所謂"天數五"也；陰數偶，故二、四、六、八、十皆屬乎地，所謂"地數五"也。天數、地數，各以類而相求，所謂"五位之相得"者然也。天以一生水，而地以六成之；地以二生火，而天以七成之；天以三生木，而地以八成之；地以四生金，而天以九成之；天以五生土，而地以十成之，此又其所謂"各有合"焉者也。積五奇而爲二十五，積五偶而爲三十，合是二者，而爲五十有五。此"河圖"之全數，皆夫子之意，而諸儒之說也。

這裏，把"河圖"所展示的一至十的居位形態，與《繫辭上傳》所言"天地數"之義作了細密的對照，以揭明"河圖"的重要旨趣。同時又點出"河圖"十數與金、木、水、火、

土五行相配的規律，即以一至五爲五行生數，以六至十爲五行
成數，生成之數相合而分居五方。這一點，正是古已有之的
"五行數"，漢代揚雄所撰《太玄經》中亦已用之。故後代排
斥"河圖"之說的學者，謂此圖當稱爲"五行之數生成圖"。
關於"河圖"爲十數，"洛書"爲九數的問題，《易學啓蒙》
指出：

> 河圖以五生數統五成數，而同處其方，蓋揭其全以示
> 人，而道其常，數之體也。洛書以五奇數統四偶數，而各
> 居其所，蓋主於陽以統陰，而肇其變，數之用也。

這是揭明"河圖"的十數以兩兩相合居於五方，爲數的本體，
表現其通常形態；而"洛書"的九數以奇爲正方、偶爲隅方，
爲數的應用，表現其變化情狀。合河洛而言之，則展示"數"
的體用之道。關於"河圖"的生成之數的居位及"洛書"數
序的主客之次，《易學啓蒙》曰：

> 河圖之一、二、三、四，各居其五象本方之外；而
> 六、七、八、九、十者，又各因五而得數，以附於其生數
> 之外。洛書之一、三、七、九，亦各居其五象本方之外；
> 而二、四、六、八者，又各因其類，以附於奇數之側。蓋
> 中者爲主，而外者爲客；正者爲君，而側者爲臣：亦各有
> 條而不紊也。

此言"河圖"的十數，以五生數爲主而居內，以五成數爲輔而附於生數之外。"洛書"的九數，以五奇數爲主而居於中正之方，以四偶數爲輔而附於奇數之側。這就把河洛數序排列的含義揭示得頗爲明瞭。對於"河圖"、"洛書"位序的終始運行規律，《易學啓蒙》云：

> 河圖，以生出之次言之，則始下、次上、次左、次右，以復於中，而又始於下也；以運行之次言之，則始東、次南、次中、次西、次北，左旋一周，而又始於東也。其生數之在內者，則陽居下左，而陰居上右也；其成數之在外者，則陰居下左，而陽居上右也。洛書之次，其陽數，則首北、次東、次中、次西、次南；其陰數，則首西南、次東南、次西北、次東北也。合而言之，則首北、次西南、次東、次東南、次中、次西北、次西、次東北而究於南也。其運行，則水克火、火克金、金克木、木克土，右旋一周，而土復克水也。是亦各有說矣。

這是指明"河圖"生數與成數皆始於下而歸於中，其中生數陽下左而陰上右，成數陰下左而陽上右，適好陰陽相配；"洛書"中的陽數始於北而終於南，陰數始於西南而終於東北。觀兩圖排數的方位居次，陰陽終始規律，亦可謂井然有序。對於"河圖"、"洛書"所含七八九六、陰陽老少之理，以及"洛書"九數縱橫相加之奧妙，《易學啓蒙》論曰：

河圖六、七、八、九，既附於生數之外矣，此陰陽老少、進退饒乏之正也。其九者，生數一、三、五之積也，故自北而東，自東而西，以成於四之外；其六者，生數二、四之積也，故自南而西，自西而北，以成於一之外；七，則九之自西而南者也；八，則六之自北而東者也。此又陰陽老少，互藏其宅之變也。洛書之縱橫十五，而七、八、九、六，迭為消長；虛五分十，而一含九，二含八，三含七，四含六，則參伍錯綜，無適而不遇其合焉。此變化無窮之所以為妙也。

這裏指出居於"河圖"外圈的成數六、七、八、九，即為陰陽老少之象；而"洛書"的次序排列，亦各以一、二、三、四含九、八、七、六，亦屬陰陽老少之象。尤其值得注意的是，言及"洛書"九位數的排列縱橫相加均為十五（其實即便對角綫相加之和亦然）。此可列表為示：

四	九	二
三	五	七
八	一	六

這是一種極爲奇妙的數字排列，有人稱之爲古代的神奇“魔方”。其實，這種數列即中國古代傳之已久的“九宮數”，《大戴禮·明堂》即有敘及，徐岳《術數記遺》所載古演算法亦曾述之。故後世排斥“洛書”之說的學者，謂此圖當稱爲“太乙下行九宮圖”（太乙即太一，“太乙下行九宮”之說，見《易緯·乾鑿度》及鄭玄注）。關於舊傳古聖人效法“河圖”作八卦、效法“洛書”製《洪範》“九疇”之說，《易學啓蒙》云：

> （聖人）則河圖者虛其中，則洛書者總其實也。河圖之虛五與十者，太極也；奇數二十、偶數二十者，兩儀也；以一、二、三、四爲六、七、八、九者，四象也；析四方之合以爲乾、坤、離、坎，補四隅之空以爲兌、震、巽、艮者，八卦也。洛書之實，其一爲五行，其二爲五事，其三爲八政，其四爲五紀，其五爲皇極，其六爲三德，其七爲稽疑，其八爲庶徵，其九爲福極：其位與數尤曉然矣。

此因《繫辭上傳》“河出圖，洛出書，聖人則之”之語，揭明“河圖”中含有太極、兩儀、四象、八卦之義，故“聖人”則之以作《易》；“洛書”中的一至九數，即“九疇”之旨，故“聖人”則之以作《尚書》“洪範九疇”。這樣一作辨析，“河出圖，洛出書”之所以然便有了一種較爲圓通的解說，而上述兩圖便成爲遠古時代《周易》與《尚書》得以誕生之媒介物了。

當然，上引《易學啓蒙》對"河圖"、"洛書"內涵義蘊的闡說，是作者朱熹、蔡元定在前人舊論基礎上作出的進一步總結、發揮，其說多爲精到之論，但亦偶有未切或牽合之處。蔡元定之子蔡沉嘗撰《洪範皇極》一書，對"河圖"、"洛書"也作有較深刻的解說。如其書《內篇》云：

> 河圖體圓而用方，聖人以之而畫卦；洛書體方而用圓，聖人以之而敍疇。卦者，陰陽之象也；疇者，五行之數也。象非偶不立，數非奇不行。奇偶之分，象數之始也。

此亦概括了"河圖"與八卦，"洛書"與九疇的關係，實即承其父蔡元定的觀點以爲說。元、明、清諸朝，凡述河洛之學者，多取《易學啓蒙》之論作爲立說的基點，而加以進一步的推衍闡發。其中述之較詳密者，當屬李光地《周易折中》附《啓蒙附論》及江永的《河洛精蘊》。

據前文引朱震《漢上易傳表》所敍"河圖"、"洛書"的傳授源流，乃自陳摶始而沿种放、李漑、范諤昌、劉牧等人一脈相承。但劉牧所傳"河圖"、"洛書"，與後來蔡元定在《易學啓蒙》中所定者截然不同：劉氏以九數爲"河圖"、十數爲"洛書"，而蔡氏以十數爲"河圖"、九數爲"洛書"，兩者的圖式恰好相反。《易學啓蒙》對此論曰：

　　古今傳記，自孔安國、劉向父子、班固皆以河圖授義，
洛書錫禹；關子明、邵康節皆以十爲河圖，九爲洛書。蓋
《大傳》既陳天地五十有五之數，《洪範》又明言天乃錫禹
洪範九疇，而九宮之數，戴九履一，左三右七，二四爲肩，
六八爲足，正龜背之象也。惟劉牧意見，以九爲河圖，十
爲洛書，託言出於希夷，既與諸儒舊說不合，又引《大傳》，
以爲二者皆出於伏羲之世，其易置圖、書，並無明驗。

朱熹《周易本義》卷首既載《易學啓蒙》所定之“河圖”、
“洛書”，又引蔡元定曰：

　　圖、書之象，自漢孔安國、劉歆，魏關朗子明，有宋
　　康節先生邵雍堯夫，皆謂如此。至劉牧始兩易其名，而諸
　　家因之。故今復之，悉從其舊。

蔡氏所論，引據漢魏以來有關“圖”、“書”之說爲證，指摘
劉牧臆將“圖”、“書”兩相更置而改易其名。然劉、蔡之說，
孰是孰非，易學史上仍無定論。且兩家在解說“圖”、“書”
之學的同時，除所定圖式相反之外，對“圖”、“書”義蘊的
闡發也頗有差異。因此，我們在研討宋人的“圖”、“書”學
說之際，固可採納蔡元定的學說以爲主要依據，但亦不可全然
棄置劉牧舊論而不顧。

　　對於宋人的“圖”、“書”之學，後人頗有極力排擊者。

如清初毛奇齡撰《河圖洛書原舛編》，即對之進行全面的指斥攻駁。至胡渭作《易圖明辨》，又詳加考釋，認爲所謂“河圖”當稱爲“五行之數生成圖”，“洛書”當稱爲“太乙下行九宮圖”，絕非古之“河圖”、“洛書”。並指出：

> 河圖、洛書乃（伏羲畫卦時）仰觀俯察中之一事。後世專以圖、書爲作《易》之由，非也。河圖之象不傳，故《周易》古經及注疏未有列圖、書於其前者；有之，自朱子《本義》始。《易學啓蒙》屬蔡季通起稿（原注：見《宋史·儒林傳》），則又首《本圖書》，次《原卦畫》。遂覺《易》之作，全由圖、書；而舍圖、書，無以見《易》矣。學者溺於所聞，不務觀象玩辭，而唯汲汲於圖、書，豈非易道之一厄乎！（《易圖明辨》）

這一指摘，是頗爲深刻而中肯的。推考舊論，自《繫辭上傳》言“河出圖，洛出書”之後，究竟何爲黃河所出之“圖”，何爲洛水所出之“書”，歷代注《易》之家的解說往往互爲牴牾，莫衷一是。如李鼎祚《周易集解》引鄭玄曰：“《春秋緯》云：河以通乾，出天苞；洛以流坤，吐地符。河，龍圖發；洛，龜書成。《河圖》有九篇，《洛書》有六篇也。”此說視“河圖”、“洛書”爲書籍。至宋人以黑白圓點組成的圖式爲“河圖”、“洛書”，則“圖”與“書”僅以黑白點狀作爲其形態了。《易學啓蒙》引孔安國曰：“河圖者，伏羲氏王天下，

龍馬出河，遂則其文，以畫八卦；洛書者，禹治水時，神龜負
文而列於背，有數至九，禹遂因而第之，以成九類。"（此本
《尚書・顧命》、《洪範》篇《孔傳》文）這是認爲"河圖"、
"洛書"本爲遠古時代龍馬、神龜背上的圖案。尚秉和先生
《周易尚氏學》乃引《禮緯・含文嘉》云："伏羲德合上下，
天應以鳥獸文章，地應以河圖、洛書，乃則以作《易》。"又
引《河圖挺輔佐》云："黃帝問道於天老，天老曰：河出龍
圖，洛出龜書，所紀帝錄，列聖人之姓號。"遂據此認爲，
"河圖"、"洛書"並出於伏羲時代，聖人則以畫卦。此說辟前
人"洛書出禹"之論，指出"圖"、"書"並爲作《易》者所
法，於義亦可通。平情論之，上古之"河圖"、"洛書"是文
字典籍還是點畫圖案，今實難考定。惟舊說以爲伏羲得"河
圖"而畫八卦，夏禹受"洛書"而演《洪範》，當屬流布久遠
的傳說，遂至宋人創立兩圖以附合其說，其研討求索之用心誠
亦無可厚非。因此，宋代學者的"圖"、"書"之說，縱然未
必盡合於上古作《周易》、演《洪範》之情實，但亦頗可備爲
一家之見。尤其是作爲宋代《周易》象數學的重要內容，其
說所蘊含的諸多精義，對於探討宋易的基本特色，則具有不應
忽視的學術價值。

二、先後天圖的理趣

宋易象數學的另一類頗爲典型且影響至爲深遠的圖式，即

託始於伏羲的"先天四圖"及託始於周文王的"後天二圖"，
合稱"先後天圖"。

　　謂之"先天"、"後天"者，乃以伏羲爲作《易》八卦、
六十四卦之始，故其圖稱"先天圖"；而以文王爲演《易》
於八卦、六十四卦既創之後，故其圖稱"後天圖"。最爲著
名的"先天四圖"與"後天二圖"，皆以探討八卦、六十四
卦的次序、方位爲主，朱熹《周易本義》卷首並爲載錄。茲
分敘如下。

（一）先天四圖。

　　這四圖亦合稱"伏羲四圖"，分別爲"伏羲八卦次序圖"、
"伏羲八卦方位圖"、"伏羲六十四卦次序圖"、"伏羲六十四
卦方位圖"。朱熹《周易本義》卷首敘此四圖的傳授源流云：

　　　　伏羲四圖，其說皆出邵氏。蓋邵氏得之李之才挺之，
　　挺之得之穆修伯長，伯長得之華山希夷先生陳摶圖南者，
　　所謂"先天之學"也。

此說與前文引朱震《漢上易傳表》所敘"先天圖"的傳授脈
絡大體一致，足見此四圖雖出於邵雍，其源乃本於陳摶所授。

　　爲進一步明確這四圖的本來面目，茲將原圖逐一列出，並
略爲論析。

1. 伏羲八卦次序圖。

這一圖也稱作"先天八卦次序圖"或"三橫圖"。朱熹《周易本義》卷首錄此圖作：

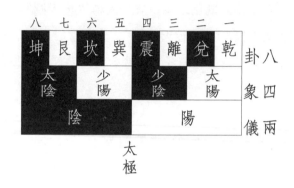

圖中的主旨，在於解說《繫辭上傳》"太極生兩儀，兩儀生四象，四象生八卦"之義。故《周易本義》卷首既錄此圖，又云："《繫辭傳》曰：'《易》有太極，是生兩儀，兩儀生四象，四象生八卦。'邵子曰：'一分爲二，二分爲四，四分爲八也。'《說卦傳》曰：'《易》，逆數也。'邵子曰：'乾一，兌二，離三，震四，巽五，坎六，艮七，坤八。自乾至坤，皆得未生之卦，若逆推四時之比也。'"

視此圖的格式，乃以黑白橫格組成，黑爲陰，白爲陽。而黑白格之外的下方爲陰陽未分之前的"太極"。圖中所展示的諸層形態，正是表明伏羲畫八卦之時，沿循太極、兩儀、四象、八卦的程式而畫卦的步驟：一是先有渾沌空濛的"太極"，陰陽尚未判然，即"《易》有太極"之時；二是畫"陽"
（━）和"陰"（━ ━）兩畫，爲"兩儀"，圖中以最底層黑白
橫格表示，即"太極生兩儀"；三是將陰陽兩畫交互重迭遞
升，成"太陽"（═）、"少陽"（═ ═）、"少陰"（══）"太
陰"（═ ═），爲"四象"，圖中以第二層黑白橫格表示，即
"兩儀生四象"；四是在"四象"符號上依次加入陽畫和陰畫
而使之遞升，乃成八卦"乾"（☰）、"兌"（☱），"離"
（☲）、"震"（☳）、"巽"（☴）、"坎"（☵）、"艮"（☶）、
"坤"（☷），圖中以第三層黑白橫格自右至左，表示八卦從
"乾一"到"坤八"的先後次序，即"四象生八卦"。朱熹曾
對邵雍所傳"伏羲八卦次序圖"排列程式之所以然，作過較
爲詳細的解釋，他指出：

　　"《易》有太極，是生兩儀，兩儀生四象，四象生八
　　卦"，熹竊謂此一節乃孔子發明伏羲畫卦自然之形體、次
　　第，最爲切要。古今說者，惟康節、明道二先生爲能知
　　之。（《朱文公文集》卷三十七《與郭沖晦第二書》）

又曰：

　　太極之義，正謂理之極致耳。有是理即有是物，無先
　　後次序之可言，故曰"《易》有太極"。則是太極乃在陰
　　陽之中，而非在陰陽之外也。……有是理即有是氣，氣則

無不兩者，故《易》曰“太極生兩儀”。……妄意兩儀只可謂之陰陽，“四象”乃可各加以“太”、“少”之別，而其序亦當以太陽〓、少陰〓、少陽〓、太陰〓〓爲次。蓋所謂遞升而倍之者，不得越〓與〓而先爲〓〓也。此序既定，又遞升而倍之，適得乾一、兌二、離三、震四、巽五、坎六、艮七、坤八之序也，與邵氏先天圖合。此乃伏羲始畫八卦自然次序，非人私智所能安排，學《易》者不可不知也。（同上《答程可久第三書》）

朱熹之說，乃指明《繫辭上傳》的太極、兩儀、四象、八卦諸語，是揭示伏羲畫卦次第。而邵氏所傳“伏羲八卦次序圖”，正是用橫圖的形式展示了這一次序，其說實已道出此圖的最基本宗旨。

再進一步分析此圖所示八卦的陰陽情狀，凡奇數之卦爲陽卦，偶數之卦爲陰卦，即乾一、離三、巽五、艮七爲陽，兌二、震四、坎六、坤八爲陰。其卦之陰陽，不取《說卦傳》所明“陽卦多陰，陰卦多陽”之例。故《說卦傳》以震、坎爲陽卦，以巽、離爲陰卦，此圖則反之。尋其規律，圖中乃以諸卦第三爻之陰陽，定其卦之陰陽，而與先秦漢魏以來所傳之易學通例截然不同。因此，後世排擊“先天學”之易家，對此圖頗有指摘。如黃宗羲《易學象數論》云：

《易》言“陽卦多陰，陰卦多陽”，震、坎之爲陽卦，巽、離之爲陰卦，可無疑矣。反而置之，明背經文，而學者不以爲非，何也？至於八卦之次序，乾、坤、震、巽、坎、離、艮、兌，其在《說卦》者亦可據矣。而易爲乾一、兌二、離三、震四、巽五、坎六、艮七、坤八，以緣飾圖之左陰右陽，學者信經文乎？信傳注乎？

此說以圖中之義與《繫辭傳》、《說卦傳》所載相悖爲據，認定"伏羲八卦次序圖"之不可信。然"先天之學"本屬宋人獨創自得的象數學說，未必盡與《十翼》之論相合。故謂"先天"諸圖非《易》之旨則可，謂之皆無稽之談則未爲公允。

2. 伏羲八卦方位圖。

這一圖也稱"先天八卦方位圖"或"乾南坤北圖"。朱熹《周易本義》卷首錄此圖作：

圖中的主旨，在於解說《說卦傳》"天地定位"一節，揭明其中所含的八卦方位。《周易本義》卷首既錄此圖，又云：

> 《說卦傳》曰："天地定位，山澤通氣，雷風相薄，水火不相射。八卦相錯，數往者順，知來者逆。"邵子曰："乾南、坤北，離東、坎西，震東北、兌東南，巽西南、艮西北。自震至乾爲順，自巽至坤爲逆。"

這是引據《說卦傳》及邵雍之說以明"先天八卦方位"之旨。試觀邵雍《皇極經世·觀物外篇》對此圖的解說，乃十分詳盡：

> "天地定位"一節，明伏羲八卦也。八卦相錯者，明交相錯，而成六十四也。數往者順，若順天而行，是左旋也，皆已生之卦也，故云數往也。知來者逆，若逆天而行，是右行也，皆未生之卦也，故曰知來也。夫《易》之數，由逆而成矣。

這是指明八卦居位的順行與逆行問題，圖中左半圈乾至震四卦皆爲陽卦，左向而旋，猶如順天而行，即《說卦傳》所言"數往者順"，謂之"已生之卦"；而右半圈巽至坤四卦皆爲陰卦，右向而轉，猶如逆天而行，即《說卦傳》所言"知來者逆"，謂之"未生之卦"。觀前文引《周易本義》卷首錄邵雍曰"自震至乾爲順"，清何夢瑤《皇極經世易知》謂當以自乾一至震四爲順，其說似可從。

這一圖式，與前述"伏羲八卦次序圖"（即"三橫圖"）相合不悖。此圖將八卦依八個方位列成圓形，其左行、右行之序，皆與"三橫圖"的次序應合。若將"三橫圖"的第三層卦式從中部拆斷，各拗成兩個半圓拼合在一起，儼然便是這一圓形的八卦方位圓。

此圖所示八卦方位，宋代學者以爲創自伏羲氏，固未必可信，然其淵源亦甚古遠，蓋出於道家。尚秉和先生指出："先天方位，乾南坤北，離東坎西，一陰一陽，相偶相對，乃天地自然之法象。"又云：此方位"在兩漢皆未失傳。至魏管輅，謂乾必宜在南生，以乾位西北爲不合，而疑聖人矣。則以先天位已失傳，輅但見其尾，不見其首也。歷魏晉迄唐，無有知者。至宋邵子揭出，《易》本始大明。而黃梨洲、毛西河等，以邵氏所傳，本於道士，肆力掊擊"。並引據《左傳》所載《易》占，認爲："艮與乾同位西北，巽與坤同位西南，坎兌同位西，震離同位東（按，此言先後天方位並用），左氏已備言之。故荀爽、鄭玄資以注經。他若《乾鑿度》，言先天義尤多也。"（均見《周易尚氏學》）今雖不敢質言先天方位必出自左氏，要非宋人杜撰則可知。

清代一些不信"先天之學"的學者，對"伏羲八卦方位"多有抨擊。如黃宗羲認爲，八卦方位在《說卦傳》"帝出乎震"一節中言之至明，不外乎"離南坎北"之位而已，宋人所謂"乾南坤北"之位決不可取。其《易學象數論》云：

　　然則前之"天地定位"四句，正爲"離南坎北"之
方位而言也，何所容"先天"之說雜其中耶？且卦爻之
言方位者，西南皆指坤，東北皆指艮，南狩、南征必爲
離，西山、西郊必爲兌。使有"乾南坤北"之位在其先，
不應卦爻無闌入之者。

其論亦未爲無據，故也當備爲一家之說以爲參考。

　　3. 伏羲六十四卦次序圖。

　　此圖也稱"先天六十四卦次序圖"。因其作六層橫式排
列，又稱"六橫圖"或"六十四卦橫圖"。朱熹《周易本義》
卷首錄此圖作：

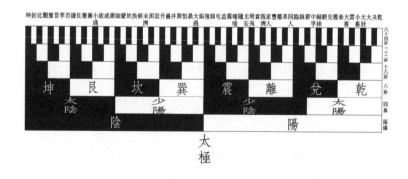

圖中之旨，在於衍說六十四卦的生成次序。圖內下半部分的三
橫格式，即用"伏羲八卦次序圖"當之。《周易本義》卷首既
錄此圖，又指出：

前"八卦次序圖",即《繫辭傳》所謂"八卦成列"者。此圖即其所謂"因而重之"者也。故下三畫即前圖之八卦,上三畫則各以其序重之,而下卦因亦各衍而爲八也。若逐爻漸生,則邵子所謂"八分爲十六,十六分爲三十二,三十二分爲六十四"者,尤見法象自然之妙也。

這裏指出觀察此圖的兩種角度:其一,從"重卦"的角度看,圖中下半部三層橫格爲八卦之象,在八卦之上分別依次加上八卦,便是各卦兩兩相重的六十四卦,亦即六層橫格圖式的整體形態。其二,從六層橫圖所表示六爻逐漸派生的角度看,前三層爲"一分爲二,二分爲四,四分爲八",遂生八卦;後三層在此基礎上繼續推衍,爲"八分爲十六,十六分爲三十二,三十二分爲六十四",乃成六十四卦。細玩全圖寓意,實具奇妙之理趣。

顯然,"伏羲六十卦次序圖"是對"八卦次序圖"的進一步擴展。換言之,"八卦次序"已經預示著"六十四卦次序"的規律,而"六十四卦次序"也完全囊括了"八卦次序"的整體內容。邵雍《皇極經世·觀物外篇》曾對"六橫圖"的寓旨分析曰:

太極既分,兩儀立矣。陽下交於陰,陰上交於陽,四象生矣。陽交於陰,陰交於陽,而生天之四象;剛交於柔,柔交於剛,而生地之四象,於是八卦成矣。八卦相錯，然後萬物生焉。是故一分爲二，二分爲四，四分爲八，八分爲十六，十六分爲三十二，三十二分爲六十四。故曰"分陰分陽，迭用柔剛，故《易》六位而成章"也。十分爲百，百分爲千，千分爲萬，猶根之有幹，幹之有枝，枝之有葉，愈大則愈少，愈細則愈繁，合之斯爲一，衍之斯爲萬。

事實上，這裏不僅僅論述從"太極"、"兩儀"到六十四卦的衍生程式，更進一步提出事物陰陽對立元素可以不斷分解剖析以至無窮的哲理認識。同時還包含著關於自然界萬物的發展過程皆是從一到多、從單純到複雜，皆以對立面的互相依存而不斷繁衍、未有終止的辯證思維。這種認識與思維，在哲學史上是頗具見解、至爲可取的。程頤嘗稱此法爲"加一倍法"（《河南程氏外書》卷十二）。朱熹又將之歸納爲"一分爲二"法，指出："此只是一分爲二。節節如此，以至無窮，皆是一生兩爾。"（《朱子語類》卷六十七）可見程、朱學說對此圖的寓理也頗有採納。

但後人也有指摘此圖之非者。黃宗羲《易學象數論》云：

太極、兩儀、四象、八卦，因全體而見。蓋細推八卦（原注：即六十四卦）之中，皆有兩儀、四象之理，而兩儀、四象初不畫於卦之外也。其言"生"者，即"生生謂《易》"之生，非次第而生之謂。康節加一倍之法，從此

章（按，指《繫辭上傳》"《易》有太極"章）而得，實非
此章之旨。又何待生十六、生三十二而後出經文之外也？

此說也有一定道理，宜備參考。

4. 伏羲六十四卦方位圖。

此圖也稱"先天六十四卦方位圖"。因其作內方外圓形式，
故又稱"六十四卦方圓圖"。朱熹《周易本義》卷首錄此圖作：

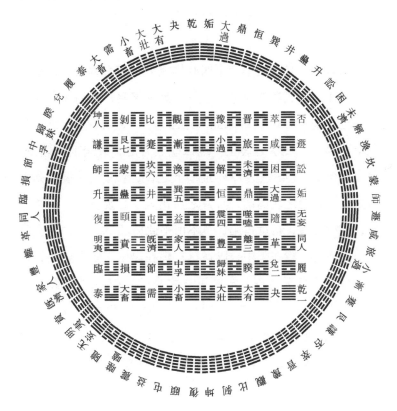

圖中之旨，在於解說六十四卦排列方位及其內在規律。《周易本義》卷首既錄此圖，又指出：

> 此圖圓布者，《乾》盡午中，《坤》盡子中，《離》盡卯中，《坎》盡酉中。陽生於子中，極於午中；陰生於午中，極於子中。其陽在南，其陰在北。方布者，《乾》始於西北，《坤》盡於東南。其陽在北，其陰在南。此二者，陰陽對待之數：圓於外者爲陽，方於中者爲陰；圓者動而爲天，方者靜而爲地者也。

視圖內蘊意，是通過把六十四卦排成方圓兩種程式，以揭示天地陰陽的生成發展原理。朱熹《易學啓蒙》嘗約邵雍《皇極經世·觀物外篇》解說此圖之語曰："天以始生言之，故陰上而陽下，交泰之義也。地以既成言之，故陽上而陰下，尊卑之位也。《乾》、《坤》定上下之位，《坎》、《離》列左右之門，天地之所闔闢，日月之所出入。春夏秋冬，晦朔弦望，晝夜長短，行度盈縮，莫不由乎此矣。"又曰："陽在陰中，陽逆行；陰在陽中，陰逆行；陽在陽中，陰在陰中，則皆順行。此真至之理，按圖可見之矣。"又曰："《復》至《乾》，凡百一十有二陽；《姤》至《坤》，凡八十陽。《姤》至《坤》，凡百一十有二陰；《復》至《乾》，凡八十陰。"又曰："先天學，心法也。故圖皆自中起，萬化萬事生於心也。"

據圖所示，外圓、內方各分六十四卦爲陰陽兩類：《復》至《乾》爲陽，三十二卦；《姤》至《坤》爲陰，亦三十二卦。六十四卦陰陽爻各一百九十二，雜居兩類而運行。方圓圖陰陽之行皆始於中，即陽卦始於《復》，極於《乾》；陰卦始於《姤》，極於《坤》。陰陽循環消長，生息不已。其中陽卦運行可象徵春夏，陰卦運行可象徵秋冬，卦中的陰陽爻又可象徵晝夜。故《周易折中》引邵雍曰：“陽爻，晝數也；陰爻，夜數也。天地相銜，陰陽相交，故晝夜相離，剛柔相錯。春夏陽也，故晝數多，夜數少；秋冬陰也，故晝數少，夜數多。”

對於外圈的大圓圖，邵雍更以“天根月窟”說作爲譬喻而進一步闡釋其旨。其《觀物吟》（見《伊川擊壤集》卷十六）詩曰：

> 耳目聰明男子身，洪鈞賦予不爲貧。因探月窟方知物，未躡天根豈識人？乾遇巽時觀月窟，地逢雷處看天根。天根月窟閒來往，三十六宮都是春。

所謂“天根”，即處於正南子中的《復》卦，爲一陽復生之時。其卦上坤爲地、下震爲雷，故曰“地逢雷處看天根”。“月窟”，即處於正北午中的《姤》卦，爲一陰始生之時。其卦上乾爲天、下巽爲風，故曰“乾遇巽時觀月窟”。所謂“三十六宮”，就“先天八卦”之數言之，指乾一、兌二、離三、震四、巽五、坎六、艮七、坤八，總數共爲三十六。
又就"先天六十四卦圓圖"言之，則謂六十四卦可約爲八個
正反不變之卦（《乾》、《坤》、《坎》、《離》、《頤》、《中
孚》、《小過》、《大過》），及其餘二十八個正反變易之卦，
其總數亦爲三十六卦。在大圓圖中，猶如"天根"的《復》
卦，於一年四季可代表陽氣將生的冬至；猶如"月窟"的
《姤》卦，則可代表陰氣將萌的夏至。而大圓圖三百八十四
個陰陽爻，乃周流運行於八卦、六十四卦的"三十六宮"之
間，恰似四季寒暑流轉不息，嚴冬終盡，春日必來，故曰
"天根月窟閒來往，三十六宮都是春"。可見，大圓圖所示六
十四卦陰陽循環消長之理，側重於體現陰消陽息的自然規
律，與《繫辭上傳》所云"生生之謂《易》"的思想正相
切合。

約言之，"伏羲六十四卦方圓圖"作爲"先天"之學，
源於道家學說，其以易理闡發宇宙萬物的生成、發展規律，
雖非《周易》本旨，但宋以來經朱熹、蔡元定等人採用、解
說，其學遂顯明於世。後人縱然頗有持異論者，卻終不能阻
其流傳。

還應當指出，17世紀德國的萊布尼茲（Leibniz）曾看到
這幅"六十四卦方圓圖"，認爲圖中諸卦的排列規律，一陰一
陽的遞進程式，與其所創"二進位"數學原理相合，遂至爲
驚歎（日本五來欣造著，劉百閔譯《萊布尼茲的周易學》，載
《學苑》十四卷三期，1935年4月）。其觀察此圖（主要是方

圖）的角度，是沿著自《坤》至《乾》的順序而閱，未必是宋人傳此圖的本意，但不妨視爲對“方圓圖”的一種新的理解。

合“先天四圖”以觀之，可以看出，這四圖之間的關係至爲密切而彼此相互承應：如“先天八卦次序圖”再爲衍擴即爲“先天六十四卦次序圖”；“先天六十四卦方位圖”的外圈卦位劃爲八組，亦即爲“先天八卦方位圖”的規式。至於八卦、六十四卦次序兩圖，若分別將之中分而拗合爲圓形，便儼然成爲八卦、六十四卦的方位圖。因此，這四圖的體系是渾然密合而息息溝通的。

關於“先天四圖”的授受源流，前文引《周易本義》卷首語已言及，謂出自邵雍，源於陳摶。黃宗羲對此略有不同看法，其《易學象數論》云：

> 凡先天四圖，其說非盡出自邵子也。朱震《經筵表》云：“陳摶以先天圖傳种放，放傳穆修，修傳李之才，之才傳邵雍；放以河圖、洛書傳李漑，漑傳許堅，堅傳范諤昌，諤昌傳劉牧。”故朱子云“宓戲四圖，其說皆出邵氏”。然觀劉牧《鉤深索隱圖》：“乾與坤數九也，震與巽數九也；坎與離，艮與兌，數皆九也。”其所謂九數者，“天（原注：一）地（八）定位，山（七）澤（二）通氣，雷（四）風（五）相薄，水（六）火（三）不相射”。則知先天圖之傳，不僅邵氏得之也。

由此可知，自陳搏之後，傳"先天"易圖而頗有創獲者非止邵雍一人，其影響至爲深遠。蓋邵氏探之最深，而所得最精也。

惟王懋竑《易本義九圖論》對此又有新考，認爲："邵氏止有先天一圖。其八卦圖，後來所推；六橫圖，朱子所作。而以爲皆出邵氏，是誣邵氏矣。"又云："'邵氏得之李之才挺之，挺之得之穆修伯長，伯長得之希夷先生陳搏圖南'，此明道敘康節學問源流如此。漢上朱氏以先天圖屬之，已無所據。今乃以移之四圖，若希夷已有此四圖者，是並誣希夷矣。"（《白田草堂存稿》卷一）這是認爲邵雍只作"先天八卦次序"一圖，並無其餘三圖，亦非遠源於陳搏所傳。此論雖未必爲多數學者所接受，但作爲一種新說，研究"先天"易學者亦當予以足夠的重視。

（二）後天二圖。

這兩圖分別爲"文王八卦次序圖"及"文王八卦方位圖"。茲列如下：

1. 文王八卦次序圖。

這一圖也稱作"後天八卦次序圖"。朱熹《周易本義》卷首錄此圖作：

坤　　　　　　　乾
母　　　　　　　父

兌　　　　　　　　　　艮
離　　　　　　　　　　坎
巽　　　　　　　　　　震

兌　　離　　巽　　艮　　坎　　震
少　　中　　長　　少　　中　　長
女　　女　　女　　男　　男　　男

得　　得　　得　　得　　得　　得
坤　　坤　　坤　　乾　　乾　　乾
上　　中　　初　　上　　中　　初
爻　　爻　　爻　　爻　　爻　　爻

此圖之旨，在於揭示《說卦傳》以乾坤爲父母，生成震、坎、艮三男及巽、離、兌三女之次序。《說卦傳》曰："乾，天也，故稱乎父；坤，地也，故稱乎母。震一索而得男，故謂之長男；巽一索而得女，故謂之長女。坎再索而得男，故謂之中男；離再索而得女，故謂之中女。艮三索而得男，故謂之少男；兌三索而得女，故謂之少女。"八卦取父母六子爲象徵，自先秦以來便是人們十分熟悉的卦象。此圖即據以排成八卦之序：乾、坤兩卦父、母居上，乾左，坤右；震、坎、艮三男，巽、離、兌三女，六卦居下而依次自左至右排爲一列。

邵雍《皇極經世・觀物外篇》分析此圖之義曰：

乾坤合而生六子，三男皆陽也，三女皆陰也。兌分一陽以與艮，坎分一陰以奉離，震巽以二相易，合而言之，陰陽各半。是以水火相生而相赳，然後既成萬物也。

這裏所言“三男皆陽”、“三女皆陰”，即取《說卦傳》“陽卦多陰”、“陰卦多陽”之旨，謂震、坎、艮三卦爲陽卦，巽、離、兌三卦爲陰卦，故有“三男”、“三女”之稱。謂之“陰陽各半”，乃指兌、坎、震合爲三陽六陰，兌、離、巽合爲三陰六陽，陰陽各佔其半而相對待：猶如水火既相對立又相和諧，在生尅矛盾運動中而生成萬物。邵氏以此八卦次序歸之于“文王”，旨在映襯“伏羲八卦次序圖”乃出於“先天”心法，而乾坤六子的次序屬於文王“後天”所推演，故爲“後天之學”。

2. 文王八卦方位圖。

這一圖也稱作“後天八卦方位圖”。因其旨在解釋《說卦傳》“帝出乎震”一節所示八卦方位，故又稱“帝出乎震圖”。又因其圖以離居南，以坎居北，則亦稱“離南坎北圖”。朱熹《周易本義》卷首錄此圖作：

《周易本義》卷首既載此圖，又指出：“右見《說卦》。邵子曰：此文王八卦。乃入用之位，後天之學也。”檢《說卦傳》曰：“帝出乎震，齊乎巽，相見乎離，致役乎坤，說言乎兌，戰乎乾，勞乎坎，成言乎艮。”又曰：“震，東方也”；“巽，東南也”；離，“南方之卦也”；“乾，西北之卦也”；坎，“正北方之卦也”；“艮，東北之卦也”。上圖即是據這些記載而排成八卦方位：離南、坎北，震東、兌西，艮東北、巽東南，坤西南、乾西北。此方位與前述“伏羲八卦方位”（即“先天八卦方位”）截然不同。

邵雍《皇極經世·觀物外篇》闡說此圖曰：

> 至哉，文王之作《易》也！其得天地之用乎？故乾坤交爲《泰》，坎離交而爲《既濟》也。乾生於子，坤生於午，離終於申，坎終於寅，以應天之時也。置乾於西北，退坤於西南，長子用事而長女代母，坎、離得位而兌、艮爲偶，以應地之方也。王者之法，其盡於是矣。

這是取“伏羲八卦方位”與“文王八卦方位”相對照，以明“先天”方位爲本，“後天”方位爲用。“乾坤交”，指“伏羲方位”的乾南坤北相交，乃爲《泰》卦，天地之本體因之而暢通；“坎離交”，指“文王方位”的離南坎北相交，乃爲《既濟》卦，萬物之致用因之而大成。在“伏羲八卦方位”

中，子、午爲乾、坤陰陽之氣始生的處所，故稱“乾生於子，坤生於午”；而申、寅爲離、坎日月之光終盡的位置，故稱“離終於申，坎終於寅”。到了“文王八卦方位”中，乾、坤退於西北、西南，離、坎正居南、北而得位，其餘四卦亦皆因之而更置，以體現萬物在陰陽狀態經過調整更新之後順應大地的規律而發生、成長的情狀，故稱“應地之方”。依邵氏的觀點，“伏羲方位”切合於天道或自然本體，爲《周易》哲學本有的“先天心法”；而“文王方位”切合於地道或因物致用，爲《周易》哲學應用的“後天形跡”。故邵氏《觀物外篇》又云：“乾坤縱而六子橫，《易》之本也；震兌橫而六卦縱，《易》之用也。先天之學，心也；後天之學，跡也。”

清人黃宗羲不信“先天八卦方位”，而信“後天八卦方位”，然對宋人將“後天方位”名爲“文王方位”則有不同看法。其《易學象數論》云：“離南坎北之位，見於經文，而卦爻所指之方亦與之相合，是亦可以無疑矣。蓋畫卦之時，即有此方位。《易》不始於文王，則方位亦不始於文王，故不當云‘文王八卦方位’也。乃康節必欲言文王，因先天‘乾南坤北’之位改而爲此。”其說亦可備參考。

尚秉和先生撰《周易尚氏學》，乃極力主張八卦“後天方位”自“先天方位”變來之說，指出：

> 八卦圓布四方，各有其位，而先後不同，蓋《易》之道一動一靜，互爲其根。先天方位，乾南坤北，離東坎

西，一陰一陽，相偶相對，乃天地自然之法象，靜而無
爲。惟陰陽相對必相交，坤南交乾，則南方成離；乾北交
坤，則北方成坎。先天方位，遂變爲後天，由靜而動矣，
《周易》所用者是也。然《周易》雖用後天，後天實由先
天禪代而來，不能相離。故《說卦》首以"天地定位，
山澤通氣"演先天卦位之義，再明指後天。誠以經中如
《坤》卦、《蹇》卦，以坤爲西南，從後天位；而《既
濟》九五，則以離爲東，坎爲西，從先天位：《說卦》不
得不兼釋也。

這一說法，頗有精到之處，宜爲學者所注重。

"先天四圖"與"後天二圖"，是邵雍"先後天之學"的
重要表現形式。邵氏所著《皇極經世》書，曾對這些《易》
圖作了較爲全面深入的理論闡釋。《皇極經世・觀物外篇》以
頗爲精煉的語言概括"先後天之學"的實質云："先天學，心
法也，故圖皆自中起，萬化萬事生乎心也。"又云："先天之
學，心也；後天之學，跡也。出入有無死生者，道也。"張行
成《皇極經世觀物外篇衍義》指出："《先天圖》自《坤》而
生者始於《復》，自《乾》而生者始於《姤》，皆在天地之
中。中者，心也，故先天之學爲心法，而主乎誠。"又曰：
"先天造物之初，由心出跡之學也。後天生物之後，因跡求心
之學也。"清紀大奎《雙桂堂稿》亦認爲："夫先天之心，天
地之心也一，故神者也。後天之跡，造化之跡也兩，故化者

也。""夫君子所過者化，所存者神。學《易》而欲窮神以知化，非先天、後天之道，其曷以致之乎？此邵子之言，所以得聖人不傳之學也。"這些論說，均可資理解邵氏所提倡的"先後天學說"的本質特色。

然宋以來學者對邵雍"先天"易學的評價，則是毀譽不一。肯定者極力推崇曰："邵氏先天之說，則有推本伏犧畫卦次第生生之妙，乃是《易》之宗祖，尤不當率爾妄議。"（朱熹語，見《朱文公文集》卷三十八《答袁機仲》）否定者則謂其學"既戾於聖人之經，又絕非希夷之指，先天之贅肬也。安得冠諸經首，以爲伏義不言之教乎？"（胡渭《易圖明辨》）但作爲北宋時期盛興的又爲後代不少人所接受並推廣的嶄新的易學思潮，"先天之學"能以其獨自的特色提出與前代易學不同的象數體系，無疑是一種大膽的發展。儘管其學說未必一一切合《周易》經傳的本旨，卻也與易學之理有至爲密切的聯繫，故在中國易學史上留下了頗有影響的一頁。

三、太極圖式的奧秘

對於"太極圖"這一名稱，縱是不曾專門研《易》的人，大概也不會陌生。但真正言及"太極圖"究竟爲何物，具有哪些內在涵義，則非要進行一番深刻的探討不可。

事實上，宋代以後學者所傳的"太極圖"非止一種。其中流傳最廣、影響最大的有兩幅:一爲舊題陳摶所傳的"先天太極圖",一爲周敦頤所作"周子太極圖"。這兩圖的寓義,均與《周易》哲理有著一定的關聯,下面分別試作解說。

(一) 先天太極圖。

這一圖亦稱"太極真圖"、"天地自然之圖",又簡稱"先天圖"、"太極圖"。圖呈圓體,内爲黑白"雙魚"合抱狀,其形作:

長期以來此圖在民間的傳播最爲廣泛,幾乎與八卦圖並列而家喻戶曉,或亦乃徑稱爲"雙魚圖"。圖中以白代表陽,以黑代表陰,黑白環抱以象徵"太極"生陰陽兩儀。

舊說此圖爲陳摶所傳。清胡渭《易圖明辨》對此圖考證甚詳,謂宋末元初袁桷《謝仲直易三圖序》中指出,朱熹曾囑其學生蔡元定入四川，尋訪陳摶舊傳的易圖，蔡氏購得三圖，秘而不宣，後爲謝仲直所獲。三圖中有一圖即爲"先天太極圖"，明初趙撝謙《六書本義》曾錄存之。趙氏稱此圖爲"天地自然之圖"，並云："世傳蔡元定得於蜀之隱者，秘而不傳，雖朱子亦莫之見。今得之陳伯敷氏。嘗熟玩之，有太極含陰陽，陰陽含八卦之妙。"

胡渭《易圖明辨》曾釋該圖寓意，大略云：

> 其環中爲太極，兩邊黑白回互，白爲陽，黑爲陰。陰盛於北，而陽起而薄之。故邵子曰：震始交陰而陽生。自震而離、而兌以至於乾，而陽斯盛焉。震東北，白一分，黑二分，是爲一奇二偶。兌東南，白二分，黑一分，是爲二奇一偶。乾正南，全白，是爲三奇純陽。離正東，取西之白中黑點，爲二奇含一偶，故云對過陰在中也。陽盛於南，而陰來迎之。故邵子曰：巽始消陽而陰生。自巽而坎、而艮以至於坤，而陰斯盛焉。巽西南，黑一分，白二分，是爲一偶二奇。艮西北，黑二分，白一分，是爲二偶一奇。坤正北，全黑，是爲三偶純陰。坎正西，取東之黑中白點，爲二偶合一奇，故云對過陽在中也。坎離爲日月，升降於乾坤之間，而無定位，納甲寄中宮之戊己，故東西交易，與六卦異也。

此說所釋圖義，約可概括爲三點：其一，此圖外圓周環包裹的一圈，爲"太極"之象。其二，兩邊黑白回互之體，白爲陽，黑爲陰，爲"陰陽"之象。其中陰起於南，盛於北；陽始於北，盛於南。而陽極生陰，陰極生陽，故盛陽之中有一黑點，盛陰之中有一白點。其三，黑白回互的"雙魚"體中，包涵著八卦形狀：東北陽一分、陰二分，爲震卦（☳）；東南陽二分、陰一分，爲兌卦（☱）；南方純陽，爲乾卦（☰）；東方陽一分、陰一分，合一白點，爲離卦（☲）；西南陰一分，陽二分，爲巽卦（☴）；西北陰二分、陽一分，爲艮卦（☶）；北方純陰，爲坤卦（☷）；西方陰一分、陽一分，合一黑點，爲坎卦（☵）。

　　如果將此圖按八個方位用圓直徑將之平均切割成八塊，則圖中所含八卦的形狀更爲分明：

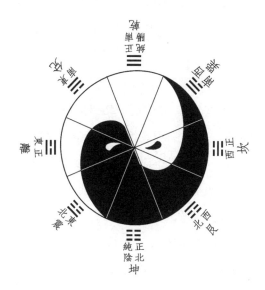

這一圖式，胡渭《易圖明辨》引明趙仲全《道學正宗》云：
“古太極圖，陽生於東而盛於南，陰生於西而盛於北。陽中有
陰，陰中有陽，而兩儀、而四象、而八卦，皆自然而然者
也。”遂據以製成上圖，並命之曰“古太極圖”。其實與“先
天太極圖”無異，唯將黑白回環之形等分爲八塊，令所涵八
卦之象益加顯明。

　　細察“先天太極圖”所示八卦居位，正屬於前文所述
“先天八卦方位”，故其圖亦取“先天”爲名。然辨“太極”
概念的含義，原指宇宙產生之前無形無狀、渾沌未分的氣
體。再對照前圖，其黑白回環之狀，既備陰陽、八卦之用，
已非“太極”本相，似不當名爲“太極圖”。所以杭辛齋指
出：“可謂之‘兩儀生四象，四象生八卦之圖’。但流傳既久
且遠，世俗已無人不認此爲‘太極圖’者，所謂習非勝是，
辨不勝辨，惟學者宜詳究其義理，因名責實，而求真諦。”
（《易楔》）

　　推考“先天太極圖”的來源，雖未能確證其必出自陳摶，
然其所傳似當較爲古遠。《道藏》輯錄的唐以前的資料中，就
載有類似的圖形。前文所引袁桷、趙撝謙的說法，指出此圖是
蔡元定得自四川“隱者”，這“隱者”或即道士之類的人物。
因此，這幅圖的來歷，應當是傳自早期的“道家”者流，其
產生時代是比較古老的。杭辛齋認爲：“此圖流傳甚古，蘊畜
宏深，決非後人所能臆造”，“要爲三代以上之故物。”（《易
楔》）這種推測，也可以備爲參考。

張惠言《易圖條辨》，則對"先天太極圖"的來源提出另一種看法，謂此圖元初始出，明人盛傳之，"其託於蔡季通（元定），非有證據"。並云該圖蓋本於朱震納甲圖，用周敦頤"太極"之法環而入之，"其於卦畫之象，則誠有巧合者，使後人觀之，一覽而即得先天八卦，更無一毫有待推排，此世所以篤信也"。這是持"疑古"的觀點，亦當視爲一家之見而存之。

（二）周子太極圖。

這一圖是北宋周敦頤所作，與他撰寫的《太極圖說》一文並行，圖旨在於展示"太極"生陰陽，陰陽參合"五行"而生成男女、萬物的衍化模式。

周敦頤（1017—1073），字茂叔，學者稱"濂溪先生"。其學說根柢於《周易》，主張以"太極"爲理，以"陰陽五行"爲氣，並據以解釋大自然及人類社會的發展規律。曾官郴州郴縣令、大理寺丞、知洪州南昌、國子博士、通判虔州、廣南東路轉運判官等。有政績。程顥、程頤嘗師事之。黃庭堅稱其："人品甚高，胸懷灑落，如光風霽月。廉於取名而銳於求志，薄於徼福而厚於得民，菲於奉身而燕及煢嫠，陋於希世而尚友千古。"《宋史》列其傳於《道學傳》之首，謂"得聖賢不傳之學，作《太極圖說》、《通書》，推明陰陽五行之理"。後人尊爲"理學開山"。

朱熹《晦庵集》載"周子太極圖"作：

生化物萬

　　圖中自上而下分爲五層，各有一定的含義：

　　第一層，爲一大圓圈“○”，代表化生萬物的最初本體，即《太極圖說》第一句所講的“無極而太極”。

　　第二層，爲黑白三輪圖，也稱“水火匡廓圖”，右標“陰靜”，左標“陽動”，黑白三圈輪廓環抱。象徵“太極”動而生陽，靜而生陰；一動一靜，陰陽交相運行。

　　第三層，爲五行交合圖，也稱“三五至精圖”，象徵“陽變陰合”而生水、火、木、金、土。“五行”用五個小圈表示，分居五方，水居右上，火居左上，金居右下，木居左下，土居中央。代表"五行"的五個小圈，既交繫於其上的"三輪圖"，又自相聯繫：交繫於上，象徵陰以陽爲根，陽以陰爲根；自相聯繫，象徵水生木，木生火，火生土，土生金，金又生水，往復循環不已，正如五氣順布、四時運行。五個小圈下，又有一小圈與金、水、火、木相連，代表陰陽二氣、五行密切交合。朱熹說："此無極二五（指二氣、五行）所以妙合無間也。"（《太極圖說解》）

第四層，也是一個大圓圈"○"，象徵陰陽、五行之所生成者皆稟"男"、"女"氣質，所以圓圈右邊標"坤道成女"，左邊標"乾道成男"。意思是，稟承坤道生成之物的氣質爲"陰"，稟承乾道生成之物的氣質爲"陽"：兩者相合，無非一個"太極"之理。

第五層，也是一個大圓圈"○"，象徵通過以上四個程式，便化生出大自然中形態萬殊的物體，所以圓圈下標"萬物化生"。而推究大自然萬物的本根，無論大小巨細，也不過一個"太極"而已。用現代語言表達，也就是：任何一種物質，均是自身矛盾（陰陽二氣）運動的組合體，猶如原初"太極"化生出來的"小太極"。

綜上五層圖式，從"太極"的陰陽動靜到萬物化生，層層推進，表達了作圖者對宇宙生成程式的一種推測。

關於"周子太極圖"究竟是周敦頤獨自創作的，還是別有授受源流，歷史上頗有爭議，未臻一致。擇其要者，大略有五種觀點：

其一，朱震《漢上易傳表》謂"陳摶以'先天圖'傳种放，放傳穆修"，又謂"修以'太極圖'傳周敦頤，敦頤傳程顥、程頤"。此言周氏"太極圖"遠承陳摶之學，近得穆修之傳。然據蘇舜欽《哀穆先生文》（見《蘇學士集》），穆修卒於明道元年（1032），時周敦頤僅十五歲，故學者多疑兩者之授受關係。

其二，晁公武《郡齋讀書志》曰：景迂云，"胡武平、周茂叔同師潤州鶴林寺僧壽涯，其後武平傳其學於家，茂叔則授二程。與震之說不同。"景迂，即晁說之（字以道，號景迂）。此言周氏"太極圖"得之僧壽涯。然錢穆《論太極與先天圖之傳授》乃云："晁景迂之道聽塗說，未見其必可信也。"（《中國學術思想史論叢》五）

其三，黃宗炎《易學辨惑》以爲，"太極圖"本名"無極圖"，創自漢河上公，魏伯陽得之以著《參同契》，鍾離權得之以授呂洞賓，呂洞賓與陳摶同隱華山，因以授陳，陳遂刻其圖於華山石壁，後又經种放、穆修而傳至周敦頤。並謂"無極圖"是"自下而上，以明逆則成丹之法"；而"太極圖"則自上而下，揭示萬物化生之理。故斷言周敦頤"乃顛倒其序，更易其名，以附於《大易》，指爲儒者之秘傳"。此謂周氏改易陳摶之"無極圖"而作"太極圖"。然錢穆反黃氏之說曰："晦木（按，即黃宗炎）去濂溪亦已六百年，安知非有方外好事者，顛倒濂溪'太極圖'以言養生？晦木聞其緒餘，乃復

顛倒說之，而轉疑濂溪原本養生訣說太極。此爲以顛倒爲不顛倒，以不顛倒爲顛倒。玄黃回惑，固孰爲真顛倒者耶？"（同前）

其四，毛奇齡《太極圖說遺議》以爲，東漢魏伯陽《周易參同契》有"水火匡廓圖"、"三五至精圖"，先被《道藏》中《真元妙經圖》竊而製成"太極先天之圖"，陳摶又轉竊《道藏》之圖作"太極圖"，是爲周敦頤圖所本。此言周氏"太極圖"遠承魏伯陽、《道藏》、陳摶而來。然錢穆駁云："毛奇齡大可作《太極圖說遺議》，謂'《道藏》有《上方大洞真元妙經》，有"先天太極合一之圖"，陳摶竊之，其圖適與紹興間朱震所進圖合。'先天、太極本屬兩事，康節先天之學源於陳摶，濂溪'太極圖'則別有來歷。"又云："今乃謂：趙宋以前已有竊《參同契》爲太極先天圖者，陳摶又從而轉竊之，然且一分爲二，一曰先天，一曰太極。是窮竊前又有竊，希夷、康節、濂溪諸人，何專務偷襲乃爾？《道藏》本作僞之淵藪，毛氏不疑《真元品》之僞撰，而寧願歸獄於希夷、濂溪之攘竊，亦祇見其困縛於一時之風氣，而弗能自拔耳。"（同前）

其五，潘興嗣《濂溪先生墓誌銘》載：周敦頤"尤善談名理，深於易學，作《太極圖》、《易說》、《易通》數十篇，詩十卷"。（見《周濂溪先生全集》）朱熹《周子太極通書後序》亦云："先生之學，其妙具於'太極'一圖。《通書》之言，亦皆此圖之蘊。"又云："潘清逸（按，即興嗣）志先生之墓，敘所著書，特以作《太極圖》爲稱首，則此圖當爲先生書首無疑也。"又云："又嘗讀朱內翰震《進易說表》，謂此圖之傳，自陳摶、种放、穆修而來。而五峰胡氏作序，又以爲先生非止爲种、穆之學者，此特其學之一師爾，非其至者也。夫以先生之學之妙，不出此圖，以爲得之於人，則決非种、穆所及；以爲非其至者，則先生之學，又何以加於此圖哉！是以竊嘗疑之。及得《志》文考之，然後知其果先生所自作，而非有受於人者。二公蓋未嘗見此《志》而然也。"（《朱文公集》卷七）此言"周子太極圖"乃周敦頤所自作，並非得之前人之傳。這一觀點較爲有據，爲歷來多數學者之通誼，宜當採納之。

至於周敦頤所撰《太極圖說》一文，乃是針對其所製"太極圖"而作出的解說。其文如下：

無極而太極。太極動而生陽，動極而靜，靜而生陰，靜極復動。一動一靜，互爲其根。分陰分陽，兩立儀焉。陽變陰合，而生水、火、木、金、土。五氣順布，四時行焉。五行，一陰陽也；陰陽，一太極也；太極，本無極也。五行之生也，各一其性。無極之真，二五之精，妙合而凝，乾道成男，坤道成女。二氣交感，化生萬物。萬物生生，而變化無窮焉。惟人也，得其秀而最靈。形既生矣，神發智矣，五性感動而善惡分，萬事出焉。聖人定之以中正仁義（自注：聖人之道仁義中正而已矣）而主靜

（自注：無欲故靜），立人極焉。故聖人與天地合其德，日
月合其明，四時合其序，鬼神合其吉凶。君子修之吉，小
人悖之凶。故曰："立天之道，曰陰與陽；立地之道，曰
柔與剛；立人之道，曰仁與義。"又曰："原始反終，故
知死生之說。"大哉《易》也，斯其至矣！

此文係朱熹所校定，明代編入《周元公集》，清代又刻入《周
子全書》中，流傳頗廣。視文中大旨，可分爲前後兩部分
理解：

前部分，自首至"變化無窮焉"，論宇宙萬物的化生模
式。這部分包含五小節，各與"周子太極圖"的五層圖式相
配合而釋其義。第一節，爲首句"無極而太極"，釋第一層圖
式"〇"。第二節，自"太極動而生陽"至"兩儀立焉"，釋
第二層圖式"三輪圖"（陰靜陽動）。第三節，自"陽變陰
合"至"各一其性"，釋第三層圖式"五行交合圖"。第四節，
自"無極之真"至"坤道成女"，釋第四層圖式"〇"（坤道
成女，乾道成男）。第五節，自"二氣交感"至"變化無窮
焉"，釋第五層圖式"〇"（萬物化生）。

後部分，自"惟人也"至終，論人生應當遵循"太極"
精微之理以爲用。這部分也含五小節，各述"太極"的義理
及其應用之道。第一節，自"惟人也"至"萬事出焉"，論人
生的一切行爲均含"動靜"的道理，而平常人往往失之於盲
目、不合規律的"動"，應當引以爲戒。第二節，自"聖人定

之以中正仁義"至"鬼神合其吉凶"，論聖人能夠適當合理地把持處身立世的"動靜"之道，並常常立足於"靜"，以"無欲"爲本，是應當效法的楷模。第三節，爲"君子修之吉，小人悖之凶"兩句，舉"君子"、"小人"爲例，從正反兩方面說明對"太極"之理的兩種不同態度，不同結果，其褒貶之意甚明。第四節，自"故曰立天之道"至"故知死生之說"，引用《繫辭傳》的成句，證明"太極"之理的正確與精奧。第五節，爲"大哉《易》也，斯其至矣"兩句，歸結全文，歎美"太極圖"的本質意義盡在《周易》哲理之中。

以上分析，均本於朱熹《太極圖說解》。"周子太極圖"及《太極圖說》經朱熹等人的闡述，遂成爲宋代程、朱理學的基礎理論之一。

南宋淳熙十五年（1188），陸九韶、陸九淵兄弟曾與朱熹就周氏《太極圖說》的"無極"、"太極"問題展開過激烈論爭，陸氏兄弟以爲"太極"之上不可加"無極"，此爲佛氏語，疑其文非周氏之作，或爲其學未成時所作。朱熹則謂"無極"、"太極"兩者實爲一物，前者"無形"、後者"有理"，非太極之外復有無極。朱、陸之辯，其實質是對宇宙"本體論"的不同認識，朱主"道學"，陸主"心學"，在中國哲學史上至有影響。錢穆《朱子新學案》指出："朱子蓋以爲'無極而太極'之'而'字本即'太極本無極'之'本'字，實是更爲允愜。朱子謂《老》、《莊》言有、無，以

‘有’、‘無’爲二；周子論有、無，以‘有’、‘無’爲一：其所剖析，洵爲深至。”又曰：“濂溪《太極圖說》根據《易傳》，自應與老、莊道家有別，故終當以朱子之釋爲是也。”

前人嘗考《太極圖說》多用佛、老二氏語意，清毛奇齡《太極圖說遺議》謂“無極”、“根”、“真”、“合”、“凝”等詞皆襲用佛經、道藏成語，故頗有指摘。周學武《周濂溪太極圖說考辨》分析其委曲，駁正毛氏所誤會者，指出：“夫文字，乃所以表達思想之工具，而非思想之本身也。偶一借用二氏之名相，以說吾儒之至理，原無不可，奚足爲濂溪罪？且佛、道二家，由來已久，其義理猶不乏可相資爲用者，況其外表之文辭乎？則西河撾拾一二成詞，以定濂溪學術宗旨，自不免流於皮相之論也。”其所駁正，宜爲可取。

又有近人但植之撰《晉紀瞻顧榮論易太極爲周敦頤太極圖說所本考》一文（載《制言》第二十期），舉《晉書·紀瞻傳》載瞻與顧榮論“太極”之義，謂與周氏《太極圖說》的內容相契合，唯周敦頤陰宗老氏，不似顧榮之公然奉爲宗主。故云：“太極、無極之說，周敦頤詳之，朱、陸辯之。晉人已有開其先者，不始於敦頤也。”又曰：“使象山早舉顧、紀二氏之說以質朱子，吾知朱子必當不復作無益之詰難也。”然周學武云：“濂溪是否曾見該傳（按，指《晉書·紀瞻傳》），今不能詳。然其論《易》之太極，其理趣固有與濂溪相似者。若謂濂溪本其言以立《圖說》，疑未然也。”（《周濂溪太極圖說考辨》）此說允爲近是。

周敦頤的“太極圖”及《圖說》，在中國思想史上產生過重大影響。朱熹曾指出，北宋有四篇重要文字，其中居首的一篇便是《太極圖說》（見《朱子語類》）。朱熹與陸九淵兄弟關於“無極”、“太極”的著名論爭，也是由此文而發。清康熙《性理精義》書中，甚至把《太極圖說》稱爲“有宋理學之宗祖”，推崇至高。而元明以來有一些學者將“周子太極圖”與《太極圖說》合刻成碑，樹於各地，則進一步增廣了其圖其說的流傳與影響。

合前文所述“先天太極圖”及“周子太極圖”而言之，雖然人們通常皆稱爲“太極圖”，但卻是寓意不同的兩種易圖。它們除了形態各異之外，尚有如下重要區別：前者廣泛流傳於民間，後者乃側重傳讀於學者之間；前者有圖無文，後者既有圖形又有《圖說》；前者在古代思想史上未導致明顯的理論性影響，後者則是宋明理學的重要基礎理論之一。

另外，我們還應當明白，這兩幅圖均是根據《繫辭傳》所提出的“太極”化生“兩儀”、“四象”、“八卦”、“萬物”的學說，而作的圖解式的衍生發揮。就圖形本身而言，雖不是在直接闡說《易》理，甚至是獨自表現一種別具體系的理論模式（如“周子太極圖”及其《圖說》），但它們仍然與《周易》思想有密切的關係。所以，讀《易》、研《易》者也完全有必要對其圖的產生及寓意細爲探索，以明易學研究史上的一種特殊流勢。

綜上所述，我們分別辨析了北宋以來盛傳的“河圖”、

"洛書"的精蘊，先後天六圖的理趣，兩種"太極圖"的奧秘，事實上已經大體簡括了宋代《周易》象數學的最重要圖式。從中，我們可以歸納出宋易象數學的三方面主要特徵：一者，以清新別致的形式從各種角度展示了易學圖解的大千世界。這裏，象徵陰陽概念的，有黑白圓點，有黑白橫格，有黑白魚形，有黑白輪圈。表現八卦、六十四卦化生規律的，有三層橫圖式，有六層橫圖式，有單圈獨體式，有多圈連鎖式。各圖的內涵，或以數示象，或以象寓數，或象數兼具。於是，這種以圖爲說的"象數學"，全然脫出兩漢易家以"互體"、"卦氣"等條例解《易》的傳統"象數學"之舊格，獨呈宋代易學之一大風貌。二者，把易學概念引申推展到易學之外的哲學領域，揭示大自然或宇宙本體的生成規律。如"河圖"、"洛書"雖言奇偶之數，卻囊括了五行生尅之旨；"三橫圖"、"六橫圖"所示之"加一倍法"，則反映事物"一分爲二"的矛盾對立的發展過程；"先天太極圖"、"周子太極圖"，則已儼然包容了宇宙間從微觀世界到宏觀世界的產生、衍變、發展的化生模式。其中所含濃厚的自然哲學色彩，無疑已經掩蓋了諸圖本有的易學特色。這種"務窮造化"的"象數學"，與兩漢易家注重於借《易》以占驗陰陽災變的講求實用的"象數學'相比較，足見其迥然相異之處。無怪乎後人慨歎，宋易象數學盛行之後，"《易》遂不切於民用"（《四庫全書提要·易類小序》）。三者，在"象數"圖式之中包含著深弘豐厚的"義理"內蘊。這些"義理"成分，又往往從屬於宋代"理學"

的組成部分，而不同於純粹的《周易》哲理。我們從邵雍《皇極經世書》對“先後天”圖式的闡發，周敦頤《太極圖說》對其所製“太極圖”義旨的分析，朱熹《易學啓蒙》對“圖”、“書”象數的論述，皆可看出其所揭明的各種易圖的“義理”内涵之豐富，以及此類“義理”成爲宋代“理學”的重要源頭之一的情實。這一點，與兩漢多數易家務求卦象、忽略易理的“象數學”也有著截然的區别。

當然，宋代《周易》象數學的全部内容，並非上述各種易圖所可盡賅。就其全貌觀之，除了遠承陳摶之傳而繁衍的以圖說爲基本表現形式的“河圖洛書之學”、“先後天之學”、“太極圖之學”外，尚有兩方面值得注意：

一是李之才的卦變說。

李之才（980—1045），字挺之，受《易》於穆修，亦傳陳摶之學。其治《易》主於“卦變”說，極力推求六十四卦的卦象變化。嘗製“變卦反對圖”及“六十四卦相生圖”（見朱震《漢上易傳·卦圖》），前者以《乾》、《坤》兩卦爲主，以其餘六十二卦爲《乾》、《坤》二卦之變，通過卦變、爻變規律以闡發《序卦傳》中的辯證思想；後者亦以《乾》、《坤》兩卦爲主，輔以一陽一陰之《復》、《姤》，二陽二陰之《臨》、《遯》，三陽三陰之《泰》、《否》，以展示六十四卦陰陽爻變的“相生”程式。尋其遠源，李之才的卦變說實是在漢代易家荀爽“升降”說、虞翻“卦變”說的基礎上作出的發揮與演變，而對後來朱熹提出的“卦變”體系產生了頗爲直接的影響。

二是朱震的象數學。

朱震（1072—1138），字子發，學者稱"漢上先生"。爲程頤的再傳弟子。其治《易》主於程頤的《周易程氏傳》，兼收並蓄漢魏至唐代的傳統象數學，亦融合貫通宋代的新象數學。就其所綜合的漢魏以來的象數學而言，涉及"卦氣"、"納甲"、"飛伏"、"五行"、"互體"、"卦變"等說，基本上是繼承漢魏易家之舊學，而無明顯的創見。

可見，無論是李之才的"卦變說"，還是朱震綜合漢魏易家的象數學，皆是因前人之說而爲之，實非宋代"象數學"之本色。因此，最能代表宋易象數學說的，正是前文所述的包括"先天"、"河洛"之學在內的各種圖說，這是漢魏以來《周易》象數學的巨大轉變。由此轉變而興起的新的象數學的繁衍，以其獨特的形式與內容譜寫了中國易學史的新篇章，並以其特有的哲理內涵奠定了宋代"理學"的重要基礎。

然而，宋易象數學的創新獨到的特點，也正是其偏離《周易》本旨之處。故朱熹嘗謂邵雍的"先後天"象數說云"康節自是易外別傳"（《朱子語類》），事實上即言其說非易學之正宗。而後世掊擊宋易之弊的學者，亦往往從這一角度竭力攻駁之。今平情分析宋易的"象數"體系，凡"河洛"之學、"先後天"之說、"太極"之旨，縱然其未必盡合《周易》的本義，甚至頗有超越《易》旨而別敘一理的特色，但其畢竟是以《周易》爲出發點而產生的學說，且其超前絕後的表現形式與精湛內容，在中國易學史上產生了至爲深遠的影響。故對之進行認真細密的探討，仍是今天的易學研究界所不應忽視的一個重要課題。

第九章　宋代義理學的理性思考

　　理性，是人類通過對宇宙、大自然及人類社會的深入觀察，並綜合各種既有知識而獲得哲學認識的思維特性。人類思想史、文化史、學術史的發展過程，從某種角度看，正是反映著理性思維不斷更新、完善的過程。

　　宋代《周易》義理學，是隨著新的"象數學"的出現而逐漸形成的重大易學流派。它或多或少地吸收了"先後天"象數學、"河圖洛書"之學、"太極"之說的内涵義理，又較爲明顯地繼承了三國、兩晉以來以王弼爲代表的"掃象闡理"的治《易》觀點及各種易例。但在更大程度上，則是融進了具有濃厚時代特色的哲學内容——理學思想，反映了以研討、闡發《周易》的"義理"爲主的嶄新的理性思考。

　　就宋易"義理學"的發展進程言之，北宋前期的胡瑗、歐陽修、李覯、司馬光、張載等人的易著即開其先路。至程頤撰《周易程氏傳》，遂完全形成了義理學派的格局。南宋時期，經朱熹、楊萬里、楊簡等人進一步從各個角度推闡發揮，治《易》領域及途徑不斷開拓，終於使宋易義理派的學說發展成熟，並匯爲佔據時代主導地位的學術潮流。其影響之大，幾乎完全統治了宋以後的元、明兩代三百多年的易學研究界。

若就宋代《周易》義理學派闡說易旨的具體特徵言之，又可分爲三個主要流別：一是以儒理闡《易》派，其代表人物爲程頤、朱熹；二是以史事證《易》派，其代表人物爲李光、楊萬里；三是以心學解《易》派，其代表人物爲楊簡、王宗傳。下面針對這三個派別略作簡述。

一、儒理闡易派的崛起

儒理與《周易》哲理，本無二致：《十翼》中的不少內容，即是以儒家之理推闡《周易》的哲學意義。但這裏所論及的“儒理”範疇，則偏重於經過宋代學者進一步發展了的新的儒家思想。在整個宋代易學研究界，以儒闡《易》的風氣頗爲盛行，這與當時“理學”（或“道學”）的昌盛發達有著密切的關係。其中最突出的代表，莫過於北宋的程頤和南宋的朱熹。

（一）程頤易學。

北宋程頤最重要的易學貢獻，是把“儒理闡易”的旗幟，插上了當代學術界的高峰，奠定了宋易義理學的堅實基礎。

程頤與其兄程顥，皆爲宋明理學的奠基人，同時也是北宋《周易》義理學派的代表。而程頤的學術成就則更爲顯著。相傳二程年輕時嘗至京師，與張載論《易》一夕，張載爲之“撤虎皮”讓賢。《河南程氏外書》卷十二載祁寬（字居之）

記尹和靖語曰：

> 　　横渠昔在京師，坐虎皮，說《周易》，聽者甚眾。一
> 夕，二程先生至，論《易》。次日，横渠撤去虎皮，曰：
> "吾平日爲諸公說者，皆亂道。有二程近到，深明易道，
> 吾所弗及，汝輩可師之。"（原注：逐日虎皮出，是日更不
> 出虎皮也。）横渠乃歸陜西。（按，《宋史·道學傳·張載
> 傳》記述略同。）

　　張載是當時名重海内的大學者，亦主張以"義理"闡《易》，
有《横渠易說》傳世。而二程其時尚未成名，卻能獲張載推
重若此，足見其學殖深厚超群。
　　推考程氏的學術淵源，乃師承於北宋大儒胡瑗。程頤曾表
明其研讀《周易》的主張及切身體會云：

> 　　《易》有百餘家，難爲遍觀。如素未讀，不曉文義，
> 且須看王弼、胡先生、荆公三家，理會得文義。且要熟
> 讀，然後卻有用心處。（《河南程氏遺書》卷十九）

　　所言王弼，即三國時宣導"掃象闡理"的易學義理派先驅；
胡先生，即胡瑗，今傳《周易口義》，其治《易》觀點偏重於
以陰陽二氣解說易理；荆公，即王安石，其《易》著已失傳，
然據尚可考見之遺說，知其亦屬於義理學派。程頤推崇這三家

的易著，並教人讀《易》須從這三家入門，顯然可以看出他遠承王弼，近接胡瑗等人的治《易》思想。

在程頤之前，北宋《周易》義理學派實已有所濫觴。除胡瑗、王安石之外，如歐陽修、李覯、司馬光、張載等均在這方面做過許多努力，並留下不少重要易著。在此基礎上，程頤又作了大幅度的發展，把新興的儒學思想融入易理之中，形成他獨有建樹的《周易》義理學體系。

自王弼以來，從"義理"角度闡《易》者頗有人在。而程頤易學思想中最有創見之處，在於援引北宋儒學中的"天理"之說，以解釋易理的本質內涵，以與《周易》六十四卦、三百八十四爻的哲理互爲融合，以明大自然萬物的吉凶利弊之旨。對此，程氏嘗有不少記述：

> 《易》是個甚？《易》又不只是這一部書，是易之道也。不要將《易》又是一箇事。只是盡天理，便是《易》也。（《河南程氏遺書》卷二上）

把《周易》學說的本質歸結爲"只是盡天理"，可謂至爲明確地道出了程頤所主張的義理學的最重要的特徵。在分析《繫辭上傳》所云《周易》具備的"寂然不動，感而遂通天下之故"的特色時，程頤又指出：

> "寂然不動，感而遂通"者，天理具備，元無欠少。

不爲堯存，不爲桀亡。父子君臣，常理不易，何曾動來？
因不動，故言“寂然”；雖不動，感便通，感非自外也。
（同前）

謂之“天理具備”、“常理不易”，也可見程頤把“易道”、“易
理”及儒家的綱常倫理，均一起納入他的“天理”範疇之中。

　　這種把新儒學的“天理”說與易理相融合的易學思想，
在程頤的注《易》專書《周易程氏傳》中表現得尤爲突出。
如於《泰》卦九三爻辭“无平不陂，无往不復，艱貞无咎”，
《程傳》曰：

　　　三居《泰》之中，在諸陽之上，泰之盛也。物理如
循環，在下者必升，居上者必降。泰久而必否，故於泰之
盛與陽之將進，而爲之戒曰：无常安平而不險陂者，謂无
常泰也；无常往而不返者，謂陰當復也。平者陂，往者
復，則爲否矣。當知天理之必然，方泰之時，不敢安逸，
常艱危其思慮，正固其施爲，如是則可以无咎。

此言《泰》卦九三寓有“處泰慮否”之旨，唯如此方可長保
安泰而无咎。程氏在這裏著意點明“當知天理之必然”，亦即
要求讀《易》者領會處“泰”的必然規律。又如《復》卦
《象傳》“反復其道，七日來復，天行也；利有攸往，剛長也；
復其見天地之心乎”數句，《程傳》指出：

其道反復往來，迭消迭息。七日而來復者，天地之運
行如是也。消長相因，天之理也。陽剛君子之道長，故利
有攸往。一陽復於下，乃天地生物之心也。先儒皆以靜爲
見天地之心，蓋不知動之端乃天地之心也。非知道者，孰
能識之？

此言《復》卦所喻示的一陽來復之旨，乃是揭明大自然的運
行，陰氣窮極必致陽氣回復；而陽剛之氣的回復，正是“天
地”萌生萬物之心的體現。程氏稱此爲“消長相因，天之
理也”，即謂陰陽消長是“天理”之所必然。又如《姤》
卦九五爻的《小象傳》“有隕自天，志不舍命也”兩句，
《程傳》云：

命，天理也；舍，違也。至誠中正，屈己求賢，存志
合於天理，所以有隕自天，必得之矣。

這是說明《姤》卦象徵“遇合”，而九五以陽剛中正高居尊
位，下求賢者，遂有至美的遇合從天而降。程氏在此兩度強調
“天理”，即極力推美合理的、順應內在規律的“遇合”之道。
其實，在《周易程氏傳》中，程頤於注釋經傳大義的同時經
常提及的“理”、“義理”、“事理”、“正理”等概念，往往也
與他的“天理”範疇契合不悖。如於《師》卦初六爻辭“師
出以律，否臧凶”，《程傳》曰：

初，《師》之始也，故言出師之義，及行師之道。在
邦國興師而言，合義理，則是以律法也，謂以禁亂誅暴而
動。苟動不以義，則雖善亦凶道也。

此言《師》卦初六爻義，在於揭示兵衆初出，即當律之以法的
道理。所謂"合義理"，亦即"合天理"之意。又如《同人》
卦《象傳》"唯君子爲能通天下之志"一句，《程傳》釋曰：

天下之志萬殊，理則一也。君子明理，故能通天下之
志。聖人視億兆之心猶一心者，通於理而已。文明則能燭
理，故能明大同之義；剛健則能克己，故能盡大同之道，
然後能中正合乎乾行也。

此言"君子"深明天下大理，遂能廣泛和同於人。這裏反復
提到的"明理"、"燭理"、"通於理"、"理則一"之"理"，
亦與"天理"之義無異。又如《損》卦的卦辭"損，有孚，
元吉，无咎，可貞，利有攸往"數句，《程傳》釋云：

損，減損也。凡損抑其過，以就義理，皆損之道也。
損之道，必有孚誠，謂至誠順於理也。損而順理，則大善
而吉。所損无過差，可貞固常行，而行有所往也。人之所
損，或過、或不及、或不常，皆不合正理，非有孚也。非
有孚，則无吉而有咎，非可貞之道，不可行也。

此言萬物當"減損"之時的基本原則，而所云"義理"、"正理"，亦皆爲"天理"之謂。

程頤在闡說《周易》哲理的過程中，既時時將易理與新儒學的"天理"之旨溝通聯繫起來探討，又有機地結合與"天理"相對的概念"人欲"互爲辨析。如《无妄》卦六二爻辭"不耕獲，不菑畬，則利有攸往"，《程傳》釋曰：

> 凡理之所然者，非妄也。人之所欲爲者，乃妄也。故以耕獲、菑畬譬之。六二居中得正，又應五之中正，居動體而柔順，爲動能順乎中正，乃无妄者也，故極言无妄之義。耕，農之始；獲，其成終也。田一歲曰菑，三歲曰畬。不耕而獲，不菑而畬，謂不首造其事，因其事理所當然也。首造其事，則是人心所作爲，乃妄也。因事之當然，則是順理應物，非妄也，獲與畬是也。

這是認爲，《无妄》卦象徵"不妄爲"，而不妄爲的根本標誌，乃順乎"理之所然"。故爻辭以不耕而能獲，不菑而有畬爲喻，揭示唯不妄爲則利有所往的道理。程氏的解釋是否符合《易》之本義，這裏不遑多論。我們注意的是，他提出"人之所欲爲者"爲"妄"，"理之所然者"爲"非妄"，這事實上，密切貫穿著他關於"人欲"與"天理"觀念。換言之，程氏的主旨是，凡順"人欲"者必"妄"，應"天理"者則"非妄"。在闡說《損》卦的卦辭"曷之用，二簋可用享"兩句時，《程傳》的論述更爲明確：

> 損者，損過而就中，損浮末而就本實也。聖人以寧儉爲禮之本，故於《損》發明其義，以享祀言之。享祀之禮，其文最繁，然以誠敬爲本。多儀備物，所以將飾其誠敬之心；飾過其誠，則爲僞矣。損飾，所以存誠也，故云"曷之用，二簋可用享"。二簋之約，可用享祭，言在乎誠而已。誠爲本也。天下之害，无不由末之勝也。峻宇雕牆，本於宮室；酒池肉林，本於飲食；淫酷殘忍，本於刑罰；窮兵黷武，本於征討。凡人欲之過者，皆本於奉養。其流之遠，則爲害矣。先王制其本者，天理也；後人流於末者，人欲也。《損》之義，損人欲以復天理而已。

這兩句卦辭中的"簋"字，爲古代竹製盛物器具。卦辭大意是："用什麼來體現減損之道？兩簋淡食就足以獻祀神靈。"這是用"二簋用享"爲喻，說明"損下益上"，唯在乎心，只要內心誠敬，雖微薄之物亦足以奉享。故程頤進一步加以發揮，揭明以"誠"爲本，抑制淫濫的道理。其中最爲深刻的，是指出"天理"與"人欲"不可並存，認爲《損》卦的本質意義在於"損人欲以復天理"。這一觀點，顯然是他的"存天理，滅人欲"的新儒學思想在闡說《易》理中的突出體現。

再細加分析，我們又可看出，程頤發揮他的"理學"觀念以論述《周易》哲理，其所闡說之"理"、"天理'或"義理"的涉獵範圍是多層次的。擇其要者言之，約有"陰陽之理"、"動靜之理"、"體用之理"、"性命之理"等數端。

1. 陰陽之理。

陰陽，是《周易》哲學的最根本範疇之一。八卦、六十四卦、三百八十四爻之中，無不充斥著一陰一陽之理。程頤乃從"理學"的角度，把"陰陽之理"視爲事物的"本體"，從而進一步發展了這一哲學概念的内涵。他指出："一陰一陽之謂道。道非陰陽也，所以一陰一陽道也，如一闔一闢謂之變。"（《河南程氏遺書》卷三）這是對《繫辭傳》"一陰一陽之謂道"命題的新解釋，認爲單純的"陰"、"陽"不可稱之爲"道"，只有一陰一陽兩者對立而又和諧的運動才是"道"，猶如一合（闔）一開（闢）的交互作用稱爲"變"一樣。於是，這種體現著事物運動之本的"道"，與老子所提倡的"虛無"之"道"截然不同。程頤又云：

> 一陰一陽之謂道，此理固深，說則无可說。所以陰陽是道，既曰氣，則便是二；言開闔，已是感，既二則便有感。所以開闔者道，開闔便是陰陽。老氏言虛而生氣，非也。陰陽開合，本無先後，不可道今日有陰，明日有陽。如人有形影，有則齊有。（《河南程氏遺書》卷十五）

這裏強調"所以陰陽是道"，即把"道"歸爲陰陽二氣運行之所以然。亦即從事物運動的本源，來認識陰陽二者如形影相隨，未曾一時或離的本體功能。這樣，顯然把陰陽之"道"或"理"，視爲實有的，而非老子所謂虛無的。可見，程頤對"陰陽之道"的認識，事實上已經抨擊了老子哲學所宣揚的"虛而生氣"的道本虛無之說。

程頤還認爲，既然"陰陽"是事物運動之本，則陰陽之理又可廣見於萬事萬物的善惡、是非之中。他指出：

> 道無無對，有陰則有陽，有善則有惡，有是則有非，無一亦無三。故《易》曰："三人行，則損一人；一人行，則得其友。"只是二也。（同前）

這是舉《損》卦六三爻辭爲說，揭示六三只能一陰專行以與上九之陽相應，以成陰陽偕合之美，遂據以引申出"道無無對"，即萬物的運動發展規律"只是二"之理。在注釋《賁》卦《彖傳》"天文也，人文以止，人文也"諸句時，程頤又云：

> 陰陽剛柔相文者，天之文也；止于文明者，人之文也。止，謂處於文明也。質必有文，自然之理；理必有對待，生生之本也。有上則有下，有此則有彼，有質則有文。一不獨立，二則爲文。非知道者，孰能識之？天文，天之理也；人文，人之道也。（《周易程氏傳》）

此雖闡說《賁》卦所示"文飾"之旨，但其思想卻超乎
《賁》卦之外。程氏在這裏不但把上下、彼此、文質納入陰陽
範疇，謂之"自然之理"，並認爲"理必有對待，生生之本
也"，這就更爲明確地揭示陰陽二氣爲天下萬事萬物萬理之本
的"理本論"，終於將陰陽之理融進他的"理學"體系中了。

2. 動靜之理。

程氏所論"動靜"之理，與他對"陰陽之理"的闡說是
一脈相承的，或者說是在前者基礎上的進一步推展。他對
"動靜"之理的認識，可以概括爲"動靜無端，陰陽無始"，
即認爲事物陰陽對立面一動一靜的發展變化，是無始無終的。
其《易說·繫辭》云：

> 道者，一陰一陽也。動靜無端，陰陽無始。非知道
> 者，孰能識之？動靜相因而成變化。順繼此道，則爲善
> 也；成之在人，則謂之性也。在衆人，則不能識。隨其所
> 知，故仁者謂之仁，知者謂之知，百姓則由之而不知。故
> 君子之道，人鮮克知也。（《河南程氏經說》卷一）

這是對《繫辭上傳》"一陰一陽之謂道，繼之者善也，成之者
性也；仁者見之謂之仁，知者見之謂之知，百姓日用而不知，
故君子之道鮮矣"一節的解說。所謂"道者，一陰一陽"，即
言事物陰靜陽動互相依存的變化組合稱之"道"（猶言自然法

則）。而“道”在事物發展變化過程中的具體體現，便是“動靜無端，陰陽無始”。《河南程氏遺書》卷二曾記二程先生語曰：

> 天地陰陽之變，便如二扇磨，升降盈虧剛柔，初未嘗停息，陽常盈，陰常虧，故便不齊。譬如磨既行，齒都不齊。既不齊，便生出萬變。故物之不齊，物之情也。而莊周強要“齊物”，然而物終不齊也。

這裏擬取兩片石磨運轉磨物爲喻，說明事物陰陽動靜無始無終之理。只有循此一動一靜之理，事物才能按正常的規律發展變化。“二扇磨”，正形象地喻指陰陽二氣，相爲依存，一動一靜，無有止息的情態。同時，還搭擊了《莊子》的“齊物說”，認爲陰陽動靜的升降盈虛，遞爲消長，往來不停，由此所產生的大自然萬物決不可能律之以“齊”，遂使“齊物”之論難以成立。

程頤提出的“動靜”之理，又非機械刻板的“動靜”之說。就“動靜”本身言之，乃是相因交變的。其解釋《艮》卦之義云：

> 《序卦》：“震者，動也；物不可以終動，止之，故受之以《艮》。艮者，止也。”動靜相因，動則有靜，靜則有動。物无常動之理，《艮》所以次《震》也。艮者，止

也。不曰止者，艮山之象，有安重堅實之意，非止義可盡
也。乾坤之交，三索而成艮，一陽居二陰之上。陽動而上
進之物，既至於上則止矣。陰者靜也，上止而下靜，故爲
艮也。（《周易程氏傳》）

此據《序卦傳》所明《震》、《艮》兩卦相承之理，引申出
"動靜相因"的意義。六十四卦之中，《震》卦象徵奮動，
《艮》卦象徵靜止，故程頤由之揭出動極乃靜的義旨。而在八
卦的卦象中，艮爲山，但山雖爲靜止之象，又不僅僅喻示
"靜止"，故稱"有安重堅實之意，非止義可盡"。若從艮卦的
奇偶之畫言之，其一陽居二陰之上，猶如陽動而止於上，亦爲
動極而靜之義，故曰"陽動而上進之物，既至於上則止矣"。
然物之靜極，又當生動，於是程氏又解釋《漸》卦之義曰：

　　《序卦》："艮者，止也。物不可以終止，故受之以
　　《漸》。漸者，進也。"止必有進，屈伸消息之理也。止之所
　　生亦進也，所反亦進也，《漸》所以次《艮》也。（同前）

此亦據《序卦傳》所明《艮》、《漸》兩卦相承之理，引伸出
"靜極生動"的意義。《艮》卦既象徵靜止，《漸》卦則象徵
"漸進"，兩卦相承，故程頤揭示"止必有進"之旨。從這兩
節論述，尤其程氏強調的"動則有靜，靜則有動"，與他平素
所言"靜中便有動，動中自有靜"（《河南程氏遺書》卷七）

的觀點全然一致，把動靜關係闡說得頗具辯證色彩。聯繫前文引程氏"動靜無端，陰陽無始"之說，可以看出，程氏論述的動靜之理，實是開拓了《周易》經傳中關於事物矛盾發展沒有窮盡終止之時的思想，揭明事物在發展變化過程中對立轉化規律的永恒性。因此，程氏所論動靜之理，在中國哲學史上，尤其在古代辯證法史上的積極意義是值得重視的。

3. 體用之理。

程頤易學中的"體用"說，見於其《易傳序》云：

> 《易》有聖人之道四焉：以言者尚其辭，以動者尚其變，以制器者尚其象，以卜筮者尚其占。吉凶消長之理，進退存亡之道，備於辭；推辭考卦，可以知變，象與占在其中矣。君子居則觀其象而玩其辭，動則觀其變而玩其占。得於辭不達其意者有矣，未有不得於辭而能通其意者也。至微者理也，至著者象也。體用一源，顯微無間。觀會通以行其典禮，則辭無不備。故善學者，求言必自近；易於近者，非知言者也。予所傳者辭也，由辭以得其意，則在乎人焉。（《周易程氏傳》卷首）

這是先引述《繫辭上傳》提出的《周易》有"辭"、"變"、"象"、"占"這四方面"聖人"之道，然後指出《周易》的內在哲理盡備於"辭"（卦爻辭）。通過推考諸卦之"辭"，既可知"變"，亦明"象"、"占"，於是將易道之四大要素統歸到"辭"中，同時也點明了程氏注重《周易》"辭"理的易學主張。接著，程氏以"至微者理也，至著者象也"兩句，表明研探《周易》的卦爻辭所必須領會的"理"與"象"的基本特徵，謂"理"是至爲幽隱（微），而"象"是至爲顯露（著）。程氏還認爲，隱微之"理"是《周易》哲學之"體"，顯著之"象"是《周易》哲學之"用"。既有其體，必有其用，二者不可分離。亦即易理與易象本是交融爲一，務必將二者結合起來進行研討，於是便得出"體用一源，顯微無間"的觀點。

朱熹曾對程頤的"體用一源，顯微無間"之說作過解釋。其《答汪尚書》云："蓋自理而言，則即體而用在其中，所謂'一源'也；自象而言，則即顯而微不能外，所謂'無間'也。"（《朱文公文集》卷三十）這是分別從"理"、"象"兩方面分析，說明體用既屬"一源"，象理必是"無間"。朱熹還擬取"性"、"情"關係比喻"體"、"用"關係，指出："仁，性也；惻隱，情也。""性是體，情是用。"（《朱子語類》卷五）人類有其性便有其情，性情不容分離，正如"體用"必爲"一源"。此種解說可謂親切而又貼近。

在程氏易學中，"體用一源，顯微無間"說佔據著極爲重要的地位。此說的基本宗旨，是對《周易》的"象"與"理"作了超越前代舊說的重新認識。這裏，作爲《易》之"體"的"理"，與作爲《易》之"用"的"象"，均具有特定的新含義。程頤在《答張閎中書》中曾云："有理而後有象，有象而後有數。《易》因象以明理，由象而知數。得其義，則象數在其中矣。"又云："理無形也，故因象以明理。理既見乎辭矣，則可由辭以觀象。故曰：得其義，則象數在其中矣。"（《河南程氏文集》卷九）在此，程氏著重強調《周易》哲學的本質內涵在於"理"，而這種"無形"之理又必須借助"象"的顯示方可明暢了然，故《周易》的特色是"因象以明理"。另一方面，《周易》的卦爻辭亦是通過特定的喻象來說明易理，故讀《易》者可以"由辭以觀象"。此種觀點，展示了程氏的治《易》方法：主張立足於《周易》的"辭"（卦爻辭），注重從卦爻辭的喻示中觀覽其"象"，領悟其"理"，從而把握"理"與"象"的體用之旨，徹底融會貫通《周易》義理的內在意蘊。顯然，程氏這種易學觀點不同於漢代易家專主象數、刻板求象的方法，也不同於王弼以來掃象闡理、"得意忘象"的主張，而是站在新儒學義理派的立場上提出易象與易理融合爲一、不相分離的"體用一源，顯微無間"說。因此，在《周易程氏傳》中，程頤全面貫徹了他的這種治《易》思想，從六十四卦的整體喻象深入剖析經傳義理，並時時參合著他的理學觀點，遂使其書成爲北宋最有代表性的《周易》義理學專著。

4. 性命之理。

宋代理學家頗喜談"性命"，程頤易學中亦有涉及。程氏認爲，性、命與理，在本質上是通同無異的哲學範疇。他曾解釋《說卦傳》"窮理盡性以至於命"一語曰：

> 理也，性也，命也，三者未嘗有異。窮理則盡性，盡性則知天命。天命猶天道也，以其用而言之則謂之命，命者造化之謂也。（《河南程氏遺書》卷二十一下）

根據程頤的理解，"性"，乃天賦予事物的特定稟性；"命"，乃天命之謂，言事物榮衰生死的内在規律；"理"，亦即"天理"，此"理"實與"性"、"命"之旨相互溝連，故程氏稱"三者未嘗有異"。

但對於不同類别的個體事物來說，其性與命又各不相同。故程頤在解說《乾》卦《彖傳》"乾道變化，各正性命，保合太和乃利貞"諸語時指出：

> 乾道變化，生育萬物，洪纖高下，各以其類，各正性命也。天所賦爲命，物所受爲性。保合太和乃利貞，保謂常存，合謂常和，是以利且貞也。天地之道，常久而不已者，保合太和也。（《周易程氏傳》）

既然"天"所給予的爲命，"物"所稟受的爲性，則萬物"洪纖高下，各以其類"，其性、命乃至於千差萬異。但萬物之性、命雖異，其依天地陰陽之理而發展，在特定狀態下常保其

"太和"之"貞"則又是恒久不易的規律。故程氏強調"天地之道，常久而不已者，保合太和也"，此即萬物"性"、"命"的不變之理。

程氏所言"性命"，縱然是立本於《周易》哲理，卻又往往超出易理之外，與其整個理學思想融合爲一，而突出展示身心修養的道德旨趣。他曾說："在天爲命，在義爲理，在人爲性，主於身爲心，其實一也。"（《河南程氏遺書》卷二十二下）從這一宗旨出發，程頤結合人的才性問題，對"性"作出如下分析：

> 性出乎天，才出於氣。氣清則才清，氣濁則才濁。譬如木焉，曲直者性也。可以爲棟梁、可以爲榱桷者，才也。才則有善與不善，性則無不善。"惟上智與下愚不移"，非謂不可移也，而有不移之理。所以不移者只有兩般：爲自暴自棄，不肯學也。使其肯學，不自暴自棄，安不可移哉？（《河南程氏遺書》卷十九）

這是引申發展了"性善"之論，注重後天修養對人的才性的影響作用，認爲只要"肯學，不自暴自棄"，便能不斷擴展人的美善之性，發揮其良好才氣。在程氏看來，"才"可優可劣，而"性"則無往而不善。唯循性以修之，其才必愈修而愈善。故程氏又云："性即理也，所謂理性是也。天下之理，原其所自，未有不善。喜怒哀樂未發，何嘗不善？發而中節，

則無往而不善。"（《河南程氏遺書》卷二十二上）程氏還認爲
《說卦傳》所言"盡性至命"之旨，與"孝弟"之道本屬一
事，他指出：

> 後人便將性命別作一般事說了。性命、孝弟，只是一
> 統底事，就孝弟中便可盡性至命。至如灑掃應對，與盡性
> 至命亦是一統底事，無有本末，無有精細。卻被後來言性
> 命者別作一般高遠說。故舉孝弟，是於人切近者言之。然
> 今時非無孝弟之人，而不能盡性至命者，由之而不知也。
> （同前卷十八）

此處借用"孝弟"之事，說明"盡性至命"的義旨與日常生
活中的一切美善道德均爲"一統底事"。在此，程氏把"性
命"之理視爲大自然、人類社會中一切美好事物或現象的本
源。這一點，事實上又是程頤"理爲氣本"的理學思想在人
性論中的反映。因此，程氏立足於他的《周易》學說所闡發
的"性命"之理，其影響所及，既在於易學領域，又深刻體
現於整個宋明理學之中。

總之，程頤易學的最重要特色是"以儒理闡易"。這"儒
理"，即是北宋新興的儒學思想的基本理論，經程頤的多方闡
述而援引融合於《周易》哲學之中，終於形成具有濃厚的時
代學術氣息，哲理內涵至爲豐富的易學體系，爲宋易義理學樹
起了一面學人共所崇仰的大旗。後來，至南宋時期，經過朱熹

的繼承發展，這面旗幟遂從一個高峰又插上另一個更高的峰頂，使"儒理闡易"派成爲宋代《周易》義理學的主流，在中國易學史上產生了十分重大的影響。

（二）朱熹易學。

朱熹在易學方面的主要成就，在於全面發展了"儒理闡易"的學說，歸結完善了宋易義理學的整體理論。

與程頤一樣，朱熹的整個理學思想也是以易學爲根柢的，而就其易學思想來分析，則全然貫注著與程氏易學一脈相承的融會其儒學哲理以闡《易》的學術基因。同時，朱熹還汲取了周敦頤、邵雍、張載、朱震等人的理學及易學觀點，認真思考了先秦以來的易學發展歷程，辨僞存真，棄粗取精，豐富並擴展了他承自程頤的易學體系，成爲宋代《周易》義理學之主體的全面完成者。

朱熹易學思想是至爲廣博的。其闡理論事之所及，有對各個時代易家、易派的評價，有對《周易》經傳的產生、發展歷史的研探，有對卦象、爻象、卦辭、爻辭的解說剖析，更有結合宋代哲學界出現的理氣、體用等頗有爭議的學說而進行富有創見的推衍闡釋。就其較顯著者觀之，朱熹以儒理闡《易》的突出角度約可見於四個方面：一曰，由太極以考察義理；二曰，據陰陽以推本義理；三曰，沿卜筮以揭示義理；四曰，察虛象以推明義理。

1. 由太極以考察義理。

"太極"之說，在朱熹易學體系中是一個重要的綱領性理論，其間既涉及對《周易》卦象生成原理的認識，又表露著對大自然萬物本原的探討。因此，無論是研究朱熹的理學思想，還是研究他的易學觀點，"太極"學說是不得不接觸的第一個問題。

首先，朱熹根據《繫辭上傳》"易有太極，是生兩儀，兩儀生四象，四象生八卦"的記載，考察了《周易》八卦、六十四卦的生成規律。他在《答虞士朋》中指出：

> 《易》有太極，是生兩儀者，一理之判，始生一奇一偶，而一畫者二也。兩儀生四象者，兩儀之上各生一奇一偶，而爲二畫者四也。四象生八卦者，四象之上各生一奇一偶，而爲三畫者八也。此乃易學綱領，開卷第一義。然古今未見有識之者，至康節先生始傳先天之學而得其說，且以此爲伏羲氏之《易》也。（《朱文公文集》）

這裏，朱熹一方面沿用邵雍"加一倍法"解說太極、兩儀、四象、八卦的遞生程式，另一方面提出"太極"爲"一理"的認識，亦即把"太極"視爲《周易》八卦、六十四卦及一切象數之理的本初蘊蓄。故《易學啓蒙》云："自兩儀之未分也，渾然太極，而兩儀、四象、六十四卦之理已粲然於其

中。"這種以"一理"概括"太極"之旨的觀點，實是朱熹
"太極說"的一個重要特徵。依照這一觀點，朱熹又通過譬喻
作出進一步分析：

> 《易》有太極，便是下面兩儀、四象、八卦。自三百
> 八十四爻總爲六十四卦，自六十四卦總爲八卦，自八卦總
> 爲四象，自四象總爲兩儀，自兩儀總爲太極。以物論之，
> 《易》之太極，如木之有根，浮屠之有頂。但木之根，浮
> 圖之頂，是有形之極。太極卻不是一物，無方所頓放，是
> 無形之極。(《朱子語類》卷七十五)

此處用樹木之根、佛塔之頂比喻"太極"與兩儀、四象、八
卦、六十四卦、三百八十四爻之間的關係。樹以根爲本，而後
有幹、有枝、有葉；塔以頂爲極，其下逐層遞降而塔體漸趨龐
大。"太極"作爲"一理"之源，也是如此而遞生出兩儀、四
象、八卦以至六十四卦、三百八十四爻，其喻顯然頗爲貼切。
然朱熹則云，此喻尚未盡妥，因爲木之根、塔之頂皆爲"有
形之極"，而"太極"作爲渾一之理，卻是"無形之極"，
故與木根、塔頂又有本質的區別。所謂"無形之極"、"一
理"，實是把"太極"概念高度理學化，而成爲自然而然地
化生陰陽的本理，這是對邵雍所明"一分爲二"之法的重要
發展。
　　其次，朱熹依承周敦頤《太極圖說》所論"太極"之旨，

又從世界萬物本原的角度揭示他的"太極"觀。其《答揚子直》云：

> 聖人謂之"太極"者，所以指天地萬物之根也。周子因之而又謂之"無極"者，所以著夫無聲無臭之妙也。然曰"無極而太極"、"太極本無極"，則非無極之後別生太極，而太極之上別有無極也。又曰"五行陰陽"、"陰陽太極"，則非太極之後別生二五，而二五之上先有太極也。以至於"成男成女"、"化生萬物"，而無極之妙，蓋未始不在是焉。此一圖之綱領，《大易》之遺意。與老子所謂物生於有，有生於無，而以造化為真有始終者，正南北矣。（《朱文公文集》）

這是針對周敦頤《太極圖說》所發的議論，認為《圖說》云"無極"本即"太極"，並非"太極"之前先有"無極"。而五行與陰陽，陰陽與太極，亦非有彼此先後之分。這就揭出大自然萬物的生成雖有自然次第卻无時間先後的觀點。此種觀點所含意義有二：一是推翻了老子"有生於無"的舊說，二是反映了朱熹關於"理氣本無先後"的理學思想。在《答程可久》中，朱熹又指出：

> 太極之義，正謂理之極致耳。有是理即有是物，無先後次序之可言，故曰"《易》有太極"。則是太極乃在陰

陽之中，而非在陰陽之外也。今以"大中"訓之，又以乾坤未判、大衍未分之時論之，恐未安也。形而上者謂之道，形而下者謂之器。今論太極，而曰其物謂之神，又以天地未分、元氣合而爲一者言之，亦恐未安也。有是理即有是氣，氣則無不兩者，故《易》曰太極生兩儀。而老子乃謂道先生一，而後一乃生二，則其察理亦不精矣。（同前）

此乃朱熹與程可久辯論之文，其中反駁了程可久以"大中"訓釋"太極"，以及把"太極"視爲先於天地陰陽而存在的虛無的"道"的觀點。而朱熹著重強調的"有是理即有是氣，氣則無不兩"，正是以太極爲"理"，以陰陽爲"氣"。有理即有氣，理氣不分先後，則太極、陰陽亦不可分先後。依照此說，老子所謂"道"先於一而後方生一，一先于二而後生二的論點便不攻自破了。因此，朱熹把"太極"訓爲"理之極致"，並指出"有是理即有是物"，實是把"太極"之理看作宇宙間萬物化生的本原。在周敦頤《太極圖說》及程頤"體用一源，顯微無間"說的基礎上，朱熹進一步發展了宋代理學中的"本體論"思想，這無論就易學史還是理學史言之，均是一項重要貢獻。

顯然，朱熹根據《繫辭傳》關於"太極"化生的記載，提出"太極"爲"一理"之說，又據周敦頤《太極圖說》揭明"太極"爲大自然萬物化生之本理的觀點，是其"太極"

學說中互爲承應勾連的兩方面思想內涵。這一學說，把"太極"之旨作了高度的理性升華，充分體現了朱熹富有創見的哲學思維，從而成爲他的易學及理學體系的重要根基之一。

2. 據陰陽以推本義理。

《莊子·天下篇》嘗云："《易》以道陰陽。"歷代易家對《周易》的研究，幾乎都將"陰陽"概念作爲一個基本問題來探討，朱熹也不例外。朱熹的"陰陽"之說，是在程頤舊說的基礎上而作的進一步闡發。《繫辭上傳》云"一陰一陽之謂道"，程頤將之釋爲"所以陰陽是道"，即把"道"歸爲陰陽二氣之所以然（見前文）。朱熹則進一步把"陰陽之道"分爲"理"和"氣"兩個互爲依存的因素，認爲："陰陽迭運者，氣也；其理，則所謂道。"（《周易本義》）在朱熹看來，宇宙間一切事物一陰一陽的交動運行，即爲陰陽之氣；而之所以使陰陽交相運動的，即爲陰陽之理。一部《周易》離不開陰陽，陰陽的內涵也無非"理"、"氣"。故朱熹針對《周易》的卦爻辭分析說：

> 聖人繫許多辭，包盡天下之理。只因萬事不離乎陰陽，故因陰陽中推說萬事之理。（《朱子語類》卷六十五）

又針對《周易》卦畫爻象的創立問題指出：

> 聖人作《易》之初，蓋是仰觀俯察，見得盈乎天地

之間，無非一陰一陽之理。有是理則有是象，有是象則其
數便在這裏。（同前卷六十七）

這兩節言論，把《周易》的八卦、六十四卦及卦爻辭的創作
本旨，都歸原於揭示事物的一陰一陽之理。於是，整部《周
易》所闡述的哲學體系，無疑皆根基於陰陽之理了。至於陰
陽之氣，又是如何運行變化的呢？朱熹又云：

陰陽雖只是兩個字，然卻只是一氣之消息。一進一
退，一消一長。進處便是陽，退處便是陰；長處便是陽，
消處便是陰。只是這一氣之消長，做出古今天地間無限事
來。（同前卷七十四）

所言"一氣之消息"，即是表明陰陽之氣消長進退的變化情
態。世間萬事萬物，無不稟陰陽之氣而發展，故陰陽變化的法
則，是《周易》哲學揭示萬物發生、發展、變化規律的一項
總則。關於陰陽之氣與陰陽之理的區別，朱熹作了一番精約的
分析：

以陰陽之氣言之，則有消有息；以陰陽之理言之，則
無消息之間。學者體認此理，則識天地之心。（同前卷七
十一）

這是對《復》卦《象傳》"復，其見天地之心"一語的解說。陽氣窮則陰氣生，陰氣盡則陽氣復，此爲陰陽二氣消長的必然規律，也是"天地"生長萬物的永恒哲理，故稱爲"天地之心"。朱熹在這裏一方面指明，"陰陽之氣"是"有消有息"的，即言事物一陰一陽的變化運動是無所不在的，這是以"變"爲動力的充盈於宇宙之間的生命之氣。另一方面又指明，"陰陽之理"是"無消息之間"，即言事物一陰一陽的發展規律是沒有消長情狀間隔於其間的，這是以"不變"爲前提而展示的宇宙間本然的客觀真理。朱熹的此種觀點，不禁讓我們聯想到《易緯·乾鑿度》關於"易一名而含易簡、變易、不易三義"之說。其中"變易"、"不易"的內涵意旨，實與朱熹所論頗有契合之處。因此，朱熹提出"陰陽"概念之中包含著"陰陽之氣"與"陰陽之理"兩個相依相存的層次，是通過總結、吸收前人的易學思想之後而作出的進一步發揮，並與他的整個理學思想，尤其是"理氣"之說有著息息相聯的關係。

3. 沿卜筮以揭示義理。

把《周易》一書的性質，視爲是"爲卜筮而作"的一部筮書，於是從卜筮角度揭明《周易》的義理，又是朱熹易學思想的一大特色。朱熹《書伊川先生易傳板本後》云：

> 《易》之爲書，更歷三聖而制作不同。若庖犧氏之象，

文王之辭，皆依卜筮爲教，而其法則異。至於孔子之贊，則又一以義理爲教而不專於卜筮也。（《朱文公文集》）

又《答黎季忱》亦云：

> 蓋《易》本卜筮之書。故先王設官掌於太卜而不列於學校，學校所設《詩》、《書》、《禮》、《樂》而已。至孔子乃於其中推出所以設卦觀象繫辭之旨，而因以識夫吉凶進退存亡之道。（《朱文公文集》）

這兩節論述，所言約有二事：其一，認爲《周易》的"經"部分（即伏羲所作之八卦、六十四卦，及周文王所撰之卦爻辭），皆是"依卜筮爲教"，乃爲一部卜筮之書。其二，認爲孔子所作《易傳》（即《十翼》），是"以義理爲教"，旨在推闡出卦象、爻象及卦爻辭的内在哲理。這樣，便把《周易》經傳的不同性質作了明確的區分。但朱熹雖認爲《周易》本經是爲卜筮而作，卻並沒有因此而否定其中所寓含的"義理"，他曾指出："孔子恐義理一向沒卜筮中，故明其義。"（《朱子語類》卷六十六）又云：

> 到得孔子，盡是說道理。然猶就卜筮上發出許多道理，欲人曉得所以凶，所以吉。卦爻好則吉，卦爻不好則凶。若卦爻大好而己德相當，則吉；卦爻雖凶，而己德足

以勝之，則雖凶猶吉。反復都就占筮上發明誨人底道理。
（《朱子語類》卷六十六）

此言孔子《十翼》所推闡的《周易》義理，皆是依據占筮之
辭，辨析凡事吉凶之所以然，而發明誨人的道理。因此，朱熹
主張把《周易》看作一部筮書，並沿循其中所示卦象、爻象、
卦辭、爻辭以探討其豐富而精微的義理。他在《答鄭子上》
中曾詳述此旨云：

> 《易》之爲書，本爲卜筮而作。然其義理精微，廣大
> 悉備，不可以一法論。蓋有此理即有此象，有此象即有此
> 數，各隨所問，意所感通。如"利涉大川"，或是渡江，
> 或是涉險，不可預爲定說。但其本旨只是渡江，而推類旁
> 通，各隨其事。（《朱文公文集》）

謂之"不可以一法論"，即指明《周易》雖爲卜筮之書，卻不
可一味以"卜筮"之法論之，而應當透過卜筮看到義理。由
於其理既"精微"又"廣大悉備"，故對《易》辭的寓旨又
當"推類旁通，各隨其事"。朱熹對《周易》性質的這種認
識，事實上是把《周易》看作一部以"卜筮"爲表、以"義
理"爲裏的特殊的哲學著作，這是一種頗爲可取的看法。

根據這種認識，朱熹對《周易》六十四卦經文的解說，
皆能沿其卜筮特徵以揭示豐富的義理內涵。這一點，在朱熹所

著《周易本義》中表現得十分突出。如《蹇》卦九五爻辭
"大蹇，朋來"，《周易本義》釋云：

> 大蹇者，非常之蹇也。九五居尊，而有剛健中正之
> 德，必有朋來而助之者。占者有是德，則有是助矣。

《蹇》卦上坎爲水、下艮爲山，取水、山相阻，行走艱難之
象。其名爲"蹇"，旨在喻示濟度險難的道理。九五爻象，乃
以陽居坎中，當"大蹇"之時，崇陽剛中正之德而下應六二，
故致友朋紛來，共濟蹇難，其吉可知。朱熹的解說，正是抓住
九五"有陽剛中正之德"這一本質特色，故雖臨"非常之蹇"，
卻能獲"朋來而助之"。其說允爲貼切。但朱熹在揭明爻義的同
時，又著意指出："占者有是德，則有是助矣。"這就點明此爻
的爻辭是爲占筮者而設，謂凡占得此爻者若有"陽剛中正之德"
則能獲助以濟蹇。若无此德，必難以獲助而身罹"大蹇"之中。
通覽朱熹《周易本義》對六十四卦的卦辭及三百八十四爻的爻
辭所作注解，幾乎無處不體現著上述特點，即時時提醒讀者某
卦某爻是如何爲"占者"著想。遂使其書形成"沿卜筮以揭示
義理"的注《易》體系，與前代易著頗不相同。

　　4. 察虛象以發明義理。

　　《周易》的卦形符號及卦爻辭，皆是以特定的喻象來展示內
在哲理，這是《周易》至爲顯著的象徵特色。朱熹的易學思想

中，也十分注重《周易》的象徵問題。他曾說："《易》難讀，
不比他書。《易》說一個物，非真是一個物。如說龍非真龍。若
他書，則真是事實。孝弟便是孝弟，仁便是仁。"（《朱子語類》
卷六十七）所謂"說一個物，非真是一個物"，正是從"象徵"
角度而言的。他還舉其他經籍爲例，以與《周易》比較：

> 其它經，先因其事，方有其文。如《書》言堯、舜、
> 禹、湯、伊尹、武王、周公之事，因有許多事業，方說道
> 這裏。若无這事，亦不說到此。若《易》，則只是個空底
> 物事。未有是事，預先說是理，故包括盡許多道理。看人
> 做甚事，皆撞著他。（《朱子語類》卷六十六）

把《周易》稱爲"空底物事"，並非認爲易理空洞虛幻。恰恰
相反，朱熹是以《周易》之理爲實理，以其象爲虛象，認爲
先有其理，然後擬取其象而爲之說，故指明《周易》是"預
先說是理"、"包括盡許多道理"。這種觀點，有著深遠的學術
淵源。自三國王弼，即提出"觸類可爲其象，合義可爲其徵"
的《周易》"象徵"說（《周易略例·明象》）。東晉韓康伯，
亦強調《周易》"託象以明義"（《繫辭注》）。唐初孔穎達則
繼承王、韓的易學思想，認爲《周易》六十四卦、三百八十
四爻皆是"因象明義，隨義而發"（《周易正義》）。至北宋
程頤，進一步指出《周易》的"義理"是無形的，故"因象
以明理"（《河南程氏遺書·答張閎中書》）、"假象以顯義"

（《周易程氏傳》）。這些思想，均對朱熹產生直接或間接的影響，乃使他更直截了當地把《周易》的卦象、辭象視爲"虛說"之象。他曾指出：

> 蓋文王雖是有定象，有定辭，皆是虛說。此個地頭，合是如此處置，初不粘著物上。故一卦一爻，足以包無窮之事，不可只以一事指定說。他裏面也有指一事說處，如"利建侯"、"利用祭祀"之類。其他皆不是指一事說。此所以見《易》之爲用，無所不該，無所不遍，但看人如何用之耳。（《朱子語類》卷六十七）

雖是"虛說"，而其用卻"無所不該，無所不遍"，足見《周易》之理雖因"虛象"而發，卻能於實用之處體現其精奧的義旨。因此，朱熹對六十四卦、三百八十四爻的闡釋，皆能本其虛象以發明義理。如《遯》卦初六爻辭"遯尾，厲，勿用有攸往"，朱熹《周易本義》釋曰：

> 遯而在後，尾之象，危之道也。占者不可以有所往，但晦處靜俟，可免災耳。

《遯》卦象徵"退避"，但並非宣揚無原則地消極逃世。而是說明事物的發展受阻礙時，必須暫行退避，以俟來日振興復盛。此卦初六以陰柔卑居卦下，當"遯"之時，未及退避而落於末尾，情狀甚危，故爻辭謂有“厲”，並戒其“勿用有攸往”。朱熹既察此爻之象，遂本其象以揭明“占者”不可有所往之所以然，並闡發爻象所寓含的“晦處靜俟，可免災”的義理。於是，爻中之“虛象”既明，“實理”亦洞然可諭。觀《周易本義》全書，所釋諸卦諸爻之理，無不如是。

當然，朱熹之所以強調《周易》為“空底物事”，《易》辭乃“虛說”之象，除了基於對《周易》“象徵”特色的理解之外，還由於他主張《易》本卜筮之書。既為筮書，則其辭必當以抽象性、暗示性、不執泥一事為本色，才能為“占者”提供更廣闊的理解、分析事態的餘地，從中悟得更深刻、普遍的義理內涵。

作為宋代的理學大師及卓有創見的傑出易家，朱熹的《周易》學說的成就是多方面的，以上只是從他的《周易》義理學方面，針對幾個較突出的特點加以分析。從中我們可以看到，朱熹對《周易》的“義理”內涵十分重視，其解《易》闡理的思想與他的理學思想全然合拍。換言之，他是站在理學的立場上，結合他對儒家哲理的領悟與發揮，來闡說《周易》的義理。他對讀《易》、治《易》有過一節精闢的論說：

> 蓋《易》不比《詩》、《書》，它是說盡天下後世無窮無盡底事理。只一兩字，便是一個道理。又人須是經歷天下許多事變，讀《易》方知各有一理，精審端正。（《朱子語類》卷六十七）

這裏既要求知曉"天下事理"，又要求具有人生豐富的閱歷，庶可借自身對事物的哲理認識以與《周易》的義理相對照、印證，遂能領會深刻，並獲得獨到的見解。這事實上是朱熹自己治《易》的經驗之談，他正是這樣悟徹《易》旨，而通過諸多著述建立起一套有突出創獲的以儒學思想闡發義理的易學體系。

綜而觀之，在宋代易學研究領域中，程頤和朱熹這兩位傑出易家的先後崛起，形成了一股影響深遠的"以儒理闡易"的學術流勢，代表著宋代《周易》義理學的主要傾向。今天，對程、朱易學進行深入細密的探討，事實上是整個宋易義理學研究的最重要組成部分。

二、援史證易派的誕生

在宋代《周易》義理學這一重大學術派系中，有一個獨具風格的流別，即以南宋的李光、楊萬里爲代表的"援史證易"派。其主要特點，是引據歷代史事以推證《周易》的哲理，並從中闡發出具有現實鑒戒意義的象徵內涵。

（一）援史證易的學術淵源。

以史事參證易理的治《易》方法，並非始於宋代，更不是李光、楊萬里所獨創。考之《十翼》，其中對六十四卦義旨的闡說，即有不少地方體現出“以史證易”的苗頭。如《明夷》卦《彖傳》曰：

> 明入地中，明夷。內文明而外柔順，以蒙大難，文王以之。利艱貞，晦其明也。內難而能正其志，箕子以之。

《明夷》卦的卦象是離上坤下，離爲日、坤爲地，故《彖傳》乃以“明入地中”爲喻，展示了政治昏暗、光明泯滅之世的情狀及“君子”自晦其明、守正不移的品質。故卦辭稱“明夷，利艱貞”，即強調在艱難中維護正道，在“自晦”中期待著轉衰爲盛、重見光明的一天。《彖傳》之旨，在於解釋卦名、卦辭的寓義，遂援引周文王被紂幽禁羑里蒙難事殷，以及紂王的諸父箕子被囚佯狂而晦明守正的史例爲說。李道平《周易集解纂疏》對此釋云：“離在內爲‘文明’，坤在外爲‘柔順’，文王有文明柔順之德而臣事殷紂，幽囚著《易》，故曰‘以蒙大難’。”尚秉和先生《周易尚氏學》亦云：“箕子，紂諸父，故曰‘內難’。紂囚箕子，箕子佯狂爲奴，晦明不用，僅以身免，故曰‘箕子以之’。”顯然，《彖傳》舉文王之事釋卦名“明夷”，又舉箕子之事釋卦辭“利艱貞”：兩項史事與卦旨均甚切合，且箕子事又與該卦六五爻辭“箕子之明夷”相應。故張載指出：“文王體一卦之用，箕子以六五一爻之德。文王難在外，箕子難在內也。”（《橫渠易說》）又如《繫辭下傳》第二章論及《周易》“觀物取象”的創作特徵時，所述古代制器尚象"蓋取諸"《離》、《益》、《噬嗑》、《乾》、《坤》、《渙》、《隨》、《豫》、《小過》、《睽》、《大壯》、《大過》、《夬》等十三卦之例，皆是援引上古伏羲、神農、黃帝、堯、舜等聖人的史跡以爲論據，這无疑也是"以史證易"的早期苗頭之一。

漢魏兩晉的易學，雖然以象數解《易》的風氣佔絕對優勢，但也有不少學者時時引據某些典型史例以參證某卦某爻的取象之旨。這在鄭玄、虞翻等人的易說中即偶或可見，而東晉干寶則較爲突出。如於《乾》卦初九爻辭"潛龍勿用"，李鼎祚《周易集解》引干寶曰："此文王在羑里之爻也，雖有聖明之德，未被時用，故曰'勿用'。"於九二爻辭"見龍在田，利見大人"引曰："陽氣將施，聖人將顯，此文王免於羑里之日也，故曰'利見大人'。"於九三爻辭"君子終日乾乾，夕惕若，厲无咎"引曰："此蓋文王反國，大釐其政之日也。凡'无咎'者，憂中之喜，善補過者也。文恨早耀文明之德，以蒙大難，增修柔順，以懷多福，故曰'无咎'矣。"於九四爻辭"或躍在淵"引曰："或之者，疑之也。此武王舉兵孟津，觀釁而退之爻也。守柔順則逆天人之應，通權道則違經常之教，故聖人不得已而爲之，故其辭疑矣。"於九五爻辭"飛龍在天，利見大人"引曰："此武王克紂正位之爻也。聖功既就，萬物既覩，故曰'利見大人'矣。"這裏，從《乾》卦的初九到九五，干寶分列舉周文王被囚羑里、返國釐政及武王觀兵孟津、滅紂即位等各個時期的史例，以印證這五爻所象徵的代表宇宙間創始力量的陽剛元氣從潛藏、萌生、初露頭角、不斷開拓到發展至最高階段的過程，頗與諸爻的象旨相契合。又如《井》卦九三爻辭"井渫不食，爲我心惻，可用汲，王明並受其福"，李鼎祚《周易集解》引干寶釋曰：

> 此託殷之公侯，時有賢者，獨守成湯之法度而不見任，謂微、箕之倫也，故曰"井渫不食，爲我心惻"。惻，傷悼也。民乃外附，故曰"可用汲"。周德來被，故曰"王明"。王得其民，民得其王，故曰求王明受福也。

《井》卦取"水井"之象，其大旨乃是把"井"人格化，通過展示井水"養人"的種種美德，譬喻"君子"應當修美其身、惠物無窮。九三居《井》下卦之上，陽剛得正，但下無陰爻可據，猶如水井修治潔淨卻未被汲食，故爻辭發出"井渫不食，爲我心惻"之歎。然九三之下雖無陰爻可據，其上卻可與上六相應，終將有"可汲"之時，"君王"也將因汲用之明，使君臣並受福澤，故爻辭又稱"可用汲，王明並受其福"。爻辭全文是以充滿希冀的情調，展示出井水已清，應當及時汲用的心情，其意是期盼"尊者"能夠"思賢若渴"、"舉賢授能"。回視干寶之論，先是引用殷末微子、箕子賢明而不見任的史例，印證爻辭"井渫不食，爲我心惻"之義；又用當時臣民外附於西周的現象，印證爻辭所云井水潔淨"可用汲"之理；最後又以周文王盛德廣被四方，殷之臣民既往依附，使"王"與"民"兩相遂意、各得其福之例，印證爻辭"王明並受其福"之旨。通過援引這一典型的殷周史實，與《井》卦九三爻辭相互參證，遂使此爻的寓意頗爲顯明。干寶易說中，此類論證手法相當多見，故馬國翰《周易干氏注序》云："史稱寶好陰陽術數，留心京房、夏侯勝之傳。故其注《易》，盡用京氏占候之法以爲象，而援文、武、周公遭遇之期運一一比附。"（《玉函山房輯佚書》）無可置疑，干寶喜好援引殷周史事以論《易》的特點，對後代"以史證易"派的誕生具有不可低估的影響。

至北宋程頤，專以儒理闡《易》，但也經常結合歷史上的有關人物或事件，以進一步揭示《易》旨。如《蒙》卦上九爻辭"擊蒙，不利爲寇，利禦寇"，程頤釋曰：

> 九居《蒙》之終，是當蒙極之時。人之愚蒙既極，如苗民之不率，爲寇爲亂者，當擊伐之。然九居上，剛極而不中，故戒不利爲寇。治人之蒙，乃禦寇也；肆爲剛暴，乃爲寇也。若舜之征有苗，周公之誅三監，禦寇也；秦皇、漢武窮兵誅伐，爲寇也。（《周易程氏傳》）

《蒙》卦之義，在於揭示"啓發蒙稚"的道理。上九以陽處《蒙》卦之終，猶如"蒙師"高居上位，正採取嚴厲措施教治蒙稚者，故爻辭曰"擊蒙"。然因上九陽剛極盛，恐其"擊蒙"暴烈過甚，不得其法，故爻辭又以"不利爲寇，利禦寇"

爲喻，戒其治蒙可嚴不可暴。程頤上述所釋，正是針對此爻的喻象，援引舜征有苗、周公誅三監爲正面史例，又引秦始皇、漢武帝窮兵黷武爲反面史例，以印證爻辭所言“禦寇”、“爲寇”之旨，實甚契合該爻的象徵意義。又如《謙》卦九三爻辭“勞謙”一語，程頤詳釋之云：

> 三以陽剛之德而居下體，爲衆陰所宗。履得其位，爲下之上，是上爲君所任，下爲衆所從，有功勞而持謙德者也，故曰“勞謙”。古之人有當之者，周公是也。身當天下之大任，上奉幼弱之主，謙恭自牧，虁虁如畏然，可謂有勞而能謙矣。（同前）

《謙》卦大義，主於讚揚“謙虛”美德，九三是卦中唯一的陽爻，居下卦之終，以剛健氣質承應於上，爲勞苦而又謙虛的君子形象。程頤的解說，既指明此爻的爻象特徵，喻意所在，又引用周公旦身擔朝廷大任，扶持幼主成王，而謙恭勤勞的史跡以相參證，遂將該爻“勞謙”之象及其富有典型性的義理揭示得至爲深刻。程頤引據歷史資料以參證《周易》義理的例子，在其所著《周易程氏傳》中頗可尋見，其主旨是通過某些人所熟知的史事進一步深刻闡明易理的普遍含義。這種解《易》風格，對南宋出現“援史證易”派有著直接的影響。

　　以上所述表明，“援史證易”的學術淵源至少可以追溯到先秦時期出現的《十翼》，而歷漢魏兩晉以至北宋，不少易家皆有承沿此風以解《易》的例子。但作爲一個在易學史上具有顯著特色的流派，則是在南宋李光、楊萬里的易著行世之後才宣告誕生的。

（二）李光與楊萬里援史證易的基本特點。

李光、楊萬里均是南宋易家。李光生活於北宋末南宋初，楊萬里則稍後四十餘年。兩人治《易》的代表著作分別爲《讀易詳說》與《誠齋易傳》，其總體趨向，皆是沿循北宋以來"義理"學的大勢而發展；所不同的是，他們闡發《周易》義理的角度，乃是通過引據大量的歷代史實，以歷史人物的得失成敗或歷史事件的正反面教訓來參證六十四卦經傳的內涵旨趣。這種治《易》方法，雖然前代易家也曾用過，但應用得如此普遍，與《周易》經傳的義理聯繫得如此密切，以至在宋易義理派中形成一個特殊的頗有影響的"援史證易"流別，實是李光、楊萬里始發其端。

試尋李光、楊萬里"援史證易"的最主要特點，約可歸納爲如下三方面：

一曰，稱引史事，參論易理。

這一特點，在李光的《讀易詳說》及楊萬里的《誠齋易傳》中表現得最爲突出。如《師》卦六三爻辭"師或輿尸，凶"，李光結合本卦九二爻之象論曰：

　　九二以剛而居柔，故爲上所信倚，託不御之權，專閫外之寄，戰可必勝，功可必成也。六三體柔而居剛，體柔則其才不足仗也，居剛則其任不可專也。九二爲衆陰所歸，三當退聽而受其節制。今乃欲共主其事以分權，其无功必矣。自古將相委任不專，則號令不一；號令不一，則衆莫知所從：如此鮮有不敗北者。漢祖登壇拜韓信，使盡護諸將，故能下齊破趙，卒成大功。唐肅宗大舉節度之師以當安、史，而无主帥，進退相顧望，雖郭汾陽、李臨淮不免奔潰。將之成敗，在委任之專與不專之間耳。（《讀易詳說》）

　　《師》卦象徵“兵衆”，其旨在於揭示用兵行師的規律。全卦之中，九二以陽剛居於柔中之位，最獲六五“君主”之應，爲軍中主帥而戰必獲勝之象。六三則與之相反，以陰爻而居於陽位，柔弱失正，上无陽應，下又乘剛，爲力微任重、貪功冒進之象，戰必取敗，故爻辭謂之“師或輿尸”（載運屍體歸來），並斷其必“凶”。李光所釋，乃在分析了六三與九二爻象之不同之後，指出九二爲“戰可必勝”的象徵，六三爲“无功”必敗的象徵。同時援引漢唐史事以印證這兩爻的義理：一是漢高祖劉邦於公元前 206 年拜韓信爲大將，創“下齊破趙”之功，五年內全殲項羽軍隊，建立起西漢王朝；二是唐肅宗乾元元年（758），命郭子儀、李光弼等九節度攻擊安慶緒、史思明叛軍，卻不立元帥，以宦官魚朝恩爲觀軍容使，以致雖有郭、李之賢，也不免兵潰無功。這兩件史事，一正一反，與《師》卦九二、六三喻義適相吻合。故李光最後得出"將之成敗，在委任之專與不專之間"的結論。又如《既濟》卦上六爻辭"濡其首，厲"，楊萬里釋曰：

> 上六"既濟"之極，如已濟大川，自謂沒世无風波之虞矣。不知濟其一，又遇其一。求載而无宿舟，求涉而无善游，乃欲褰裳而馮河，此必溺之道也，危而不可久生也明矣。此晉武平吳之後，明皇天寶之末也，可不懼哉！濡至於首，則溺其身可見矣。坎水，故濡；上六在上，故爲首。此聖人所謂"初吉終亂"者與？然猶有不信者，何也？（《誠齋易傳》）

《既濟》卦取名之義，是借"涉水已竟"喻"事已成"。但全卦大旨，卻是闡發"守成艱難"的道理。上六以陰爻居《既濟》之終，又在上卦坎水之上，爲濟極終亂之象，猶如狐渡河而水濕其首，其勢必"危厲"，故爻辭謂"濡其首，厲"。楊萬里深入剖析爻象所含義理，指出此爻處"既濟"之極而自安，必致"危而不可久生"。同時又引用晉武帝、唐明皇之事加以印證：謂晉武帝司馬炎於平定東吳之後沉溺酒色以致國勢衰落，唐明皇李隆基於天寶盛治之末專寵楊玉環以致安史亂起，此並爲《既濟》卦上六"濡首"的戒意所及的範圍。於是，他極稱此卦的卦辭提到的"初吉終亂"的道理，並喟歎曰：後人“猶有不信者，何也？”這樣引據史事以參證《周易》的義理，實能使讀者留下至爲深刻的印象。

二曰，泛抒史論，闡發易理。

有時，李光、楊萬里並沒有引用具體的歷史事實以證《易》理，而是從廣義上抒發自己的歷史觀點或見解，藉以推闡《周易》義理。這也是李、楊易學的一方面特點。如《履》卦九四爻辭“履虎尾，愬愬終吉”，李光解釋道：

> 九四以剛強有爲之才，而能以卑遜柔順自處。位既逼上，行非坦途，而終獲吉者，能恭慎畏懼而不以陽剛自處也。《象》曰：“愬愬終吉，志行也。”四居近君之地，大臣也。大臣當近君之地，常能愬愬而不自安，則必有難進易退之節，豈肯戀寵祿、貪得而患失哉？蓋遇可行之時，伸欲行之志耳。（《讀易詳說》）

《履》卦取名於“小心行走”，譬喻處事必須循禮而行的道理。九四居《履》上卦之始，不當位而近君，有“履虎尾”之危。但以陽居陰，又有謙謹之象，遂能恐懼獲吉，故爻辭曰“履虎尾，愬愬終吉”。李光此解，雖未引據具體史事，卻明顯流露出他對歷史上爲臣而居特殊的“近君”之位者的深刻理解，於是總結出“大臣”唯經常保持“愬愬而不自安”，明確“難進易退之節”，才能於“可行之時，伸欲行之志”的歷史經驗教訓。這種見解，儼然與《履》卦九四爻的義理旨趣密合無間。又如《同人》卦的卦辭"同人于野，亨，利涉大川，利君子貞"，楊萬里分析曰：

> 人與人群居天地中，能高飛遠走不在人間乎？而獨與人爲異，何也？人異乎人者，物之棄；人同乎人者，物之歸。然同而隘，則其同不大；同而暗，則其同不公。"同人于野"，公而大也。同乎人者公而大，則天下歸之，故"亨"。天下歸之，何險不濟？故"利涉大川"。然則，當无所不同乎？曰：不然，利在君子以正道相同而已。君子與小人爲同，則君子爲小人；小人與小人爲同，則小人害君子，豈正也哉？（《誠齋易傳》）

《同人》卦的本旨，在於揭示"和同於人"的意義。卦辭先取"原野"喻"同人"之所，謂與人和同必須處於廣闊無私、光明磊落的境界。以此"同人"，前景必能暢通，足以涉越險難，故曰"亨，利涉大川"。但"同人"不得爲邪，唯利於"君子"守持正道，故卦辭又強調"利君子貞"。楊萬里的解說，一起筆便舉人類"群居"的歷史現象，從廣義上論述人與人和同的歷史規律，並站在歷代統治者治人、治天下的角度分析"和同於人"的最高準則在於"公而大，則天下歸之"。這事實上是《禮記·禮運》所謂"大道之行也，天下爲公"，"故人不獨親其親，不獨子其子"，"是謂大同"這一思想的具體發揮。然而，就人類社會中個體與個體之間的"和同"關係言之，歷史上又往往出現“君子”志同道合與“小人”結黨營私這兩類截然相反的現象，以致成爲社會“治”與“亂”的重要因素之一。楊萬里又本著對這種歷史教訓的認識，指出“同人”之“利”，在於“君子以正道相同”。否則，若“君子與小人爲同”或“小人與小人爲同”，不但危害社會，也將損害“君子”的本色，均非“同人”之正道。經過這樣分析，不但籠括了自古以來從上至下不同層次的“同人”情狀，而且總結出發人深省的歷史經驗，從而把《同人》卦辭的內在義理闡發得淋漓盡致，且示人以深刻的借鑒意義。

三曰，援古諷今，衍生易理。

這一特點，顯然是基於李光、楊萬里對所處的南宋社會最高統治階層偏安江南、昏庸無能、不圖統一大業的政治現狀的極度不滿所致，因而激起他們援古諷今，借衍生《周易》義理以抨擊社會現實的憤懣之情。如《蠱》卦初六爻辭“幹父之蠱，有子，考无咎，厲終吉”，李光論析曰：

> 人君狃於宴安，湛於逸樂，天下蠱壞，非得善繼之子堪任大事，曷足以振起之？宣王承厲王之後，修車馬，備器械，復會諸侯於東都，卒成中興之功；祿山之亂，明皇幸蜀，肅宗即位靈武，以復兩京：可謂“有子”矣，故“考”可以无咎。然亂自我致，非吾君之子，孰與興之？然則中興之業，難以盡付之大臣，故《蠱》卦特稱“父子”者以此。然“幹父”之事，其間亦有不可盡循者。

使爲子者能每事加危懼，內常恐傷父之志，外不失責望者
之心，意常承順而不見背違之跡，如此乃可終獲其吉也。
豈若異姓相代，如湯、武應天順人，聲其惡過而无所忌畏
者乎？或稱父或稱考，蓋兼存沒而言。（《讀易詳說》）

《蠱》卦的大義，主於除弊治亂。卦中六爻的爻辭多取象於
"子正父蠱"的蘊義，實可看出作《易》者意識到"弊亂"
往往是積久而成的，甚或延續一代、兩代人，終至釀成大患。
初六當治蠱有事之時，以柔處於卑位，上承九二、九三之陽，
猶如子輩能正父輩之弊，則父輩亦能免遭咎害，故爻辭曰
"幹父之蠱，有子，考无咎"。然子幹父蠱，實非易事，唯須
時時存危厲兢畏之心，才能善處其事而獲吉祥，故爻辭又云
"厲終吉"。李光的論析，正是抓住此爻的象徵本旨，引據西
周後期厲王亂政敗滅，太子姬靜繼位（即周宣王）勵精圖治
而周室中興的史實；以及唐明皇晚年失政導致安祿山亂起，明
皇避亂奔蜀，其子肅宗代父即位，遂收復失地而振興唐朝的史
實，以揭明爻辭所言"幹父之蠱，有子，考无咎"之義。李
光生活的南宋時代，正值宋高宗南渡之初，建都臨安（今浙
江杭州），北方半壁江山淪入金國手中，而高宗卻採用秦檜議
和政策，置中興大業於不顧。其時李光正供職朝廷，累遷吏部
尚書、參知政事，日常所論皆根本大計，但終以忤秦檜而罷
去。值此國家山河破碎、個人的報國壯志難酬之際，李光雖憤
慨填膺，卻忠心不泯，仍寄希望於朝廷，期盼宋高宗能繼承先

輩業績，努力中興宋朝。故借論述《蠱》卦初六，稱引歷史
上子承父業、拯弊治亂的"中興"事蹟，以明"天下蠱亂"，
只有"善繼之子堪任大事"，才能振興國運的道理。這裏，李
光著重強調兩點：其一，指出"中興之業，難以盡付之大臣，
故《蠱》卦特稱'父子'"。以此言之，則當時宋朝復興之業
唯有宋高宗振作奮發，方可排除"議和"派的干擾而取得成
效。其二，指出從"子輩"的角度欲排除"父輩"造成的弊
亂，又當講求方法，處事務須常存"危懼"之心而謹慎爲之，
如是方可取得成功而"終獲其吉"。這儼然是爲當時的最高統
治者著想，提出"中興"事業的具體策略問題。此種借引史
證《易》之機，影射現實，流露對政治不滿及自己報國熱誠
的特點，在李光《讀易詳說》中至爲顯著。楊萬里生活的年
代與李光十分接近，面對同樣的社會現實，故於解《易》之
時也表露出與李光相似的思想傾向。如於《周易》六十四卦
之首《乾》卦的卦象，楊萬里發論云：

> 《雜卦》曰："乾，健。"《說卦》曰："乾，剛。"又
> 曰："乾爲天，爲君。"故君德體天，天德主剛。風霆烈
> 日，天之剛也；剛明果斷，君之剛也。君惟剛，則勇於進
> 德，力於行道，明於見善，決於改過。主善必堅，去邪必
> 果，建天下之大公，以破天下之衆私。聲色不能惑，小人
> 不能移，陰柔不能奸矣。故亡漢不以成、哀，而以孝元；
> 亡唐不以穆、敬，而以文宗：皆不剛健之過也。然強足拒

　　諫，強明自任，豈剛也哉！（《誠齋易傳》）

　　《乾》卦，冠居《周易》六十四卦之首，以“天”爲象徵形象，揭示了“陽剛”元素、“強健”氣質的本質作用及其發展變化規律。楊萬里於開卷第一卦，便借易理而大發“君德剛健”之論。首先，他引用《說卦傳》、《雜卦傳》關於“乾”象徵“天”、象徵“君”以及“乾”的特性“健”且“剛”之說，然後進一步推論“君德”體於“天”而主於“剛健”的内涵義旨，認爲君主惟有以“剛健”爲本而主善，才能興邦強國。接著，他又援引兩項史事以爲證：謂漢元帝“柔仁好儒”，缺乏剛健之德，是爲西漢末葉國勢衰落的根源，終於導致成帝、哀帝以後王莽篡漢而西漢滅亡的結局，故曰“亡漢不以成、哀，而以孝元”。而唐文宗優柔寡斷，明不足以燭理，唐代之衰落一蹶不振，較之其前穆宗、敬宗兩朝五年之間的混亂敗落更負有亡唐的責任，故曰“亡唐不以穆、敬，而以文宗”。這裏，楊萬里把漢元帝、唐文宗“亡漢”、“亡唐”的主要原因歸結爲“不剛健之過”，其目的在於從反面展示“乾”卦所蘊含的象徵旨趣，而客觀上卻映襯出他對南宋君主懦弱無爲的不滿之情。據《宋史》載楊萬里生平，他的政治觀點一向是力主抗金，曾向朝廷上《千慮策》，抨擊投降之非。但他所經歷的宋高宗、孝宗、光宗、寧宗四朝，君主皆非剛健賢明的傑出人物，多以偏安江南爲滿足，戰和之策搖擺不定，兼之時時出現佞臣當道、任用失宜，收復失地的統一大業始終不能實現。因此，楊萬里對他所處的時代政治，尤其君主的昏庸無能是頗爲不滿的。無怪乎他在《誠齋易傳》的開篇第一卦便暢論"君德剛健"，提出剛健的準則是"勇於進德，力於行道，明於見善，決於改過"。而君主唯有剛健而"主善"，才能"去邪"，"建天下之大公，以破天下之衆私"，最後達到"聲色不能惑，小人不能移，陰柔不能奸"的崇高境界。這番"君德"論，與其說是闡釋《乾》卦取象之旨，不如說是作者向君主奉上的一篇慷慨激昂的諫說詞。那麼，他所援引的"亡漢"、"亡唐"的史例，也不僅僅在於參證《易》理，更在於向統治者提供"前車之鑒"。他甚至唯恐"君主"不聽從勸諫，反誤以"拒諫"、"自任"爲剛健，故最後還著意指出："然強足拒諫，強明自任，豈剛也哉！"其依經立義、因事抒忠之旨，洋溢於字裏行間。

合李光、楊萬里的易學以言之，其"援史證易"的特徵是至爲突出的。而在引據史事以參證《易》理的過程中，又強烈地表現出他們對當代社會政治的不滿、抨擊，或對最高統治階層的諷喻、規諫之情。這也是李、楊二人解《易》專著所共有的思想傾向。《四庫全書提要》嘗論李光《讀易詳說》，謂其"於當世之治亂，一身之進退，觀象玩辭，恒三致意"。又曰：

> 史載其紹興中奏疏云："淮甸咫尺，了不經營；長江千里，不爲限制。晉元帝區區草創，猶能立宗社，修宮

關，保江浙，未聞專主避敵如今日也。"其退而著書，蓋
猶此志矣。光嘗作《胡銓易解序》曰："《易》之爲書，
凡以明人事。學者泥於象數，《易》幾爲無用之書。邦衡
說《易》，真可與論天人之際。"又曰："自昔遷貶之士，
率多怨懟感憤。邦衡流落瘴鄉，而玩意三畫，可謂'困
而不失其所亨'，非聞道者能之乎？"其《序》雖爲銓作，
實則自明其著述之旨也。

這裏，從李光所上奏疏之語，及對胡銓"身困道亨"的讚美，
不難看出他對朝廷政治的強烈不滿以及爲人、治學的崇高精
神。本著這種精神而創作的《讀易詳說》，其在借史論《易》
的過程中，遂能自然而然地表現出與眾不同的思想境界。再視
楊萬里在《誠齋易傳》的《自序》中關於《周易》性質的一
段論述，則又可看出他"援史證《易》"方法的全面應用，
實是根基於他對《周易》一書特色的深刻認識：

　　古初以迄於今，萬事之變未已也。其作也，一得一
　　失；而其究也，一治一亂。聖人有憂焉，於是幽觀其通，
　　而逆紬其圖，《易》之所以作也。"易"之爲言，變也。
　　《易》者，聖人通變之書也。其窮理盡性，其正心修身，
　　其齊家治國，其處顯，其傃窮，其居常，其遭變，其參天
　　地、合鬼神，萬事之變方來，而變通之道先立。變在彼，
　　變在此，得其道者，蚩可哲，愿可淑，眚可福，危可安，

> 亂可治，致身聖賢而躋世泰和，猶反手也。斯道何道也？
> 中正而已矣。唯中，爲能中天下之不中；唯正，爲能正天
> 下之不正。中正立而萬變通，此二帝三王之聖治，孔子、
> 顏、孟之聖學也。（《誠齋易傳》卷首）

根據此論，則《周易》的產生之源，本於“聖人”因萬事之
變，爲探討其“一得一失”、“一治一亂”之理而創作的。而
《周易》哲理的應用，則在於本其“中正”之道，廣泛體現出
“正心修身”、“齊家治國”、“安危治亂”的根本效益，乃至
足以“致身聖賢而躋世泰和”。這樣，《周易》的義理內涵，
遂與古今人物的榮衰進退之道，歷史朝代的興亡更迭之運無不
相通。因此，述易理以鑒史事，或觀史事以論易理，也就成爲
切實可行的治《易》方法。視司馬遷、班固以來的歷代史家，
在其歷史著作中每每引《易》以評述史事，或亦未嘗不給李
光、楊萬里“援史證易”的方法以一定的影響。

　　當然，李光、楊萬里通過援引史事來論證推闡《周易》
哲理，就其對易理本身的認識而言，仍是沿承北宋程頤以來所
盛行的“以儒理闡易”的基本趨勢。因此，李、楊《易》著
中對《周易》義理的闡說發揮，無不立足於北宋興起的新儒
學思想，這也是“援史證易”派仍然從屬於宋易義理學的分
支之所以然。故《四庫全書提要》稱李光的《讀易詳說》“切
實近理”、“有益於學者”，又稱楊萬里的《誠齋易傳》“大旨
本程氏，而多引史傳以證之”，實非虛言。

　　總之，李光、楊萬里以其獨特的思維方式，憑著他們對易理內蘊的深入領悟，對歷史故實的精闢見解，對社會現狀的切身感受，把論《易》的重心安置在《周易》哲理與歷史經驗教訓的溝通這一基本點上，顯然是治《易》方法上的一大創獲、一大突破，終於在中國易學史上形成獨具風格的流派並產生了頗爲顯著的影響。以至元、明、清諸代易家中，不少人延續或發揚了這種援史論《易》，借《易》抒志的學術風氣。而清初王夫之的《周易外傳》，則是發揮這一學風的典型代表作，其中旁徵博引歷代史事以與六十四卦之旨參互印證，隨處抒發作者的政治見解、思想傾向，較之李光、楊萬里的著作有過之而无不及。因此，對於南宋"授史證易"派的產生及其在易學史上的影響，也是今天的易學研究領域值得探討的一個課題。

三、心學解易派的出現

　　宋代《周易》義理學發展到南宋時期，又出現一個新的分支——"心學解易"派，其代表人物及著作爲王宗傳的《童溪易傳》及楊簡的《楊氏易傳》。

　　王、楊兩人皆生活於"心學"盛行的南宋前期。

　　王宗傳，寧德（今屬福建）人，字景孟。生卒年無考。淳熙八年（1181）進士。官韶州教授（見《閩書》及朱彝尊《經義考》）。平日與人論《易》不倦，於《二繫》尤詳。

《童溪易傳》書成，大書其影曰："三十卷之易書。"自謂"无愧三聖"。（見林焞《童溪易傳序》）

楊簡（1141—1225），慈溪（今屬浙江）人，字敬仲。學者稱慈湖先生。南宋乾道間進士，授富陽主簿。會陸九淵道過富陽，問答有契，遂定師弟子之禮。調知樂平縣，興學訓士，邑人以訟爲恥，夜無盜警，路不拾遺，民呼"楊父"。紹熙中，召爲國子博士。嘉定初，授祕書郎，出知溫州。在郡廉儉，百姓愛之如父母，咸畫像事之。官終寶謨閣學士。卒諡"文元"（見《宋史》本傳）。

王宗傳、楊簡雖生活於相同的年代，但就政治地位、學術地位言之，楊簡官居要職，又爲陸九淵高足，故其影響較王氏爲著。

"心學解易"派，是隨著宋代道學中分化出的"心學"一派在南宋的盛興而出現的。"心學"之源，當濫觴於北宋"二程"中的大程（顥）。二程兄弟的哲學均主於"天理"之說，但兩人學說的内涵卻微有差別：程顥略見"心學"的苗頭，而程頤則專明"理學"的義蘊。至南宋陸九淵，乃排斥程頤學說，而極力發揮程顥有關"心學"的言論，提出"心即是理"的命題，形成與程頤、朱熹的哲學體系不同的一個流派。明代王守仁稱陸九淵的學說爲"心學"（《象山先生全集敍》），後人遂以此作爲陸、王哲學派別之名。然考"心學"派視心爲宇宙萬物本源的觀點，實與孟子所提倡的"君子所性，仁義禮智根於心"，"盡其心者，知其性也，知其性則知天矣"

（《孟子·盡心上》）的“心性”說頗有學術淵源上的應合之
處。因此，從立說之本考察，“心學”的最初源頭又得推溯到
《孟子》的哲學思想。

　　陸九淵的“心學”體系，是在與以朱熹爲代表的“理學”
派的爭論中形成的。陸氏“心學”觀點，在其易學思想中的
體現，多零星散見於他的《語錄》（見《象山先生全集》）。
但真正有系統地應用“心學”以解說《周易》經傳義理的，
當始於王宗傳及陸氏的大弟子楊簡。誠然，王宗傳、楊簡的易
學主張未必全然相同，然就兩人以心學解《易》這一特色分
析，則有頗多相互吻合、默契之處。略言之，兩人在這方面的
共同認識大略有三：一是認爲《易》明人心之妙用，二是認爲
《易》含聖人之先覺，三是認爲《易》即吾心所固有。茲簡要
辨析如下。

（一）《易》明人心之妙用。

　　顧名思義，“心學”派至爲重視“心”的本質作用。王宗
傳、楊簡以心學解《易》的思想體系中，也十分強調《周易》
的內在哲理在於闡明“人心之妙用”，認爲《易》之道即人之
心。如王宗傳解說《繫辭上傳》“天尊地卑”一節時指出：

　　　　聖人本天地以作《易》，非有他也，故所以發明人心
　　之妙用。人心之妙用，即天地之變化也。天地之變化，見

於萬物成象成形之際，與夫雷霆風雨、日月寒暑之運動。
人心之妙用，則爲可久可大之德業，其實皆无越乎自然之
理而已矣。（《童溪易傳》）

又曰：

自然之理，其在天地者然也。聖人奚取焉？取其在人
心者，與其在天地者本无以異也。故又發明乾坤之易簡，
人能盡之以成德業，則可以與天地參矣。"乾以易知，坤
以簡能"，此自然之理在天地也；"易則易知，簡則易
從"，此自然之理在人心也。夫自然之理既云易矣，夫何
難知之有？既云簡矣，又何難從之有？人之所以異於天地
者，心志本來簡易故也。（同前）

天尊地卑、乾坤易簡，是《繫辭傳》對《周易》哲理中關於
天地乾坤性質進行高度概括的命題。所謂"天尊地卑"，乃指
出宇宙間以陰陽兩種對立的元素而確定了萬物發生與發展的基
點。《周易》哲學以陰陽爲本，乾坤爲純陽純陰之卦，故《繫
辭傳》於上篇首章開宗明義，總說乾坤性質。此即韓康伯所
云："乾坤，其《易》之門戶。先明天尊地卑，以定乾坤之
體。"（《繫辭注》）所謂"乾坤易簡"，說明《周易》既立本
於乾坤陰陽之道，則其理不過"易"、"簡"二字而已。分言
之，乾陽之氣的太初創始，純發於自然，無所艱難；坤陰之氣

的生成萬物，靜承於乾陽，不須繁勞：故前者以平易爲人所知，後者以簡約見其功能。此亦韓康伯所云：“天地之道，不爲而善始，不勞而善成，故曰易、簡。”（《繫辭注》）尚秉和先生《周易尚氏學》也指出：“乾之德剛健純粹，施仁育物而已，故曰簡。”王宗傳針對上述問題，先把《周易》和“乾坤”哲學歸結爲“天地變化”之道，然後沿著“心學”的思維途徑，認爲“聖人”作《易》展示天地變化的根本意圖，在於揭明“人心之妙用”；而“人心”之所以“妙用”，本與天地變化的“自然之理”通同不悖。接著，王氏進一步闡明“自然之理”既在於“天地”之間，又存乎“人心”之中，而以此心察知此理、遵從此道，則顯然“易”而且“簡”了。通過這樣論述，王氏側重強調兩點：其一，《周易》的創作是爲了“發明人心之妙用”；其二，《周易》揭明的天地自然之理正在“人心”之中。據其所言，易學與“心學”遂搭起了一座隨時均可暢通的橋樑。也可以說，“心學”便由此而自由出入於易學的領域。故王宗傳解《乾》卦《文言傳》“大人與天地合其德”諸句云“一理所在，以心契之，故无往而不合”，解《坎》卦的卦辭“維心亨”一句云“心之爲物，所謂操之在我者，而信其所出之地也”（並見《童溪易傳》），皆是本於他的“易明人心之妙用”的宗旨以立說的。

在楊簡的易著中，強調“人心”與易道通同妙合的論述，也比比皆是。如其解說《乾》卦義旨時，申發對《周易》一書的認識云：

卜筮者，民之利用。聖人繫之辭，因明人之道心，是謂正德。人心即道，故舜曰“道心”。孔子曰：“夫《易》，聖人所以崇德而廣業也。知崇禮卑，崇效天，卑法地。天地設位，而《易》行乎其中矣。”明三才皆《易》之道。崇廣效法，蓋以人心未能皆悟本一之妙，姑因情立言，曰效法；而進至於果與天地相似无間，則自信其本一矣。此心人所同有，故《易》之道亦人所日用。（《楊氏易傳》）

這裏指出“聖人”創作這部以卜筮爲用的《周易》，並繫之以辭，目的是爲了揭明人的“道心”。謂之“道心”，與王宗傳所言“人心之妙用”儼然合拍。而楊簡又進一步發揮陸九淵“人心即道”（《象山先生全集·語錄》）之說，結合對《繫辭上傳》引孔子所論“知崇禮卑”的分析，認爲天、地、人“三才”一體皆《易》之道，《易》之道即人心所同有，亦時時體現於人類的“日用”之中。這樣，便把“人心即道”的概念，移植到“人心即《易》道”的易學範疇中去，而《周易》一書所明“道心”之於“日用”，也就是“人心之妙用”了。視楊簡論《易》，於《坤》卦九二爻辭“不習无不利”云“此道乃人心所自有，不假修習而得”，於《師》卦《象傳》“剛中而應”云“此道合乎人心，故人咸應之”（均見《楊氏易傳》），等等，皆是把“人心”與“易道”貫穿聯繫起來品味其理，均足以體現其以“心學”解《易》的本旨。

（二）《易》含聖人之先覺。

《周易》大旨既是在於闡明"人心之妙用"，《易》之道既是人心所同有，那麼，創作《周易》的"聖人"又是如何揭出"易道"呢？王宗傳、楊簡認爲，這是"聖人"懷著深切的"憂世"之心，以其超凡的"先覺"而闡明《周易》之道、人心之理。因此，一部《周易》，事實上又是包含著"聖人"對天地、自然萬物、人心的"先覺"。王宗傳於《繫辭上傳》"聖人有以見天下之賾"一章論云：

　　嗚呼！予學《易》至此章，乃知聖人憂世之心如此其深且至也。何也？不有其所有，而盡以其所有者，發之於《易》故也。夫聖人之所有者安在乎？曰：此性之所見者是也。此性之所見，而伊尹之所謂"先覺"也。有是先覺，故以覺後覺爲己任，此聖人憂世之心也。然則見天下之賾，見天下之動，聖人之先覺其在茲乎？故《易》象與爻由是而立焉。然則聖人區區於立象與爻，何也？曰：爲天下後世之言動設也，使天下後世言无過言，行无妄動，即是象與爻而有得焉。此則聖人作《易》之本心也。（《童溪易傳》）

關於《周易》的作者，《繫辭傳》將之歸於伏羲、周文王等

"聖人"，而極力盛讚其"觀象繫辭"以明天下萬物精奧哲理之功。王宗傳則沿此深入推闡"聖人"之所以能夠設卦立象、因爻繫辭的内在因素，是由於"聖人"先天所稟具之"性"，亦即足以洞察天下萬事萬物發展過程隱而未見的幽深哲理的"先覺"。於是，"聖人"既能以先知先覺悟徹天下至理，遂憂懼世人因不明此理而泯沒其心，以致言行悖理，未能把握趨吉避凶之道，故觀象、設卦、立爻而創作《周易》，作爲天下後世之人日常言行的準則，展示自然界及人類社會錯綜複雜的陰陽消長之理，以揭明"人心"本有之"妙用"。這顯然是站在"心學"的角度，窺探"聖人"以先覺"覺後覺"的作《易》"本心"，是一種以"心學"爲理論基礎的《周易》創作論。這種視《周易》爲"聖人"的"先覺"之書的觀點，在王宗傳注釋六十四卦經傳義旨之中也頗有體現。其於《頤》卦的《彖傳》"天地養萬物"注云："聖人之心，其與天地之心亦一"，於《恒》卦九三爻辭"不恒其德，或承之羞"注云："君子自立於天地之間，所以俯仰无愧，驗之千古聖人之心而皆合"（均見《童溪易傳》）。這種把"聖人"之心看作與"天地之心"合一，認爲"君子"永恆的美德與千古"聖人"之心相驗而皆合的觀點，正是指明"聖人"憑著"先覺"所揭示的義理之精純博奧，將之置於天地間則無往而不合。

　　無獨有偶，在楊簡的易說中，也曾涉及"聖人"的"先覺"問題。他針對《同人》卦《彖傳》"唯君子爲能通天下之志"一語發論曰：

> 唯君子爲能通天下之志者，人心一而已矣。心即道。
> 孔子曰：心之精神是謂聖。聖人先覺，衆人不覺爾。以明
> 照昏，以一知萬，如水鑒中之萬象，不勞思慮而毫髮无遁
> 者，此心自明、自神、自无所不通故也。庸人非不能通，
> 惟昏故不通爾。（《楊氏易傳》）

《同人》卦揭明"和同於人"的道理，《象傳》所言"唯君子爲能通天下之志"，乃解說此卦的卦辭"利君子貞"之義。孔穎達《周易正義》云："此更贊明君子貞正之義。唯君子之人，於'同人'之時能以正道通達天下之志，故利君子之貞。"楊簡將《象傳》所贊可以會通天下心志的"君子"，視同具有"先覺"的"聖人"，認爲"聖人"與"庸人"的區別，在於前者"先覺"，後者"不覺"。因此，就"同人"之道言之，只有對天下萬物的本心有先知先覺的"君子"，才能以其心和同於天下萬物之心。廣而推之，《周易》六十四卦三百八十四爻所明"君子"之道，所諭萬事萬物之旨，即是展示了"聖人"先知先覺的道理，讀《易》者惟能通達領悟"聖人"的先覺之心，則是領悟了《周易》的"道心"，其心亦與"聖人"之心等同而無異。故楊簡又於《咸》卦《象傳》"聖人感人心而天下和平"一語，特引用《孟子·告子上》"聖人先得我心之所同然"爲說，指出："人心自善、自神，自明，惟昏故亂；一旦感之，則固有之機忽發，默感默應，自和自平矣。"（《楊氏易傳》）顯然，楊氏的宗旨，是強

調《周易》爲“聖人”先知、先覺、先見、先得之書，其中所揭明的道理，本皆人心所自有，常人“惟昏故亂”。因而，世人讀《易》的第一要務，是驅昏拔亂，自明其心，以達到趨向、接近、會同於“聖人”的先覺之心的最終目的。這裹，楊簡實是站在他的“心學”立場上，揭示了“聖人”作《易》的根本旨趨以及後人治《易》的要領，也反映了他以“心學”解《易》的一個重要基點。

（三）《易》即吾心所固有。

“心學”派既然認爲“心”是宇宙萬物的本源，主張“心即理”，則人心的本有内涵乃包羅了宇宙間一切哲理的總和。故王宗傳、楊簡以心學解《易》的思想體系中，也體現著與此相應的一種認識，認爲《周易》的義理本爲“吾心”之所固有，或者說“吾心”原即含藏著《易》理。王宗傳論《繫辭上傳》“聖人以此洗心，退藏於密”諸語曰：

> 夫心也者，酬酢萬物之君也。心有所累，則酬酢萬物也不能擴然而大公。是心也不能擴然而大公，則亦異於《易》矣。夫无思无爲，寂然而不動，感而遂通天下之故者，《易》也。聖人以此著卦六爻，洗去夫心之累，則是心也擴然而大公。《易》即吾心也，吾心即《易》也。用能退藏於密，而不窮之用默存於我焉。（《童溪易傳》）

《繫辭傳》所謂"洗心"，指《易》之用足以啓發人自我修潔，淨化其心。謂"退藏於密"，則指《周易》的道理蘊藏不露，足以潛化萬物，即《繫辭上傳》所云"藏諸用"、"百姓日用而不知"之義。故韓康伯云："言其道深微，萬物日用而不能知其原，故曰'退藏於密'，猶'藏諸用'也。"(《繫辭注》) 王宗傳在此針對"人心"與《易》理作了發揮性的闡述，認爲人的本心若受各種外在因素的牽累，必然無法與天下萬物自由溝通、自然交流，使有所私繫，"不能擴然而大公"，乃與《周易》之理截然異趣。只有"洗"去一切牽累，才能使其心"擴然"，達到與天下萬物溝通、與《易》理渾然契合的境界。這裏，王宗傳引用了《繫辭上傳》前章有關易理特徵的論述"《易》无思也，无爲也，寂然不動，感而遂通天下之故"，以說明《易》理與經過淨化後的"人心"之理密合無間。"无思无爲"，謂《易》理出乎自然，非"思"、"爲"所致；"寂然不動，感而遂通"，謂《易》理靜中有動，陰陽交感而萬事皆通。孔穎達《周易正義》云："任運自然，不關心慮，是无思也；任運自動，不須營造，是无爲也。"又云："既无思无爲，故寂然不動。有感必應，萬事皆通，是'感而遂通天下之故'也。故謂事故，言通天下萬事也。"王宗傳引此爲說，既表明《易》理之精奧無處不通，也指出"人心"之本真"擴然大公"，二者即此即彼，彼此無異。於是，王氏得出"《易》即吾心，吾心即《易》"的結論。由此我們不禁聯繫到"心學"的奠基人陸九淵所提出的"人皆有是心，

心皆具是理，心即理也"（《象山先生全集·與李宰》）以及
"宇宙便是吾心，吾心即是宇宙"（同前《雜說》）的觀點。
從論述方式觀之，兩人的語調何其相似乃爾！所不同者，陸九
淵乃泛述其"心學"思想，王宗傳則是借"心學"以論
《易》，表達《易》理本是"吾心所固有"的主張。此種主
張，在王氏解說《周易》經傳的過程中時時有所表現。如於
《坤》卦《文言傳》"積善之家"一節云："君子之心知，盡
其在我者而已。"於《繫辭下傳》"《復》德之本也"一句云：
"天地之心，即我之心也。"又於同傳"《易》之興也"一節
云："易簡者，我心之所固有，優游涵泳，其味无窮。"（均見
《童溪易傳》）凡此，皆可看出王宗傳力主"吾心"原即含藏
著《易》理，而能否領悟此理，則取決於其人的"覺"或
"不覺"。

　　同樣，楊簡的易說，也頗有與王宗傳類似的觀點，以爲
《易》之理或《易》之道，本即人心所原有。他在解說《復》
卦《象傳》"復其見天地之心"之義時指出：

　　　　三才之間，何物非天地之心？何事非天地之心？何理
　　非天地之心？明者无俟乎言。不明者而欲啓之，必從其易
　　明之所而啓之。萬物芒芒，萬物循循，難於辨明。陽窮上
　　剝盡矣，而忽反下而復生，其來无階，其本无根，然則天
　　地之心豈不昭然可見乎？天地之心，即道，即《易》之
　　道。即人，即人之心。即天地，即萬物，即萬事，即萬

理，言之不盡，究之不窮。視聽言動，仁義禮智，變化云
爲，何始何終？一思既往，再思復生，思自何而來？思歸
於何處？莫究其所，莫知其自，非天地之心乎？（《楊氏
易傳》）

《復》卦象徵"回復"，乃喻示陽氣被剝將盡而一陽重新回復
更生的道理。《彖傳》所云"復其見天地之心"，是針對此卦
大義而發的歎美之語，謂"陽復"的道理體現著"天地"生
育萬物的用心。歐陽修《易童子問》曰："天地之心見乎動。
復也，一陽初動於下矣。天地所以生育萬物者本此，故曰
'天地之心'也。天地以生物爲心者也。"（《歐陽文忠公
集》）楊簡所論，則抓住"天地之心"、"人心"、"易道"等
問題反復研索，認爲從大自然"一陽來復"的規律中可以十
分明顯地領會到天地生物之心的道理，並推得天地之心即
"《易》之道"，而《易》之道本即"人心"的結論。從他論
述的內容中，我們不難品味出"心學"家處心積慮地把天下
萬事萬理歸原於"人心"所本有的高度的抽象思維特色。再
觀楊簡釋《屯》卦六二爻辭云："聖人立言垂訓，凡以解人
心之惑爾。人心无惑，則《易》道自在人心。"（《楊氏易
傳》）又《坤》卦《文言傳》"直其正也"一節，楊簡釋
"敬以直內，義以方外"之旨云："此直、此方、此敬、此
義，非由外鑠我也，皆我之所固有，不習而能，不慮而知。"
又云："聖人未嘗強人之所无也，聖言千萬，皆以明人心之

所自有也。”（同前）這裏反復提到的“《易》道自在人心”、《易》理“皆我之所固有”、《易》義“皆以明人心之所自有”云云，十分明確地道出了楊簡關於《易》與人心的看法，與王宗傳所謂“《易》即吾心，吾心即《易》”的觀點實無二致。

綜合王宗傳、楊簡以“心學”解《易》的主要特點，兩人所提出的《易》明人心之妙用，《易》含聖人之先覺，《易》即吾心所固有諸說，充分表露出他們與前代易家不同的以注重“人心”爲特色的易學思想體系。視王宗傳其人，《宋史》無傳，其師承學派固無從詳考。但他生活於陸九淵“心學”盛行的時代，其思想受到一定的影響是可以理解的。他曾用誤注《本草》如殺人，譬喻誤注《周易》將遺害“人心”。其論曰：“《本草》誤，誤人命；注《易》誤，誤人心。人心一誤，則形存性亡，爲鬼蜮，爲禽獸，將无所不至其禍，不亦慘於殺人矣乎！”（《童溪易傳·原序》）此說儼然把《周易》視爲一部陶冶“人心”之書，實可看作王宗傳以“心學”解《易》這一易學思想的自我表白。至若楊簡，本即陸九淵門弟子之冠，是當時陸氏“心學”思想的主要宣傳者、闡發者。蔡國珍《楊氏易傳序》嘗云：“楊氏始因象山先生舉扇柄而得其本心，遂悟所學，乃發爲《易傳》。”（《楊氏易傳》卷首）足見楊簡先獲陸氏“心學”之傳，又以其對“心學”的深刻領悟而轉爲注解《周易》，故所著《楊氏易傳》至爲突出地反映了作者以易學與“心學”相融匯的精微深致的思辨能力。

然而，儘管王宗傳、楊簡均有沿循“心學”之途以闡說《周易》義理的共同特徵，但細察兩人易學思想的整體構成，卻又有不少差異之處。總其大者，約見於兩端：一是，楊簡論《易》乃純取陸九淵“心學”以爲宗主，門戶之防甚嚴；而王宗傳廣采衆家之說，兼收並蓄，以博取勝。如《无妄》卦之義，楊簡採用陸九淵的觀點，以“无妄”爲“道心”、爲“人之本心”（見《楊氏易傳》）；王宗傳則繼承程頤的學說，以“无妄”爲“天理”、爲“天命之所在”（見《童溪易傳》），足見兩者之不同。又視《童溪易傳》往往引錄邵雍、周敦頤、司馬光、張載、程頤、蘇軾、朱震諸家成說爲據，而《楊氏易傳》則專主陸九淵之學，絕然不采別家的說法。二是，王宗傳在論《易》過程中，常常稱引歷代史事以相參證，楊簡則不甚著意於此。通覽王宗傳的《童溪易傳》，可以明顯感覺到其中借論史事以闡發《易》理的風格頗爲濃厚，有時解說一則卦辭、爻辭所引用的史事竟達三五例之多，這或許與南宋初李光《讀易詳說》給予的影響不無一定關係。而楊簡的《楊氏易傳》雖然也間有旁引舊史以論證《易》旨，卻僅是偶一爲之的點綴潤色而已。因此，在論及王宗傳、楊簡以“心學”解《易》的共同特色之時，我們也不可忘忽兩人之間存在的差異性。

還應當提到的是，關於王宗傳、楊簡易學對後世的影響問題。《四庫全書提要》云：

　　考自漢以來，以《老》、《莊》說《易》始魏王弼，以心性說《易》始王宗傳及簡。宗傳淳熙中進士，簡乾道中進士，皆孝宗時人也。顧宗傳人微言輕，其書僅存，不甚爲學者所誦習。簡則爲象山弟子之冠，如朱門之有黃榦，又歷官中外，政績可觀，在南宋爲名臣，尤足以籠罩一世。故至於明季，其說大行。紫溪蘇濬解《易》，遂以《冥冥篇》爲名，而《易》全入禪矣。夫《易》之爲書，廣大悉備，聖人之爲教，精粗本末兼該，心性之理，未嘗不蘊《易》中。特簡等專明此義，遂流於恍惚虛無耳。（《楊氏易傳提要》）

又云：

　　考沈作喆作《寓簡》，第一卷多談《易》理，大抵以佛氏爲宗。作喆爲紹興五年進士，其作《寓簡》在淳熙元年，正與宗傳同時。然則以禪言《易》，起於南宋之初，特作喆無成書，宗傳及簡則各有成編，顯闡別徑耳。《春秋》之書事，《檀弓》之記禮，必謹其變之所始。錄存是編，俾學者知明萬曆以後，動以心學說《易》，流別於此二人。（《童溪易傳提要》）

這兩節評述，提出王宗傳、楊簡的易學，對明代中葉以後流行的以"心學"說《易》、援禪以入《易》的風氣產生了顯著影響。從王、楊的論《易》特色來看，兩人所言“心性”之旨，所闡發的“心學”義趨，實有不少地方與佛學禪宗思想略相接近。如前文引楊簡云《易》道“乃人心所自有”，王宗傳云“《易》即吾心，吾心即《易》”等說，便含有明顯的“禪味”。《四庫》館臣舉沈作喆《寓簡》首卷即有以禪解《易》的苗頭，其意當謂沈氏易說對王宗傳、楊簡或有影響作用。至明代，陸九淵的“心學”經王守仁的廣泛推揚、全面發展，成爲當時思想界最爲權威的重大勢力。萬曆以後，陸、王“心學”更加深入人心，爲衆多學者所接受、傳播，兼之其時佛學也引起人們濃厚的研究興趣，因此，這種時代的學術風氣作用於易學領域，便表現爲“心學”與佛學雜糅摻和的解《易》特色。除上引《四庫提要》所舉蘇濬《周易冥冥篇》之外，尚有李贄《九正易因》、焦竑《易筌》及方時化易學著述六種等，皆爲糅和心學、禪學以論《易》的代表作。乃至明末僧人智旭撰《周易禪解》一書，旨在“誘儒以知禪”，則屬援佛入《易》的登峰造極之作。顯然，明萬曆以後出現的這股易學流勢，論其近因，當由於王守仁“心學”之盛行及佛學對儒學思想的滲透所致；尋其遠源，又得追溯到王宗傳、楊簡以“心學”解《易》的舊說所留下的潛在影響。故《四庫提要》謂“以禪言《易》，起於南宋之初”；“動以心學說《易》，流別于此（王、楊）二人”，允爲有據之論。

要言之，宋易義理派發展至南宋而出現的以“心學”解《易》的分支，是易學史上值得注意的一個學術流勢。這一分支的代表人物王宗傳、楊簡，縱然其易學思想的整體構成未必完全一致，甚至兩人所闡發的《周易》義理的具體內涵也頗有牴牾之處，但他們盡情發揮"心學"之論，以推闡發掘《易》理精微的特色，則有密相契合的共同性，遂致在客觀上組合成一個有著獨特風格及一定影響的流派。

　　總上所敘，我們大體分析了宋代《周易》義理學的三個重要流派：儒理闡《易》派、援史證《易》派、心學解《易》派的基本特色，並對各流派的學術淵源及產生的影響作了簡要評述。通過這些分析與評述，我們可以看到，儒理闡《易》派是宋易義理學的主幹，援史證《易》派與心學解《易》派則是兩大分支。這"主幹"與"分支"的代表人物及其著述，在解說《易》理的角度方面各呈風貌，但其根柢卻是深植於對《周易》哲學富有創造性的理性思考，汲取並融匯了對大自然、人類社會、人生經歷乃至人心奧秘的各種認識、感受的養分，從而澆培成根深、幹強、枝繁、葉茂的《周易》義理學的"參天大樹"。這是宋代易家代代繼承發展、不懈努力的結果，是中國易學史上，也是中國哲學思想史上體現著特定時代精神的整體貢獻，因而也吸引著包括今天的學者在內的後人對這種理性思考孜孜以求的研索與探討。

第十章 象數學與義理學的發展趨勢及其定評

　　作爲一部給中華民族的悠久文化帶來深遠影響的古老的哲學專著，《周易》留給學人的是散發著神秘象徵色彩的哲理啓迪。自古以來，人們對《周易》所作的代復一代的深入研討，留下了打著各個時代思想烙印的豐富的易學著述，成爲中國古代思想史、文化史上煥發著璀璨的智慧之光的學術寶藏。

　　在橫跨數千年的《周易》學說的發展歷程中，人們研治《周易》的角度，基本上是針對《周易》的“象數”與“義理”而展開的。於是，中國易學發展史的長河，便逐漸形成“象數學”與“義理學”這兩大主流。无論“象數學”與“義理學”的發展經歷了多少迂回、流變，甚至出現了不可勝數的異流、暗道，而這兩大主要流勢均始終清晰分明地朝著一定的趨向不斷衍擴、推展。今天，我們在總結古代文化遺産，研究《周易》學說的領域中，有一個至爲重要的目的，便是歸納辨明易學史上“象數”與“義理”這兩大流派的發展趨勢，考析其內在規律，並依據當代學術研究所應當具備的科學水準，對之作出公允的令人信服的品評，以裨益於當前與今後的易學研究朝著一條正確的方向發展。本章即針對這一問題，試作簡論。

一、象數學與義理學發展的歷史趨勢

從先秦時代出現的後來與《周易》的“經”部分參合並行的《十翼》開始，學者就對《周易》的象數與義理進行了各方面的研討和推闡。至漢代經學振興，歷魏晉以至宋代，《周易》象數學與義理學的研究幾經演變，產生了各種流別、分支，而象數學與義理學的大體格局遂得以最終形成。元、明兩朝，基本沿循這一格局展開研探，未有重大的創新。清代學者，則以批判、繼承兼而有之的風格，對象數學與義理學進行了一番歷史的思考，爲後人的進一步探索做了許多輔墊性的考證工作。就其中的發展趨勢言之，略可辨析如下：

（一）《周易》象數學的發展規律。

《周易》象數學的濫觴階段，自然得從先秦的《十翼》及《左傳》、《國語》所載筮例講起，這是目前可以尋見的有關《周易》象數學的最早期的文獻資料。此時可視爲象數學的萌生期。漢魏時期，《周易》之學被立於學官，易師輩出，象數學與占筮、氣候、災異、讖緯之學相互滲透而形成時代的學術風氣，各種象數學說及條例應運而生，使漢易象數學以其特有的色彩在中國易學史上留下了輝煌的篇章，此爲象數學的昌盛期。宋代，以"河圖"、"洛書"、"先後天圖"、"太極圖" 爲代表的各種易圖及圖說的興起，使《周易》象數學的内容與形式出現了煥然一新的轉變，並將研《易》的方向引入對大自然萬物化生奧秘的探索。此爲象數學的轉化期。清代乾嘉年間，學者注重考據，務求徵實，推崇漢易象數學說，而對宋易"圖書"、"先後天"之學至爲排擊，斥爲宋人的"僞說"。此爲象數學的批判總結期。依此萌生、昌盛、轉化、總結四期，大略可以看出《周易》象數學發展的歷史趨勢。

在《周易》象數學的發展過程中，歷代學人也頗有指摘非議者。如王弼生當漢易象數學盛行之世，即指出言象數者"僞說滋漫，難可紀矣"，斥其論《易》"互體不足，遂及卦變；變又不足，推致五行。一失其原，巧愈彌甚；從復或值，而義無所取"。（《周易論略·明象》）至於宋代《周易》象數學，創制各種易圖爲說，即使當時的學者也未必盡信，如歐陽修便以"河圖"、"洛書"爲怪妄，其《廖氏文集序》曰："秦焚書，六經中絕。漢興，蓋久而後出，諸儒因得措異說於其間。如河圖、洛書，其怪妄之尤甚者。"（見《歐陽文忠公集》）故清人胡渭撰《易圖明辨》，專闢宋易各種圖說；而惠棟撰《易漢學》，專崇漢易各種象數條例。於是，《周易》象數學的漢宋之爭，遂由清代學者作了批判性的總結，其觀點是揚漢而抑宋。可見，《周易》象數學發展過程的一條明顯規律，在於繁盛至極而生弊，因弊而生變；轉變至極而生異，因異則出現再次否定，從而又回歸到對先前象數學說的推崇與肯定。經過長期的反復研討，在積累了繁富的創造性的成果之後，人們終於對《周易》象數學的是非得失有了較爲清晰的認識。

（二）《周易》義理學的發展規律。

同《周易》象數學的濫觴階段相似，義理學的最初起源，也始於先秦的《十翼》及《左傳》、《國語》所載筮例。尤其是《十翼》之論，歷代學者均稱爲闡發《周易》義理的最權威的學說。此亦可視爲義理學的萌生期。三國魏王弼之學起，乃趁漢易象數學的極弊而攻之，獨樹“掃象用理”的旗幟，又經唐初孔穎達疏通闡發，以義理解《易》的風氣遂取代了象數易學而暢行於世。此爲義理學的發展期。宋代，隨著道學思想的盛興，以儒理闡《易》、以史事證《易》、以心學解《易》的思潮層出迭起，展示出空前的對《周易》哲學內涵的理性思考，使《周易》哲學研究的領域得到極大程度的開拓。此爲義理學的鼎盛期。至清代，雖有一大批學者推崇漢易象數學，但對義理學的研究也未嘗廢止，並出現了像《周易折中》這樣以義理學爲主的會萃衆說的大型注《易》專書。此爲義理學的延續期。依此萌生、發展、鼎盛、延續四期，也可以大略看出《周易》義理學發展的歷史趨勢。

考察《周易》義理學的整體流勢，可看出其在發展過程

中，也受到一些學者的非議、抨擊。其初始多針對王弼以
《老》、《莊》解《易》，立"忘象"之說的治《易》方法。如
唐代李鼎祚撰《周易集解》，偏重采摭漢魏以來的象數易說，
其《自序》即宜稱"刊輔嗣之野文，補康成之逸象"的宗旨。
南宋郭雍亦云："《易》之爲書，其道其詞，皆由象出，未有
忘象可知《易》者。"（《郭氏傳家易說自序》）朱彝尊《經
義考》錄王炎《讀易筆記自序》更詳評曰：

> 王弼棄象不論，後人樂其說之簡且便也，故漢儒之學
> 盡廢，而弼注獨行。然木上有水爲《井》，以木巽火爲
> 《鼎》，上止下動爲《頤》，頤中有物爲《噬嗑》，此四
> 卦，雖弼不能削去其象也。弼之言曰："筌所以在魚，得
> 魚而忘筌；蹄所以在兔，得兔而忘蹄。言者，象之筌也；
> 象者，意之蹄也。"捨筌蹄無以得魚兔，則捨象求意，弼
> 亦自知其不可，而猥曰："義苟在健，何必乾始爲馬？類苟
> 在順，何必坤始爲牛？"是未得魚兔，先棄筌蹄之說也。

這裏集中批評王弼"得意忘象"的說法，並引用《井》、
《鼎》、《頤》、《噬嗑》四卦之象雖王弼也不能廢之例，指出
王弼此說之非。惠棟又進一步點明："王輔嗣以假象說《易》，
根本黃、老，而漢經師之義蕩然無復有存者矣。故宋人趙紫芝
有詩云'輔嗣易行無漢學，玄暉詩變有唐風'，蓋實錄也。"
（《易漢學自序》）由此可見，王弼"掃象闡理"的易說，雖

對後世產生至爲重大的影響，卻也不能使一切學者盡信其說。而宋代以程頤、朱熹爲主要代表的《周易》義理學說，大體上繼承了王弼的治《易》主旨，注重對《周易》內在哲理的闡發，未曾措意於象數，也或多或少地受到後代推崇漢學者的排擊。但由於程、朱理學思想是元、明、清三代多數學者所共同接受的最具權威性的思想理論，因此在易學研究領域，以程、朱爲主要代表的宋易義理派的學說仍然佔據絕對的優勢。儘管清初不少學者注重漢學、力排宋學，而《周易》義理學的傳揚卻未曾因之有所廢止。

統合《周易》象數學、義理學兩大派系的發展歷史以觀之，從《十翼》對《周易》的象數、義理內涵的闡發，到象數派與義理派的分途；從漢儒偏重象數，到魏王弼獨樹“掃象闡理”的易學大旗；從宋代象數學與義理學的新興，到元明以降易家重義理而偶言象數的流勢；從清初漢學者排擊宋易圖書之學、推重漢易象數之學，而義理學說仍不可抑止地延續其影響的種種情實，我們可以發現幾條帶有一定規律性的學術現象：

其一，《周易》象數學說，漢、宋兩派截然異趣。漢易象數學，乃立足於對卦象及陰陽奇偶之數的探討，結合卦氣、八宮、互體、升降、爻辰、納甲、卦變、飛伏、遊歸等易學條例，既以之解《易》，又將之推行於占候陰陽災變的實用之中，形成龐大的雜有術數色彩的易學體系。而宋易象數學，則是創立了形式多樣的圖說，從《周易》的內在象數衍擴到

《周易》之外的自然哲學，形成一套以探索大自然萬物的化生奧秘爲宗旨，注重圖說的象數學體系。至於《周易》義理學派，自魏王弼宣導"掃象闡理"，到宋代以新儒學思想爲根基的宋易義理學的昌盛，其大體宗旨是一脈相承的。縱然王弼主於借老、莊論《易》，程頤、朱熹主於以儒理闡《易》，李光、楊萬里主於援史證《易》，楊簡、王宗傳主於據心學解《易》，諸家治《易》的角度與方法頗有不同，但他們側重於對《周易》哲理內涵的挖掘、發揮的大方向則是一致的。

其二，分時代言之，漢魏兩晉南北朝之間，象數學與義理學是相繼興起的，且後者又是與前者針鋒相對而發展的。也可以說，漢易象數學長期積存的弊病，從反面推動並促成了以王弼爲代表的"掃象闡理"派的異軍突起；《周易》義理學說也就在廓清象數學流弊的過程中，迅速擴大自己的勢力，終至取代前者並獲得絕對的學術優勢。而宋代出現的新的象數學與義理學的關係，則不但沒有針鋒相對的現象，相反，在某種程度上，兩者之間還存在互爲滲透、交相汲取對方學術養分的情狀。如"圖書"之學、"先後天"之學、"太極"之說所表露出的義理色彩，以及朱熹既主於義理學又兼取"圖書"象數學的治《易》風格，皆屬明證。

其三，就發展勢態言之，漢易象數學的勢力自魏晉以後漸趨衰落，在唐、宋、元、明諸朝千餘年間罕有傳者，幾乎成爲"絕學"，至清初學者極力鉤稽漢學，才略有復興。宋易象數學繁盛之後，雖未有大衰，但也未能大行於世，且歷代皆有抨擊其說者，到清代則受到更大規模的排斥，以至幾乎面臨著一蹶不振的境地。而義理學的發展則不然，從王弼開倡"掃象闡理"之說，經唐代孔穎達等人的弘揚光大，至宋代諸儒又作了全面的開拓，終使《周易》義理學說以其精深廣博的內涵爲衆多學者所接受。此間雖也難免受到不同程度的非議、攻駁，但其發展的大勢並未受到根本性的挫折，故能久傳而不衰。

二、象數與義理定評

根據前面各章的論述，我們可以明晰地看到，中國易學發展史上起著主導作用的是"象數"與"義理"這兩大派系。之所以形成這兩大主要派系，有一個根本的原因，即《周易》哲學自身的內在蘊涵是由象數與義理這兩大部分組成的，故歷代易家之說，或專注於象數，或偏重於義理，各以特定的風格立說傳世，並逐漸分流歸派而彙聚成兩大流勢。當然，歷代易家所言之"象數"、"義理"，其立說各有所執，未必即是《周易》自身所本有之象數、義理，這也是易學史上象數派與義理派長期攻訐不已而異論紛雜、莫衷一是之所以然。

事實上，處在今天的時代，倘若我們能夠對《周易》學說發展的整個歷史進程作出全面細密的考察，平心靜氣地對各個時期的象數派與義理派之說的是非得失進行客觀的分析，便不難感覺到前代學者之立說雖各有偏執，但他們從《周易》

的象數或義理內涵的角度所創樹的各種易學條例或理論，則無不包容著某一方面的真知灼見，並給人以有益的啓迪。同時，我們還可以感覺到，《周易》哲學的本質內涵既是包括 "象數" 和 "義理" 這兩大密不可分的要素，則最爲可取並最有利於揭示《周易》哲學之本旨的治《易》方法，當是象數與義理並重，而不可偏主偏廢。由此，我們又可以發現歷代易家的象數說或義理說既各有所短又各有所長的客觀情實，遂能兼取諸家之長而建立起熔象數、義理於一爐的易學方法。對於這一問題，前人也曾提出過頗有意義的看法。如北宋歐陽修即指出：

> 或曰：聖人之作《易》也，爲數乎？爲義乎？曰：皆爲之。二者孰急？曰：義急，數亦急。何爲乎數急？曰：義出於數也。義何爲出於數？曰：禮樂刑德，陰陽也；仁義禮智信，五行也。義不出於數乎？故君子知義而不知數，雖善无所統之。夫水无源則竭，木无本則蹶，是以聖人抉其本源以示人，使人識其所來，則益固矣。《易》曰 "君子居則觀其象而玩其辭，動則觀其變而玩其占"，明二者之不可偏廢也。（《溫公易說　易總論》）

歐陽修所言 "數" 與 "義"，實即 "象數" 與 "義理" 的略稱；他提出治《易》"義急，數亦急" 的觀點，正是基於對漢、唐以來象數派與義理派分途立異的現象而發，認爲《周易》的"義"因其"數"而發，故"君子"學《易》以修身，當兼重《易》義與《易》數而"不可偏廢"。這一認識，雖尚拘於一定的局限而未能對"象數"、"義理"的本質內涵作出透徹的分析，但畢竟是頗有啓發意義的見解。南宋王應麟在論及易家分象數、義理兩派時亦曰：

> 程子言《易》，謂"得其義，則象數在其中"。朱子以爲"先見象數，方說得理；不然，事无實證，則虛理易差"。愚嘗觀顏延之《庭誥》云："馬、陸得其象數，取之於物；荀、王舉其正宗，得之於心。"其說以荀、王爲長。李泰發亦謂："一行明數而不知其義，管輅明象而不通其理。"蓋自輔嗣之學行，而象數之說隱。然義理象數，一以貫之，乃爲盡善。故李鼎祚獨宗康成之學，朱子發兼取程、邵之說。（《困學紀聞》卷一）

這裏引用了程頤、朱熹以及顏延之、李光（字泰發）關於《周易》象數與義理的看法，並涉及對前人或重象數或重義理的評價。程、朱之論，一言得"義理"乃畢具"象數"，一言見"象數"方說得"義理"，其持說的出發點不同，而兼涉"象數"、"義理"以治《易》的認識則有可通之處。兩人易學雖以"義理"爲主，但程氏未嘗否認象數的存在，朱熹更旁采"先天"象數之說，故能提出上述觀點。顏延之爲南朝宋人，其《庭誥》所云"馬、陸得其象數"，當指馬融、陸

績；云"荀、王舉其正宗"，似指荀爽、王弼。（詳翁元圻
《困學紀聞注》引何焯說。按，翁注又引全祖望云："荀爽亦
象數之學，何說恐誤。考《隋志》，於王弼《易》下附注：魏
散騎常侍荀煇《易》十卷。意者近王弼之學，故附之。顏氏
所指，或是煇耶？"此說亦可參考。）王應麟謂顏延之"以荀、
王爲長"，即言顏氏推崇以王弼爲代表的"義理"派易學。至
於李光對唐僧一行"明數不知義"、魏管輅"明象不通理"的
評論，也明顯表達了"象數"、"義理"不宜偏廢的見解。因
此，王應麟在列舉諸說的基礎上，提出象數、義理應當"一
以貫之，乃爲盡善"的觀點，是通過歸結前人的各方面認識
而得出的，實爲可取。

其實，在歷代易家的注《易》專書中，也常常出現過兼
言象數、義理以論析《易》旨的例子。如《咸》卦的卦辭
"咸，亨，利貞，取女吉"，鄭玄注曰：

> 咸，感也。艮爲山，兌爲澤。山氣下，澤氣上，二氣
> 通而相應，以生萬物，鼓曰"咸"也。其於人也，嘉會
> 禮通，和順於義，幹事能正，三十之男有此三德，以下二
> 十之女，正而相親，說取之則吉也。（李鼎祚《周易集
> 解》引）

鄭玄易學，主於"象數"，故此處即從《咸》卦上艮爲山、下
兌爲澤之象分析，認爲山澤之氣上下相互通感，猶如男子以正

道下求於女，恰爲《咸》卦所喻示的"交感"象徵，於是卦辭既稱"亨，利貞"，又謂"取女"乃"吉"。視《咸》卦的大旨，從狹義看是側重揭示男女"交感"之理，從廣義看卻是普遍闡明事物陰陽"感應"之道。鄭玄的上述解說，一方面言此卦之象，另一方面也結合人倫之理以爲說，顯然含有一定程度的合"象數"、"義理"而兼釋之的色彩。又如程頤《周易程氏傳》釋《漸》卦六四爻辭"鴻漸于木，或得其桷，无咎"云：

> 當漸之時，四以陰柔進據剛陽之上。陽剛而上進，豈能安處陰柔之下？故四之處非安地，如鴻之進於木也。木漸高矣，而有不安之象。鴻趾連，不能握枝，故不木棲。桷，橫平之柯。唯平柯之上，乃能安處。謂四之處本危，或能自得安寧之道，則无咎也。如鴻之於木，本不安，或得平柯而處之，則安也。四居正而巽順，宜无咎者也。必以得失言者，因得失以明其義也。

程氏說《易》，專主"義理"，故對此爻的解說亦側重闡發爻辭之義。《漸》卦的主旨，在於揭示事物發展過程中"循序漸進"的道理。六四當"漸"之時，以陰柔乘淩九三陽剛之上，如鴻鳥不棲於水邊而棲於樹木，未能安處。但因居位柔正，上承九五之陽，漸進不躁，宛如棲止於橫平之枝，遂能處得穩妥，故爻辭稱"无咎"。程氏的解釋，顯然抓住了此爻所明謹慎漸進必能"无咎"之理，同時也兼顧到卦象、爻象的基本特點，其言"居正而巽順"，即是六四居位得正之象，以及此爻作爲上卦《巽》的主爻而含有的遜順之象。視《周易程氏傳》對六十四卦三百八十四爻的注釋，大致皆依這種方式立說，這與他在《易傳序》中提到的"至微者理也，至著者象也，體用一源，顯微無間"的主張是一致的。可見，程頤易學雖以"義理"爲主，卻也能適當兼及對易象的理解。儘管這種理解在象數家看來或許是膚淺的、不值稱道的，但也足可反映出程氏欲合"象"、"理"以言《易》的一種主觀努力。

　　清初學者黃宗羲曾較爲細密地考察了易學史上象數學與義理學的發展概況，並就其是非得失作了較爲深刻的評述：

　　　　夫《易》者，範圍天地之書也，廣大無所不備，故九流百家之學皆可竄入焉。自九流百家借之以行其說，而於《易》之本意反晦矣。《漢‧儒林傳》：孔子六傳至菑川田何，《易》道大興。吾不知田何之說何如也。降而焦、京，世應、飛伏、動爻、互體、五行、納甲之變，無不具者。吾讀李鼎祚《易解》，一時諸儒之說蕪穢康莊，使觀象玩占之理盡入於淫瞽方技之流，可不悲夫！有魏王輔嗣出，而注《易》得意忘象、得象忘言。日時歲月、五氣相推，悉皆擯落，多所不關，庶幾潦水盡而寒潭清矣。顧論者謂其以老、莊解《易》，試讀其注，簡當而無浮義，何曾籠落玄旨？故能遠歷於唐，發爲《正義》，其廓清之功不可泯也。然而，魏伯陽之《參同契》，陳希夷之“圖”、“書”，遠有端緒，世之好奇者卑《王注》之淡薄，未嘗不以別傳私之。逮伊川作《易傳》，收其昆侖旁薄者，散之於六十四卦中，理到語精，易道於是而大定矣。其時，康節上接种放、穆修、李之才之傳，而創爲“河圖”、“先天”之說，是亦不過一家之學耳。晦庵作《本義》，加之於開卷，讀《易》者從之。後世頒之學官，初猶兼《易傳》並行，久而止行《本義》。於是經生學士，信以爲義、文、周、孔其道不同。所謂象數者又語焉而不詳，將夫子之韋編三絕者，須求之賣醬箍桶之徒，而易學之糠麩，蓋仍如京、焦之時矣。自科舉之學一定，世不敢覆議；稍有出入其說者，即以穿鑿誣之。夫所謂穿鑿者，必其與聖經不合者也；摘發傳注之訛，復還經文之舊，不可謂之穿鑿也。“河圖”、“洛書”，歐陽子言其“怪妄之尤甚者”，且與漢儒異趣，不特不見於經，亦是不見於傳。“先天”之方位，明與“出震齊巽”之文相背，而晦翁反致疑於經文之卦位。生十六、生三十二，卦不成卦，爻不成爻，一切非經文所有，顧可謂之不穿鑿乎？晦翁曰：“談《易》者譬之燭籠，添得一條骨子，則障了一路光明。若能盡去其障，使之統體光明，豈不更好！”斯言是也。奈何添入康節之學，使之統體皆障乎？世儒過視象數，以爲絕學，故爲所欺。余一一疏通之，知其於《易》本了無干涉，而後反求之《程傳》，或亦廓清

之一端也。(《易學象數論·自序》)

這篇論說的主旨，貫穿著對歷史上象數學流弊的批判以及對義
理學的肯定。其所批判之象數學流弊，約含兩方面：一爲漢代
學者言象數而雜入方術之弊，著重舉焦贛、京房提倡的世應、
飛伏、動爻、互體、五行、納甲等易學條例，斥爲"蕪穢康
莊"，而使《周易》哲理"盡入於淫瞽方技之流"。二爲宋代
學者所傳"先天"、"河洛"象數學之弊，著重批判了以邵雍
爲代表的"河圖洛書"說、"先天方位"說、"卦畫遞生"
說，斥爲"一切非經文所有"，而屬"易學之榛蕪"，並揭出
朱熹《周易本義》卷首載錄諸圖而給後代學者造成的不良影
響。其所肯定的義理學說，也含兩方面：一是對王弼"得意忘
象"說的肯定，稱其注《易》"簡當而無浮義"，於漢易之積
弊有"廓清之功"。二是對程頤《周易程氏傳》的讚美，謂其
所注六十四卦之義，"理到語精，易道於是而大定"。其中對
王弼易學的肯定，不以昔人指謫王弼借玄理言《易》之說爲
然，尤見黃宗羲獨到見解。胡渭《易圖明辨》也十分贊成黃
氏此說，並進一步分析曰：

　　按史，魏正始中，何晏、王弼等好《老》、《莊》書，
祖尚虛無，以《六經》爲聖人糟粕，天下士大夫慕效成
風，迄江左而未艾。故范寧謂"王、何之罪，深於桀、
紂"。今觀弼所注《易》，各依象爻立解，間有涉於老莊

者，亦千百之一二，未嘗以文王、周公、孔子之辭爲不足
貴而糟粕視之也。獨爲先天學者，欲盡廢周、孔之言而專
從羲皇心地上尋求，是其罪更浮於王、何矣。儒者不之
闢，而反助其狂瀾，以爲三聖人之《易》，非即伏羲之
《易》，何邪？

胡氏之論，在於辨明王弼並非以老、莊玄言解《易》，而宋人
所創"先天"象數學，則將伏羲之《易》與文王、周公、孔
子"三聖人"之《易》相對立，其謬更甚。從黃宗羲、胡渭
兩人的觀點看，均對"象數派"的學說有所非議，尤其是漢
代易家雜入術數的象數說及宋代易家的"先天"象數學。而
對從王弼到程頤一脈相承而發展的"義理派"的學說，則頗
爲肯定。縱或兩人的立論也難免偶有主持過分之處，但他們對
易學發展史的深入分析，對歷代易說的細密考辨，則是易學研
究領域衆所公認的至爲有益的貢獻。

　　人類的思想、文化、學術的發展，往往是由簡而趨繁。
《周易》學說，作爲中國歷代學者針對這部最古老奇特的哲學
著作長期研討而彙聚成的專門學問，其發展則更爲繁雜。又因
《周易》自身內容的艱深古奧，學者研治的角度、方法各執一
端，遂使歷代層出不窮的易學著述在很大程度上呈現著相互牴
牾攻訐而令人無所適從的複雜情狀。然而，人們對歷史上的思
想、文化、學術現象的本質認識，又往往必須由繁而返簡。在
前代學人努力考辨疏證的既有成果的基礎上，通過進一步回顧

《周易》學說發展進程中出現的"象數學"與"義理學"這兩大流勢，我們不難認識到：易學的本質內涵，莫過於"象數"、"義理"兩端。研治《周易》所務必把握的正確方法，也不外乎"象數"與"義理"並重而不偏廢。爲了更明確地揭示這一結論的重要意義，筆者不妨試就《周易》的"象數"與"義理"作出如下定評：

第一，象數，是《周易》哲學的根柢。《周易》自陰陽爻畫、八卦、六十四卦符號，至卦辭、爻辭，無不因"觀物取象"所得。易象既立，陰陽剛柔之數亦由是生焉，象數的整體組合，便構成《周易》之本。義理，則是《周易》哲學的枝幹。凡《周易》象數之所欲明者，六十四卦、三百八十四爻之所喻示者，皆爲大自然、人類社會的陰陽消息之義、發展變化之理。因此，《周易》哲學，乃原本象數，發爲義理。但《周易》的象數與義理，又是密相聯繫而不可分割的，是《周易》哲學體系中互爲依存的兩大要素。正如本書前文所述，若用人的軀體擬喻《周易》哲學，則"象數"猶如骨肉，"義理"猶如血脈；骨肉健而血脈通，血肉本屬一體。故研究《周易》，象數與義理宜當並重。

第二，象數與義理相互依存，正體現了《周易》作爲一部以象徵爲首要表現手段的特殊哲學著作的本質內涵。從這一角度言之，"象數"，是《周易》象徵的形式範疇；"義理"，是《周易》象徵的哲理歸趨。也可以說，《周易》的"象數"是外顯的，其目的在於喻示"義理"；而"義理"卻是幽隱

的，其蘊蓄乃含藏於"象數"之中。前代易家所言《周易》
"假象以寓意"、"至微者理也，至著者象也"等觀點，實與
《周易》哲學的象徵特色頗可吻合。因此，只有兼顧"象數"、
"義理"兩方面以研討《周易》，才是可行的治《易》正途。
否則，若捨棄象數而專明義理，則《周易》與《詩》、《書》、
《禮》、《樂》諸經無所差別；若不言義理而專談象數，則《周
易》也將與術數、方技、讖緯之學混淆雜流。故研究《周
易》，象數與義理不宜偏廢。

第三，漢魏以後的歷代易學，形成"象數學"與"義理
學"兩大主要派系。這兩大派系所論及的"象數"、"義理"，
立說各有所執，並衍發出各種分支、流別，創立了各種可取的
或富有啓迪意義的解《易》條例，值得後人認真吸收、參考。
儘管這些流派所宣導的易說或有重大偏頗，甚至雜入許多超乎
易學之外的帶有明顯術數色彩的內容，但也不影響其含藏著某
些合理的成分和智慧的光華。這些，均未可予以全盤否定，而
應冷靜地辨析其產生的歷史背景，考論其是非得失之所以然，
才能正確地抉擇去取，並對之作出客觀全面的評價。因此，研
究《周易》，又當結合易學史上的象數與義理這兩大主要流派
的具體內含進行科學細密的探討。

當然，上述三點，只是根據筆者的認識所及，作出的嘗試
性的"定評"。能否成爲名副其實的《周易》象數與義理之
"定評"，則當留俟學術界的公正檢驗。尚秉和先生嘗云：學術
的是非，"非一人所得私"，"非偏執所能改"（《周易尚氏

學·自序》），此言良是。然則，通過上述三方面的分析，我
們至少可以感受到《周易》的象數與義理，是其奇特精奧，
獨煥異彩之哲學内涵的精髓所在，從而力圖沿著較爲正確的途
徑，掌握較爲可取的研究《周易》的方法。事實上，我們探
討《周易》象數與義理内涵的主要目的，既是爲了辨明《周
易》哲學的本質特色、考索中國易學史發展的基本規律，又
在於揭示出對今天的研究者有所裨益的治《易》方法。關於
這一點，先師黃壽祺教授曾有精到的論述，提出治《易》之
道，必須把握"從源溯流"、"強幹弱枝'這兩端的見解：

　　一端，從源溯流。首須讀熟經傳本文，考明《春秋
內外傳》諸占筮。其次，觀漢魏古注（李鼎祚《周易集
解》所存最多）。其次，觀六朝隋唐諸家義疏（《孔疏》
多本之六朝舊疏）。最後，參考宋、元以來各家之經說。
（宋元人經說，多存於《通志堂經解》中。清儒經說，
《清經解》、《續清經解》中所收爲最多。）不從古注入手
者，是爲迷不知本源。

　　二端，強幹弱枝。須知《周易》源本象數，發爲義
理，故當以象數、義理爲主幹。其餘涉及天文、地理、樂
律、兵法、韻學、算術，以逮方外爐火，禪家妙諦，與夫
近世泰西科學者，皆其枝附。不由主幹而尋枝附者，是爲
渾不辨主客。（《論易學之門庭》，載《福建師範大學學
報》1980 年第 3 期）

這裏所言"從源溯流"，即要求研《易》者在精讀、領會《周易》經傳本文的基礎上，全面考覽易學史上的重要古注、諸家學說，才能順其源而探其說。所言"強幹弱枝"，則是要求注重《周易》象數與義理的研究，明確易學史上的眾多流派中，以"象數派"與"義理派"爲主要派系，應當以之爲"主幹"而深入研討，其他各派乃爲"枝附"而兼探之。這兩端，其實又是互有聯繫的：只有"從源溯流"，才能知曉何爲主幹、何爲枝附；只有"強幹弱枝"，才能明辨源流派別的發展趨勢。顯然，今天的學者苟能沿此兩端以治《易》，則不愁經傳之難明、學派之歧異，而《周易》哲學的本質內涵及歷代易說的至理精義，無不可融會貫通，乃至在整個易學領域取得獨具創獲的研究成果。

在古今中外悠遠的文化發展史上，在人類創造的絢麗多彩的世界文化寶庫中，《周易》作爲一顆閃爍著永恆的奇異光華的明珠，自古以來便以其無窮的魅力吸引著人們對之施予特有的青睞，進行了不懈的探討。《周易》哲學所特具的"象數"與"義理"的幽深內涵，以及歷代易家針對此內涵而創立的豐富的學說，匯爲中國文化史上延續兩千多年的巨大的歷史文化長流，滋潤沃灌著各個時代中國人的思想品格、倫理情操、文化素質，成爲中國優秀的傳統民族文化的本根之一。今天，在繼承與弘揚中國歷史文化遺產，挖掘與推闡人類思想精華的研究領域中，對《周易》哲學及歷代易說的認真探討是一項不可忽視的重要課題。筆者相信，沿著先輩學者留下的嚴謹不苟的求索足跡，今天的研究者們將以更加嶄新的富有當代創造氣息的治學手段，揭示《周易》象數與義理的博大精深的哲學內涵。中國易學史上異彩紛呈的《周易》學說的智慧之光，也將以更加璀璨的亮照力投映在人類的今天與明天的思想屏幕上，發揮其不可窮竭的啟迪作用。

後　記

　　自去年夏初正式接受遼寧教育出版社《國學叢書》編委會的稿約，到今秋本書脫稿，經歷了一年有餘的時光。

　　這期間，在我自身的學術生涯中，出現了一項難以忘懷的變故——筆者尊敬的業師黃壽祺先生不幸於 1990 年 7 月 27 日病逝。先生爲經學大師章太炎的再傳弟子，又曾從現代著名易家尚秉和先生問《易》。畢生執教高校，勤於治學，樂於育才，雖至晚年而彌篤。治《易》專著有《易學群書平議》、《漢易舉要》、《六庵易話》等。先生的易學觀點，主於兼宗漢宋，網羅古今，辨源流宗派，知家法師承，明主賓本末。先生的著述，洵足以津梁後學而嘉惠士林。

　　筆者侍學先生十有餘年，曾撰《周易譯注》（上海古籍出版社 1989 年 5 月出版）、編《周易研究論文集》四輯（北京師範大學出版社 1987 年 9 月至 1990 年 5 月出版），皆奉先生之囑而草創，並經先生審定後與先生聯名刊行。今值拙作《象數與義理》脫稿，而先生已捐館一載又三月矣。欲奉稿求正於先生，將何所復起先生而叩問之哉？思念及此，不禁濟然淚下。

　　《易》曰：“苟非其人，道不虛行。”如果本書所論，有某些足以裨益於易學研究領域的可取之處，則筆者不敢忘先師平素的恂恂教誨之恩。但或書中尚存某些不足爲訓的謬誤之處，則筆者實不能辭本身的膚學淺受之咎。此中情懷，唯同道及有機會接觸本書的讀者共察鑒之。

張善文

1991 年 10 月 1 日

記於福建師範大學易學研究所